Glücklich-erfolgreich führen

Achim Pothmann

Glücklich-erfolgreich führen

Führung, durch die alle gewinnen

Achim Pothmann
Unna, Deutschland

ISBN 978-3-662-63036-5   ISBN 978-3-662-63037-2   (eBook)
https://doi.org/10.1007/978-3-662-63037-2

Die Deutsche Nationalbibliothek verzeichnet diese Publikation in der Deutschen Nationalbibliografie; detaillierte bibliografische Daten sind im Internet über http://dnb.d-nb.de abrufbar.

© Der/die Herausgeber bzw. der/die Autor(en), exklusiv lizenziert durch Springer-Verlag GmbH, DE, ein Teil von Springer Nature 2021
Das Werk einschließlich aller seiner Teile ist urheberrechtlich geschützt. Jede Verwertung, die nicht ausdrücklich vom Urheberrechtsgesetz zugelassen ist, bedarf der vorherigen Zustimmung der Verlage. Das gilt insbesondere für Vervielfältigungen, Bearbeitungen, Übersetzungen, Mikroverfilmungen und die Einspeicherung und Verarbeitung in elektronischen Systemen.
Die Wiedergabe von allgemein beschreibenden Bezeichnungen, Marken, Unternehmensnamen etc. in diesem Werk bedeutet nicht, dass diese frei durch jedermann benutzt werden dürfen. Die Berechtigung zur Benutzung unterliegt, auch ohne gesonderten Hinweis hierzu, den Regeln des Markenrechts. Die Rechte des jeweiligen Zeicheninhabers sind zu beachten.
Der Verlag, die Autoren und die Herausgeber gehen davon aus, dass die Angaben und Informationen in diesem Werk zum Zeitpunkt der Veröffentlichung vollständig und korrekt sind. Weder der Verlag, noch die Autoren oder die Herausgeber übernehmen, ausdrücklich oder implizit, Gewähr für den Inhalt des Werkes, etwaige Fehler oder Äußerungen. Der Verlag bleibt im Hinblick auf geografische Zuordnungen und Gebietsbezeichnungen in veröffentlichten Karten und Institutionsadressen neutral.

Planung/Lektorat: Marion Krämer
Springer ist ein Imprint der eingetragenen Gesellschaft Springer-Verlag GmbH, DE und ist ein Teil von Springer Nature.
Die Anschrift der Gesellschaft ist: Heidelberger Platz 3, 14197 Berlin, Germany

Für das Wichtigste in meinem Leben: meine Familie

Inhaltsverzeichnis

Warum dieses Buch einer Führungskraft Glück und Erfolg garantieren kann		XIII
1	**Warum die Zufriedenheit der Mitarbeiter in Zukunft der Generalschlüssel für Erfolg ist**	1
	1.1 Neue Arbeitswelt und keiner macht mit? – Die Zeit ist reif	1
	1.2 Die neue Zielgröße für Führung – das Jobglück der Mitarbeiter	16
	1.3 Die neue Priorität verändert alles – und bringt den glücklichen Erfolg	24
	Literatur	28
2	**Warum die Führungs-Haltung der Schlüssel zum zufriedenen Mitarbeiter ist**	29
	2.1 Wenn alles klar ist und der Erfolg so beeindruckend – warum macht es dann nicht jeder?	30
	2.2 Die Haltung beeinflusst Verhalten – ob Sie es glauben wollen oder nicht	33
	2.3 Die Haltung macht den Unterschied – und ist der Schlüssel zum glücklichen Erfolg	36
	2.4 Der Plan – Wie werde ich bereit für das Glück der anderen?	40
	Literatur	43

3 Was glücklich-erfolgreiche Führung ist und wie der Deal genau aussieht ... 45
- 3.1 Was ist glücklich-erfolgreiche Führung? ... 45
- 3.2 Es geht um mehr als eine Tätigkeit – der Deal ... 47
- 3.3 Verbindung schafft Vertrauen – beides ist die Grundlage ... 54
- 3.4 Glücklich-erfolgreich zu sein ist mehr, als erfolgreich glücklich zu sein ... 61
- 3.5 Enttäuschungen bleiben nicht aus – Grenzen glücklich-erfolgreicher Führung ... 67
- Literatur ... 71

4 Was einen Menschen im Job wirklich glücklich macht und was Fred motiviert ... 73
- 4.1 Fred – ein hilfreiches Bild von Ihrem Mitarbeiter ... 73
- 4.2 Die Unglücksfaktoren – Bremsen der Motivation ... 75
- 4.3 Die Glücksfaktoren – Vitamine für ein gutes Gefühl ... 79
- 4.4 Wie eine Führungskraft mit vielen Bällen jongliert – und Zufriedenheit begünstigt ... 82
- Literatur ... 87

5 Einstiegsphase – Jobglück schon vor der Einstellung vorbereiten ... 89
- 5.1 Vor dem Bewerbungsgespräch ... 91
- 5.2 Das Bewerbungsgespräch ... 92
- 5.3 Schnuppern ... 93
- 5.4 Einführungskurs in glücklich-erfolgreiche Zusammenarbeit – Teil 1 ... 96
- 5.5 Vor dem ersten Arbeitstag ... 108
- 5.6 Onboarding – die ersten Arbeitstage ... 110
- Literatur ... 113

6 Aufstiegsphase – Jobglück düngen ... 115
- 6.1 Durchstarten zum hohen Glücks- und Erfolgsniveau ... 115
- 6.2 Fit machen für die Tätigkeit ... 116
- 6.3 Einführungskurs in glücklich-erfolgreiche Zusammenarbeit – Teil 2 ... 119
- 6.4 Hüter glücklich-erfolgreicher Zusammenarbeit ... 130
- 6.5 Das Ergebnis eines glücklich-erfolgreichen Starts ... 132

7	**Hochphase – glücklich-erfolgreiche Führung im Tagesgeschäft**	135
	7.1 Mitarbeiter er-kennen – Sensorik für das Jobglück	136
	7.2 Jobglück im Tagesgeschäft düngen	142
	7.3 Krisen miteinander durchstehen	147
	7.4 Dauerthema: glücklich-erfolgreiche Zusammenarbeit	158
	Literatur	163
8	**Abstiegs- und Ausstiegsphase – Wenn das Jobglück endgültig ausbleibt**	165
	8.1 Der Schaden, wenn Sie den Ausstieg verschleppen	165
	8.2 Das frühzeitige Ende in der Wachstumsphase	169
	8.3 Den Abstieg in der Hochphase erkennen und handeln	171
	8.4 Den Ausstieg gemeinsam planen und feiern	175
9	**Durchstarten zum glücklichen Erfolg**	179
	Literatur	186

Danksagung 187

Stichwortverzeichnis 189

Über den Autor

Foto: Lutz Tölle

Dipl. Kfm. Dr. phil. Achim Pothmann geboren 1967, gibt sein Herzblut hin für eine neue Arbeitswelt. „Jobglück ist für jeden möglich und Erfolg wird dann zum logischen Endprodukt", so ist die Botschaft des Gesprächsanalytikers, Wirtschaftswissenschaftlers und Ausnahmeunternehmers.

Pothmann war zwanzig Jahre lang geschäftsführender Gesellschafter der SchuhHouse-Geschäfte, mit der er mit großer Leidenschaft Zusammenarbeit neu erdacht, glücklich-erfolgreiche Führung gelebt und dabei erlebt hat, wie großer Glücksertrag für alle Beteiligten und wirtschaftlicher Erfolg zum selbstverständlichen Endprodukt werden.

Mit seinem Unternehmen lieferte er den Beweis, dass Unternehmen, die das Jobglück ihrer Mitarbeitenden in den Vordergrund stellen, erheblich erfolgreicher sind, als diejenigen, die versuchen, nur den Erfolg als Zielgröße zu maximieren.

Als Pionier für diese glücksorientierte Art der Führung wurde er mehrfach mit seinem Unternehmen ausgezeichnet und galt als „Leuchtturm" für seine Branche (Handelsjournal, 06/2017).

Seit Jahren begeistert er die Menschen dafür, (Zusammen-)Arbeit neu zu denken und trägt seine Erfahrungen als Buchautor, Speaker und Berater in die Welt. Der begeisterte Sportler, vor allem Skifahrer, lebt mit seiner Frau und seinen zwei Kindern im westfälischen Unna.

Kontakt:
Dr. Achim Pothmann
Bahnhofstr. 7
59.423 Unna
www.DrPothmann.de
Info@DrPothmann.de

Warum dieses Buch einer Führungskraft Glück und Erfolg garantieren kann

Um es ganz zu Beginn zu sagen und um alle Missverständnisse von vornherein auszuschließen: Glücklich-erfolgreich zu führen bedeutet nicht, alle Mitarbeiter erfolgreich glücklich zu machen. Es geht nicht um Sozialromantik und auch nicht darum, dass Sie als Führungskraft Ihre Mitarbeiter dauer-bespaßen oder sich selbst zum Untertan Ihrer Leute machen. Denn dann könnte es im Zweifel passieren, dass sich zwar alle Ihre Mitarbeiter pudelwohl fühlen, aber niemand engagiert arbeitet. So steigern Sie nicht den Erfolg Ihres Teams, Ihrer Abteilung oder Ihres Geschäftsbereichs – und auch nicht Ihre eigene Zufriedenheit.

Glücklich-erfolgreiche Führung bewirkt beides: Sie werden mit dieser Art der Führung erreichen, dass Ihre Mitarbeiter sowie Sie selbst größere Zufriedenheit erlangen *und* zudem gemeinsam Erfolg erzielen, quasi als logisches Folgeprodukt. Unabhängig davon, in welchem Unternehmen Sie arbeiten, wie groß es ist und in welcher Branche Sie agieren.

Doch starten wir zunächst dort, wo sich die meisten Führungskräfte (und vielleicht auch Sie)[1] in ihrem Alltag befinden: im hektischen Kampf mit den täglichen Führungs-Problemen. Das können Probleme mit einer hohen Mitarbeiterfluktuation sein und der verzweifelten Suche nach neuen, guten Mitarbeitern. Oder Sie werden herausgefordert durch eine sinkende Produktivität ihres Verantwortungsbereiches, unzufriedene Kunden, eine

---

[1] Aufgrund besserer Lesbarkeit wurde – sofern eine geschlechtsneutrale Formulierung nicht möglich war – häufig die männliche Schreibweise verwendet. Selbstverständlich sind jedoch immer alle Geschlechter gemeint.

hohe Fehlerquote, durch einen hohen Krankenstand oder Streitigkeiten zwischen den Mitarbeitern. Müssen Sie täglich jeden Einzelnen Ihres Teams immer wieder aufs Neue motivieren? Ernten Sie dennoch teilweise unbefriedigende und unzuverlässige Leistungen?

Die Vielfalt der Führungs-Probleme
Diese abstrakten Führungs-Probleme zeigen sich in der täglichen Praxis konkret in Form von mannigfaltigen Symptomen: Da ist Ihr Mitarbeiter, dem Sie einen Arbeitsauftrag erteilt haben, der sagt, dass er sich darum kümmere, es aber gar nicht, nur halbherzig, anders als besprochen oder zu spät erledigt. Oder es ist derjenige, dem Sie es zum x-ten Mal erklärt haben und der *es* dennoch nicht wie besprochen liefert?

Belastend sind auch die Dauerausflüchte und Ausreden für eine schlechte oder nicht termingerechte Fertigstellung. Einige Mitarbeiter erwischen Sie regelmäßig beim Versuch, ihre Unzuverlässigkeit zu vertuschen oder die Schuld eiskalt einem Kollegen in die Schuhe zu schieben. In jedem Fall werden Sie mit den eben nicht vollendeten oder falschen Tatsachen konfrontiert. Somit landet das Problem bei Ihnen, sodass Sie eine Lösung organisieren müssen. Ein Mitarbeiter beklagt sich andauernd bei Ihnen über zu viel Arbeit, obwohl Sie erleben, wie er ständig privat im Internet surft, an seinem Handy daddelt, während der Arbeitszeit scheinbar sein gesamtes Privatleben organisiert und (oder) sich mit anderen zum ellenlangen Kaffeeklatsch am Kopierer versammelt.

Ein anderer fühlt sich permanent überfordert, prangert dauernd die ungerechte Aufgabenverteilung an, zweifelt Aufgaben an, steigert sich in Endlosdiskussionen hinein und wirkt wie ein personifizierter Bremsklotz für Sie und Ihr Team. Einige Mitarbeiter wollen wiederum partout keine Verantwortung übernehmen oder Entscheidungen treffen, sondern sie versuchen, selbst für die kleinste Kleinigkeit sich bei Ihnen rückzuversichern. Damit reißen sie Sie immer wieder aus Ihrer Arbeit und legen Sie lahm. Außerdem reiben Sie sich bei den Mitarbeitern auf, die sich unnachgiebig weigern, Optimierungen in den Arbeitsabläufen umzusetzen und vehement an dem „altbewährten", komplizierten Verfahren festhalten wollen.

In Großraumbüros streiten sich einige gerne um die Einstellung der Klimaanlage und darüber, ob das Fenster geöffnet oder geschlossen sein darf, muss oder soll. Andere beobachten argwöhnisch die Anzahl und Dauer der nicht begründeten Abwesenheiten der Kollegen – wie zum Beispiel bei Raucherpausen oder auch beim oben angesprochenen Bürotalk am Kopierer. In jedem Fall werden all diese empfundenen Ungerechtigkeiten mit der Aufforderung, sie abzustellen, bei Ihnen abgeladen.

Apropos Ungerechtigkeiten: Für viele Führungskräfte ist es ebenfalls unfassbar, wie sich Angestellte über das Ein- und Ausräumen einer Spülmaschine der gemeinsamen Teeküche oder die gemeinsame Nutzung eines Kühlschranks streiten können. „Ich spüle lieber alle meine Sachen selber", sagen sie, und dennoch liegt stets alles ungespült im Spülbecken. Andere behaupten, sie würden die Küche gar nicht benutzen, sind nicht bereit, dahin gehend irgendeine Gemeinschaftsleistung zu erbringen, obwohl sie mehrfach beim Anrichten ihres Müslis oder ähnlicher Tätigkeiten beobachtet wurden. Der verschimmelte Joghurt im Kühlschrank gehört natürlich auch niemandem. Wenn wir uns diese Uneinigkeit im Team vor Augen führen, kommen einem auch schnell die Streitereien bezüglich der Urlaubsplanung und der gerechten Verteilung der heißbegehrten Brückentage in den Sinn, oder?

Die notorisch nörgelnden Unzufriedenen belasten das Leben einer Führungskraft besonders: Sie ziehen das gesamte Team runter und zerstören die Motivation der Beteiligten. Wie Sie es auch anstellen, der Nörgler meckert sowieso und trifft sich im Zweifel mit anderen zum konspirativen Lästern über Sie – sowie einige Kollegen, die nicht zu deren Dunstkreis gehören. Pauschalisierendes, verallgemeinerndes Meckern wiegelt viele Mitarbeiter zu schlechten Leistungen auf. Immer wieder kann man dabei beobachten, wie sich in Teams Grüppchen bilden, Abgrenzung und Ausgrenzung zu Gräben zwischen Teammitgliedern führen, gegenseitige Schuldzuweisungen zum Normalzustand werden und ein gemeinsames Arbeiten fast unmöglich machen. Wenn Sie nun mit dem Ziel, gemeinsames Arbeiten wieder zu ermöglichen, die Mitarbeiter auf ihr teilweise egoistisches, streitsüchtiges, rücksichtsloses oder verantwortungsloses Verhalten ansprechen, bekommen Sie Folgendes oder Ähnliches zu hören: „Ja, dann kündige ich halt!" Diese Drohung empfinden Sie als Erpressung, da Sie wissen, wie schwierig es ist, heutzutage Stellen neu zu besetzen.

Gerade im Zusammenhang mit der Neubesetzung von Stellen zeigt sich immer wieder folgendes Muster: Sie haben mit viel Aufwand einen neuen Mitarbeiter gefunden, eingestellt und intensiv eingearbeitet. Sie haben ihn ins Team integriert und erhalten nun endlich durch ihn Entlastung. Da wirft dieser schon wieder das Handtuch, weil er sich durch Sie, seine Kollegen oder im Homeoffice nicht genügend gesehen und wertgeschätzt fühlt.

Allein die Vorstellung tut weh
Kommt Ihnen das bekannt vor? Ist Ihnen schon beim Lesen dieses Abschnittes der Schweiß ausgebrochen, und hat sich Ihr Puls erhöht? Steigt

schon bei der bloßen Vorstellung an solche Situationen der Stress oder Ärger in Ihnen empor? Verdirbt es Ihnen die gute Laune?

Natürlich, und da dürfen wir uns nichts vormachen: Alle geschilderten Symptome sind frustrierend. Wertvolle Zeit wird durch Streitigkeiten, Krisenbewältigung, Problem- und Fehlerbeseitigung verbraucht. Dass unter solchen Umständen Umsatzziele nicht erreicht werden, die Produktivität sinkt, Kunden nicht zufriedenstellend betreut werden, Fehlerquote und Krankenstand steigen, Mitarbeiter frustriert sind, darf uns nicht überraschen.

Im Rahmen meiner langjährigen Recherche und in unzähligen Gesprächen mit Führungskräften aus Unternehmen unterschiedlichster Branchen und Größe, vom Kleinunternehmen bis zu Dax-Konzernen, wurde mir klar, wie sehr diese täglichen Erlebnisse die Führungskräfte belasten. Sowohl die großen Führungs-Herausforderungen als auch die vermeintlich kleinen, aber vielfältigen und teilweise täglich wiederkehrenden Enttäuschungen und Ärgernisse können einen in den Wahnsinn treiben. Führung ist eine Herkulesaufgabe.

Und das Ergebnis ist: Obwohl Sie sich täglich für die (Führungs-) Arbeit aufreiben, bleiben sowohl der Erfolg als auch die Zufriedenheit der Beteiligten auf der Strecke. Welch ein ernüchternder und leider sehr verbreiteter Befund!

Was ist die Alternative?
Doch was wäre, wenn Sie als Führungskraft Ihre Mitarbeiter nicht motivieren müssten? Was wäre, wenn diese deren Arbeit selbstständig, zuverlässig, vertrauensvoll und termingerecht erledigen würden? Wie wäre es, wenn sich der Erfolg einstellt, ohne dass er von Ihnen herbeigeprügelt werden muss? Wie wäre es, wenn Akribie in der Aufgabenerfüllung und gegenseitige Unterstützung im Team selbstverständlich wären? Wie wäre dann Ihr Alltag als Führungskraft?

Stellen Sie sich vor, Sie könnten sich darauf verlassen, dass Ihre Mitarbeiter ihre Arbeit so machen, wie es gemeinsam besprochen wurde – vollständig, korrekt und pünktlich. Sie erleben selbstwirksame, zufriedene Mitarbeiter, die konzentriert ihrer Aufgabe nachgehen, zu Kunden freundlich und zu Kollegen hilfsbereit sind. Gemachte Fehler geben sie unaufgefordert und ehrlich Ihnen gegenüber zu und sorgen selbst für die Lösung des dadurch entstandenen Problems. Diese Übernahme von Verantwortung lässt Sie mit einem guten Gefühl in den Urlaub gehen, ohne sich permanent Sorgen darüber zu machen, welche Probleme Sie nach Ihrem Urlaub wieder ausbaden müssen.

Auch sehen Sie beim Betreten der Büros Ihrer Mitarbeiter kein Augenrollen, das Ihnen anzeigt: „Oh Schreck, der Alte kommt." Sie blicken in freundliche Gesichter. Manches Augenpaar strahlt Sie sogar freudvoll an. Sie fühlen sich dadurch tatsächlich herzlichen willkommen. Die Atmosphäre in Ihrem Team ist ausgesprochen respektvoll, beinahe freundschaftlich.

Sogar hinter Ihrem Rücken wird das ein oder andere wertschätzende Wort über Sie ausgesprochen. In Ihrem Team herrscht die Philosophie: „Behandle die anderen Menschen so, wie du selbst behandelt werden möchtest, und denk darüber nach, was dein Verhalten und auch dein Unterlassen für den anderen bedeutet." Allein schon deshalb beginnen Ihre Teamsitzungen pünktlich und sind nicht von Machtgehabe dominiert, sondern von einem konstruktiven Miteinander. Gegenseitige Unterstützung, ohne alles dauernd gegeneinander aufzurechnen, ist in Ihrem Team genauso selbstverständlich wie die Tatsache, wer neuen Kaffee kocht oder die Spülmaschine ein- oder ausräumt.

Sie erleben einen Arbeitseinsatz und Teamgeist, eine Zufriedenheit und ein Verantwortungsbewusstsein Ihrer Mitarbeiter in einem Maße, wie Sie es von Führungskollegen oder in anderen Unternehmen nicht hören. Offensichtlich scheinen hier Reibungsverluste eine Seltenheit zu sein. Nicht, dass es sie nicht gibt, aber sie halten die Führungskraft und alle anderen nicht wesentlich von der Arbeit ab und stören nicht das Gesamtgeschehen. Dies ist mehr von einem Miteinander als Gegeneinander geprägt.

Kurz: Sie erleben als Führungskraft durch jeden Einzelnen Ihres Teams echten Rückenwind. Das ermöglicht es Ihnen, erfolgreich und mit großer Zufriedenheit Ihren Job zu machen.

Skepsis weit und breit
Hört sich das für Sie realistisch an? Können sie sich eine (Zusammen-)Arbeit in und mit ihrem Team so vorstellen? Oder sind Sie der Auffassung, dass es sich eher um ein Idealbild, eine Fantasie, eine nicht realisierbare Utopie handelt?

Nehmen wir mal an, es handle sich um keine Utopie. Würden Sie so gerne arbeiten? Was wäre, wenn ich Ihnen sage, dass Sie das erreichen können? Meine Erfahrung ist, dass die meisten Führungskräfte eine derartige Vision zwar für sich als erstrebenswert erachten, sich diese aber beim besten Willen nicht als realisierbar vorstellen können. Deshalb höre ich von Führungskräften häufig Kommentare wie diese: „Hört sich ja super an, ist aber vollkommen realitätsfern." Oder: „So etwas kann es gar nicht geben und erst recht nicht bei uns im Unternehmen."

Diese Reaktionen sind mir nicht fremd. Als Unternehmer habe ich all die positiven Effekte, die ich Ihnen gerade geschildert habe, selbst erlebt und den Rückenwind durch meine Mitarbeiter über zwanzig Jahre genossen. Mit meinen Niederlassungen haben wir schon in den neunziger Jahren eine Art der (Zusammen-)Arbeit und Führung gelebt, die Sie vielleicht für außerordentlich unrealistisch erachten. Seit Anfang meiner unternehmerischen Tätigkeit erfahre ich eine ausgeprägte Skepsis anderer Unternehmer und Führungskräfte für diese andere Unternehmenskultur, für diese Art, miteinander zu arbeiten und zu führen. Auch meine Mitarbeiter, die von unserem Unternehmen euphorisch berichteten, ernteten regelmäßig große Skepsis. Sie wurden immer wieder dafür belächelt, und ihre Berichte wurden als im hohen Maße unglaubwürdig abgestempelt. „Ach, ihr mit eurem paradiesischen Schuh-House", hieß es häufig abfällig über unsere Geschäfte.

Die Kombination von großer Zufriedenheit im Unternehmen und außergewöhnlichem Erfolg war für viele einfach nicht vorstellbar. Eine meiner neuen Mitarbeiterinnen erzählte mir zum Beispiel einmal, wie sie nach ihren ersten Arbeitstagen ihrem Partner begeistert berichtete, in welchem Unternehmen sie gelandet sei, wie großartig die Zusammenarbeit im gesamten Unternehmen über alle Hierarchieebenen hinweg sei und wie gut sich das Ganze für sie anfühlen würde. Er reagierte daraufhin nur skeptisch und ungläubig mit dem Kommentar: „Schatz, du bist in einer Sekte gelandet."

Für mich war das kaum zu glauben: Ich sah diese Art der Zusammenarbeit als selbstverständlich an. Was sprach dagegen, glücklich am Arbeitsplatz zu sein? Meine Teams lebten diese Unternehmenskultur jeden Tag und genossen ihre Vorteile. Wir alle konnten nicht nachvollziehen, dass eine Zusammenarbeit, bloß weil sie besonders gut funktionierte, etwas Sektenartiges an sich haben sollte. Außenstehende, die unsere Unternehmenswelt belächelten, hätten uns doch fragen können: Wie stellt ihr das an? Wie schafft ihr das? In deren Vorstellung musste dieses unverschämt große Plus an Glück und Erfolg ein Ding der Unmöglichkeit sein. Es war für sie anscheinend unvorstellbar. Also war es für sie naheliegender, uns nicht zu glauben, als interessiert nachzufragen.

Selbst als wir mal für eine Auszeichnung für unsere Art der Zusmamenarbeit und Führung nominiert wurden, blieben wir von dieser Skepsis nicht verschont: Im Rahmen der Vorgespräche zur Verleihung gaben uns alle Gutachter ein euphorisches Feedback. Dies war Balsam für unsere Seele, und wir sahen uns bereits mit Krönchen auf dem Kopf auf dem Siegespodest stehen. Einer der Gutachter konnte nicht aufhören zu betonen, wie außergewöhnlich das sei, was wir mit unserem Unternehmen geschaffen hatten. Er lobte uns über den grünen Klee und stellte uns als Pionierunternehmen dar. Aber, und das war der Schocker: Nach seinem Feedback sagte er: „Ich bin mir allerdings nicht sicher, ob die Jury, die aus verschiedenen Arbeitgeber- und Arbeitnehmer-Institutionen besteht, Sie zum Gewinner kürt."

Sie können sich sicherlich vorstellen, dass uns diese Äußerung direkt wieder von unserem gedanklichen Sieges-Söckelchen gestoßen hat. Unser skeptischer Fürsprecher begründete seine Bedenken wie folgt: „Ja, wissen Sie, Herr Pothmann, wir müssen Ihr Unternehmen einer Jury vorstellen. In dieser Gruppe wird es drei Menschentypen geben, die ganz unterschiedlich auf das, was wir Ihnen als Gutachten vorlegen und über Ihr Unternehmen berichten, reagieren werden. Die einen werden die Vorstellung an so eine Art der Zusammenarbeit kategorisch ablehnen. Sie werden der Überzeugung sein, dass es so etwas nicht geben kann. Die zweite Gruppe wird bemerken, dass sie so eine Unternehmenswelt zwar als großartig erachten, aber es sich beim besten Willen nicht vorstellen können. Und die dritte Gruppe wird die Einzige sein, die Sie begeistert als bestes Unternehmen deklarieren wird." Und dann endete er mit dem Resümee: „Leider weiß ich nicht, wie die Mehrheitsverhältnisse in der Jury sein werden".

Auch hier zeigte sich mal wieder die ausgesprochene Skepsis gegenüber unserer Art der Zusammenarbeit und Führung. Aber so ist es eben mit Innovationen. In unserem Fall erlebte die Vision (und auch gelebte Praxis) vom glücklichen Unternehmen einen Dämpfer. Die meisten können es sich nicht vorstellen. Sie misstrauen diesem Bild und betrachten es als Fantasiekonstrukt. Sie lehnen gar die Vorstellung erst einmal (kategorisch) ab, weil sie schlicht nichts anderes kennen.

Mitarbeiter und Führungskräfte gewinnen
Natürlich war unser Unternehmen nicht von Anfang an so, wie es oben beschrieben ist. Wir haben viele Enttäuschungen erlebt und mussten unschöne Erfahrungen machen, bis unser Unternehmen aus glücklicherfolgreichen Teams bestand. Es war ein Entwicklungsprozess. Doch schließlich haben wir die Utopie wahrgemacht. Und Sie können das auch!

Nicht nur Außenstehende konnten übrigens unsere Welt nicht begreifen, sondern auch neu eingestellte Mitarbeiter mussten wir erst für unsere Philosophie gewinnen. Wir mussten Wege finden, die Menschen, die sich ihr eigenes Jobglück nicht vorstellen konnten, für dieses zu begeistern. Das ist keine leichte Aufgabe, wenn wir uns vor Augen führen, dass in unserem Lande Millionen von Menschen täglich schlecht gelaunt zur Arbeit humpeln, abends genauso miesgelaunt zurückkommen und dann noch diesen vollkommen unbefriedigenden Zustand als Normalität akzeptieren.

Auch die angehenden Führungskräfte für diese Form der Zusammenarbeit und Führung zu begeistern war anfangs nicht immer einfach. Den Wirkungszusammenhang zwischen dem Jobglück ihrer Mitarbeiter, ihrem Führungs-Verhalten und dem daraus resultierenden Erfolg zu glauben, fiel nicht allen leicht. Sie waren skeptisch und benötigten Beweise.

Der Wirkungsmechanismus
Dieses Buch beweist den Wirkungsmechanismus anhand neuester Erkenntnisse der unterschiedlichsten wissenschaftlichen Disziplinen, aber vor allem durch eine Vielzahl an lebenspraktischen Beispielen, wie sich Erfolg automatisch einstellt, wenn die Führungskraft das Jobglück ihrer Mitarbeiter tatsächlich in den Vordergrund ihres Handelns stellt. Insofern kann ich Ihnen mit großer Überzeugung versprechen, dass Sie mit glücklich-erfolgreicher Führung ein Klima in ihrem Team schaffen, dass Zufriedenheit bei ihren Mitarbeitern realistisch macht und einen Erfolg generiert, den sich die meisten zuvor nicht einmal haben erträumen können. Deshalb traue ich mich, Ihnen so vollmündig anzukündigen, dass Sie beim Lesen dieses Buches und beim Umsetzen dieser Art der Führung, Erfolg und Zufriedenheit für sich und Ihre Mitarbeiter erreichen können.

Nichts ohne Offenheit
Aber: Um dies zu erreichen, benötigen Sie eine gehörige Portion Offenheit. Ich werde Ihre tief im Unterbewusstsein verankerten Überzeugungen bezüglich Führung aufdecken und Ihnen zeigen, wie Sie sich vielleicht selbst, ohne es zu wissen, bislang daran gehindert haben, an so eine Art von Führung zu denken. Ich werde Ihnen dabei helfen, eine neue Führungs-Haltung zu entwickeln, die es Ihnen ermöglicht, intuitiv ein erheblich wirkungsvolleres Führungs-Verhalten an den Tag zu legen, wie es Ihnen bisher vielleicht nicht in den Sinn kam.

Ich muss Sie deshalb vorwarnen. Ich werde Sie mächtig fordern, Ihr Gehirn schütteln, es provozieren und mit Erkenntnissen aus den unterschiedlichen Wissenschaftsbereichen wie der Hirnforschung, der Neuropsychologie sowie der Kognitions- und Positiven Psychologie konfrontieren. Sie werden ein anderes Verständnis von (Zusammen-)Arbeit erlangen, dass es Ihnen ermöglichen wird, eine völlig andere Art der Führung zu leben. Sie bewirkt, dass das, was Sie oben vielleicht noch als unrealistisches Bild angesehen und als utopisch abgestempelt haben, auf einmal möglich wird. Lassen Sie sich mit mir auf eine Erkenntnisreise in Ihre Führungspsyche ein, bei der zwei sich widersprechende Dimensionen vereinigt werden: das Jobglück aller Beteiligten und der Erfolg Ihres Verantwortungsbereiches. Dies möchte dieses Buch leisten.

Sollten Sie sich mit diesen Gedanken noch schwertun und nun glauben, dass das, worüber ich berichte, sowieso nur in einer idealtypischen Welt oder einer boomenden Branche funktionieren kann, in der sich die Unternehmen vor sprudelnden Gewinnen nicht retten können, so darf ich Ihnen diesen Zahn ziehen: Mit unserem dezentral organisiertem Unternehmen betrieben wir an acht verschiedenen Standorten in Nordrhein-Westfalen die Einzelhandelsgeschäfte „SchuhHouse" und hatten nicht das Glück einer Wachstumsbranche, sondern lebten in der rauen See eines rezessiven Marktes. Wenn glücklich-erfolgreiche Führung bei solch schwierigen Rahmenbedingungen zu so außergewöhnlichen Glücks- und Erfolgsergebnissen führt, dann ist Ihr Unternehmen ebenfalls in der Lage, dies unabhängig von der Branche und Größe zu erreichen.

Dieses Buch ist für Sie als Vorgesetzten
Dieses Buch richtet sich allerdings nicht an Unternehmen als Ganzes, sondern es ist für Sie, für Sie persönlich geschrieben. Für Sie als Vorgesetzten, der für seine Mitarbeiter Personalverantwortung trägt. Natürlich wäre es schön, wenn Ihr Unternehmen wettbewerbstechnisch gut aufgestellt ist, ein erfolgsversprechendes Businesskonzept hat und eine klare Strategie verfolgt. Aber auch wenn dies nicht so ist, ändert es nichts an der Tatsache, dass Sie für Ihre Leute zuständig sind und für die Art Ihrer Führung und der Zusammenarbeit in Ihrem Verantwortungsbereich auch tatsächlich die Verantwortung tragen.

In diesem Buch konzentriere ich mich darauf, Ihnen das nötige Rüstzeug für Ihre Führungsarbeit zu geben, unabhängig davon, in welchem Unternehmen Sie arbeiten und wie es aufgestellt ist. Dabei starte ich zunächst bei Ihnen. Wie man diese Art der Führung dann auf ein ganzes Unternehmen ausweitet und es zu einem glücklich-erfolgreichen Unternehmen transformiert, *Glückliche Unternehmen* Pothmann (2021). ausführlich beschrieben.

Wir starten im ersten Kapitel mit der Frage, warum die Zufriedenheit der Mitarbeiter in Zukunft der Generalschlüssel für Erfolg ist. Wir werden feststellen, dass die Arbeitswelt sich in den letzten Jahren und Jahrzehnten weitreichend verändert hat und dass die Bedürfnisse der Mitarbeiter sich grundlegend gewandelt haben. Die Notwendigkeit, eine neue Zielgröße für Führung zu finden, wird für jeden offensichtlich sein – und der Grund, warum wir bisher nicht darauf gestoßen sind, ebenfalls.

Im zweiten Kapitel werden wir genau untersuchen, welche Auswirkungen unsere Haltung gegenüber unseren Mitarbeitern auf unser Führungs-Verhalten hat. Wie groß die Steuerung unseres Verhaltens durch unsere im Unterbewusstsein verankerten Überzeugungen ist, erscheint für Viele überraschend. Zu sehen, wie vielleicht auch Ihr Mindset Ihr Führungs-Verhalten über Jahre geprägt hat, ist für Viele eindrucksvoll. Zu erkennen, dass Ihre Führungs-Haltung der Schlüssel zur Zufriedenheit Ihrer Mitarbeiter ist, wird Ihnen auf die Spur zur glücklich-erfolgreichen Führung helfen.

Im dritten Kapitel stelle ich Ihnen konkret die glücklich-erfolgreiche Führung vor. Ich zeige Ihnen vor allem, welchen Deal Sie mit Ihren Mitarbeitern dabei eingehen. Dieser Deal ist ein anderer, als wir ihn in unserer vom Arbeitsrecht geprägten Welt kennen. Hier werden die Karten neu gemischt und anders verteilt. Sie werden überrascht sein.

Nachdem deutlich geworden ist, dass die Zufriedenheit eines Mitarbeiters einen immensen Einfluss auf den Erfolg Ihres Teams, Ihrer Abteilung, Ihrer Filiale oder Ihres Geschäftsbereiches hat, drängt sich die Frage förmlich auf, wie denn nun ein Mensch im Job wirklich glücklich wird. Hierzu werde ich Ihnen im vierten Kapitel „Fred", einen exemplarischen Mitarbeiter vorstellen. Es handelt sich um eine bildhafte Darstellung, die Ihnen helfen wird, Ihr tägliches Führungs-Verhalten so auszurichten, dass Sie tatsächlich diese idealtypische Welt erschaffen können, die ich bereits weiter oben beschrieben habe.

Vom fünften bis zum achten Kapitel geht es in die Praxis. Wir orientieren uns an dem Lebensphasenmodell eines Mitarbeiters im Unternehmen, ab dem Zeitpunkt vor seiner Einstellung bis hin zum Ende seines Beschäftigungsverhältnisses. Viele Beispiele und Beispieldialoge geben Ihnen Einblicke in das Verhalten einer Führungskraft, die glücklich-erfolgreich Mitarbeiter begleitet. Hier wird all das greifbar und konkret vorstellbar, was sich zuvor in Ihrem Geiste theoretisch entwickelt hat. Jetzt wird deutlich, wie einfach es ist, glücklich-erfolgreich zu führen. Auch wird hier klar werden, wie grundlegend Ihre Führungs-Haltung dazu beiträgt, ihr Führungs-Verhalten in die richtige Richtung zu lenken. Wieder werden Sie wahrscheinlich überrascht sein, denn mithilfe dieser neuen Haltung werden Sie zudem in der Lage sein, sich auch die Frage zu stellen, wie Sie sich mit Ihrer „alten" Haltung in dieser Situation verhalten hätten. Sie werden feststellen, welch immenser Wirkungsunterschied zwischen dem alten und dem neuen Führungs-Verhalten liegt, und Sie werden erkennen, dass durch das Jobglück Ihrer Mitarbeiter der Erfolg ein logisches Endprodukt wird.

Sie ahnen vielleicht: Dieses Buch wird Sie berühren. Es wird Sie verändern. Sie werden nicht mehr dieselbe Führungskraft sein, die Sie vorher einmal waren. Hierfür ist die oben angesprochene Offenheit wichtig. Lassen Sie sich also mit mir auf eine Erkenntnisreise ein, die es Ihnen ermöglicht, zu einer Führungskraft zu werden, die mit Ihrem Team glücklich *und* erfolgreich werden kann.

Ich wünsche Ihnen viel Freude beim Lesen.

Achim Pothmann

Literatur
Pothmann, A. (2021). *Glückliche Unternehmen – Wie Erfolg selbstverständlich wird.* Norderstedt: BoD.

1

Warum die Zufriedenheit der Mitarbeiter in Zukunft der Generalschlüssel für Erfolg ist

Stellen Sie sich bitte einmal den Deutschland-Ruderachter vor, der über Jahre hinweg mit zig Goldmedaillen außerordentliche Erfolge bei Weltmeisterschaften, sowie den Olympiaden eingefahren hat.

1.1 Neue Arbeitswelt und keiner macht mit? – Die Zeit ist reif

Abstrakt würde dieser Ruderachter wie im Abb. 1.1 aussehen.

Wir dürfen davon ausgehen, dass jeder einzelne, der in diesem Boot sitzt, alles dafür getan hat, um in diesem Boot mitrudern zu dürfen. Gleichfalls können wir sicher sein, dass jeder einzelne bereit ist, sich maximal für das Fortkommen des Bootes einzusetzen. Und schließlich wird jeder von ihnen dazu bereit sein, einen Teamgeist und Mannschaftswillen zu entwickeln, der eine Leistungsfähigkeit generiert, die mehr als die Summe der einzelnen Leistungen der Ruderer ermöglicht. Außergewöhnliche Motivation und Leistungsbereitschaft, gepaart mit ausgeprägtem Teamgeist, katapultiert so ein Team in die Weltklasse.

Und nun stellen Sie sich bitte vor, dass dieser Ruderachter metaphorisch für ein Unternehmen mit 10, 100, 1000 oder sogar 100 000 Mitarbeitern steht. Dann sind alle Mitarbeiter hoch erfreut, in diesem Unternehmen oder dieser Abteilung mitarbeiten zu dürfen, bringen sich zu hundert Prozent mit größtem Engagement ein und entwickeln einen Teamgeist, sodass ihr Ruderachter mit einem Affenzahn über das Meer des Marktes schießt und

Abb. 1.1 Deutschland-Ruderachter. (© Achim Pothmann 2021. All Rights Reserved)

außergewöhnlichen Erfolg erzielt. Diese Unternehmen haben keinen Fachkräftemangel und keine Probleme mit fehlendem Engagement oder spärlichem Teamgeist, und erst recht fehlt es ihnen nicht an wirtschaftlichem Erfolg.

Die Realität ist eine andere
Dummerweise ist die Realität in den meisten Unternehmen aber eine andere: Durch den Fachkräftemangel fällt es den Unternehmen schwer, ihre freiwerdenden Stellen mit guten Leuten zu besetzen. Und die Stellen, die besetzt sind, sind von Mitarbeitern belegt, die häufig nur (noch) mittelmäßig motiviert und teilweise schlecht gelaunt ihre Arbeit abliefern. Dass die Arbeit bei diesen Menschen mehrheitlich eher als unangenehm, nervig und als ihr Leben belastend angesehen wird, beweisen viele Studien, die sich mit der Motivation von Mitarbeitern bei der Arbeit beschäftigen. Eine von diesen bringt das Gallup-Beratungsunternehmen alljährlich heraus (vgl. Gallup 2020). Sie zeigt eindrucksvoll, dass mehr als die Hälfte der angestellten Arbeitnehmer sich eher nicht mit ihrem Unternehmen identifizieren und ihre Zufriedenheit und Motivation bei der Arbeit keinesfalls der eines Spitzensportlers entspricht.

So gibt es leider viel zu viele Beschäftigte, die nach ihren Zielen befragt, „Feierabend" antworten und ihnen bei der Frage nach längerfristigen beruflichen Zielen nur „Wochenende" oder „Urlaub" einfällt.

Bildlich ausgedrückt sehen diese Ruderboote dann wie folgt aus: Vielleicht nur drei der acht Mitarbeiter tauchen das Ruder fachlich kompetent und hoch motiviert ins Wasser und ziehen kraftvoll durch. Während der Vierte mitpaddelt, muss schon der Fünfte von der Führungskraft zum Paddeln explizit aufgefordert werden, während der Sechste nur so tut, als wenn er paddeln würde. Der Siebte hat sein Paddel vergessen, und der Achte hat sich über sein Unternehmen, seine Führungskraft oder etwas anderes so geärgert, dass er voller Trotz in die entgegengesetzte Richtung paddelt. Klar ist, dass dieses Boot mit dem Olympia-Ruderachter nichts zu tun hat und eher wie in Abb. 1.2 dargestellt aussieht:

1 Warum die Zufriedenheit der Mitarbeiter in Zukunft der ...

Abb. 1.2 Ruderachter als Symbol für ein Unternehmen oder eine Geschäftseinheit, bei der die Mitarbeiter nicht alle wie im Deutschland-Ruder-Achter-Unternehmen engagiert mitpaddeln. (© Achim Pothmann 2021. All Rights Reserved)

Wenn ich Sie nun frage, ob Sie erstens der Auffassung sind, dass Mitarbeiter, die in einem Boot zufrieden sind, auch intensiver paddeln und das Boot schneller ist, würden Sie dies bejahen? Also würden Sie bestätigen, dass die Zufriedenheit der Mitarbeiter auf die Leistungsbereitschaft Einfluss hat? Und würden Sie zweitens bestätigen, dass die Führungskraft wiederum einen Einfluss auf die Zufriedenheit ihrer Mitarbeiter hat?

All die Führungskräfte, die ich in den vergangenen Jahren mit diesen Fragen konfrontiert habe, bestätigten diese Zusammenhänge. Alle waren der Überzeugung, dass die Zufriedenheit der Mitarbeiter Auswirkungen auf deren Motivation und damit auch auf deren Leistungsbereitschaft hat und Sie als Vorgesetzte diese Zufriedenheit beeinflussen können.

Aber: Wenn wir uns darüber alle einig sind, warum sind dann dennoch so viele Millionen Menschen mit ihrer Arbeit unzufrieden und verweigern ihre engagierte Leistungserbringung? Warum bestätigen dann zig Studien, dass Arbeitnehmer Arbeit eher negativ sehen und dass sie der Überzeugung sind, dass Arbeit nichts mit Zufriedenheit und Glücklichsein zu tun haben kann? Warum kommen die Unternehmen, besser gesagt deren Führungskräfte, nicht an die Leistungspotenziale ihrer Mitarbeiter heran? Wie kann es sein, dass Führungskräfte tolle und motivierte Mitarbeiter einstellen und diese nach einiger Zeit ihre Motivation und Leistungsbereitschaft erkennbar verlieren?

Um auf all diese Fragen Antworten zu finden, gehe ich in diesem Abschnitt in zwei Schritten vor:

1. Was hat sich für die Menschen in den Unternehmen geändert?
2. Was bedeuten diese Veränderung für die Unternehmen, für die Zusammenarbeit und für die Führung?

Starten wir mit Schritt 1: Was hat sich für die Menschen in den Unternehmen geändert?

Die wesentlichen Veränderungen kann man anhand von zwei Trends beschreiben, die seit Jahrzehnten wirken und deshalb auch als Megatrends bezeichnet werden können. Zum einen ist es der Trend der Technisierung, der uns seit der Industrialisierung bestimmt. Zum anderen haben sich die Menschen in den Unternehmen verändert. Diese Entwicklung war über Jahrzehnte eine leise, das heißt niederschwellige und damit wenig auffällige Veränderung. Aber Sie werden sehen, dass dieser Trend zu mehr „Ichsein" und die „Abkehr vom reinen Funktionieren" Sprengstoff für die Unternehmen bedeutet und von daher durchaus ebenfalls die Bezeichnung Megatrend verdient.

Megatrend Technisierung
Schauen wir uns zunächst den ersten Aspekt, die Veränderungen durch permanente Technisierung unserer (Arbeits-)Welt an und machen uns deutlich, was dies für die Menschen in den Unternehmen bedeutet. Diesen technischen Wandel kann man meines Erachtens an der Entwicklung des Telefons wunderbar exemplarisch deutlich machen: Vor einhundert Jahren war das Telefon ein an der Wand befestigter Holzkasten mit einem Sprechrohr und einer Hörmuschel, die durch ein Kabel mit dem Kasten verbunden war. In einer Vermittlungsstelle haben Beschäftigte der Telefongesellschaft wortwörtlich die Strippen gezogen und eine Verbindung zwischen den Geräten hergestellt. Einige Zeit später entfiel dieser Vermittlungsdienst, und die Telefone schrumpften zu einem transportablen Gerät, das man meist im Flur gelagert und an der Schnur im Umkreis von vielleicht zwei Metern hin und her tragen konnte. Beim Anblick solcher alten Gerätschaften müssen wir uns von unseren Kindern heute die Fragen gefallen lassen, warum wir unserer Telefone früher angebunden haben.

Dann kamen die Jahrzehnte, in denen äußerlich nicht viel geschah. Das Telefon wandelte seine Farbe von schwarz zu grau, später zu grün oder dunkelrot – und dann erhielt das Gerät sogar statt der Wählscheibe Tasten. Allein die Änderung der Farbe von schwarz bis grün hat über den Daumen über vierzig Jahre (!) gedauert. Eine Veränderungsgeschwindigkeit, bei der man aus heutiger Sicht nur von gebremstem Schneckentempo sprechen kann. Mit der Erfindung der ersten Funktelefone wurden wir sowohl im Haus als auch außerhalb mobil. Anfangs trugen noch gut bezahlte Manager kilogrammschwere Akkus mit aufliegenden, monströsen Telefonhörern zwischen ihrem Auto und Büro hin und her. Es schrumpfte dann bis zum kleinen, handlichen Handy, bei dem die Tasten so klein wurden, dass Menschen mit Seh- und Tastschwäche diese nicht mehr bedienen konnten. Auch diese Entwicklung benötigte durchaus dreißig Jahre und mehr.

Mit der Erfindung des Smartphones und den dafür zugrunde liegenden Technologien wurden unser Leben und das Arbeiten erheblich beflügelt. Das gesamte Büroequipment wurde ins Telefon integriert, sodass neben der Mail-, Kalender-, Suchmaschinen- und Online-Banking-App die Telefonfunktion nur noch eine kleine von schier unendlich vielen Applikationen wurde. Unsere Telefone, jetzt nennen wir sie Smartphones, haben unser Arbeitsleben kolossal verändert und auf jeden Fall massiv beschleunigt.

Telekommunikations-Unternehmen haben nun nicht mehr Jahrzehnte Zeit, um die Farbe ihres Endgeräts zu verändern. Nein, sie müssen sich heutzutage jedes Jahr technologisch neu ausrichten und die Veränderungen im gesamten Unternehmen implementieren. Das Resultat ist: Alle Beteiligten finden sich im Terror der Dauer-Changeprozesse wieder.

Der Intel-Mitbegründer Gordon Moore erkannte schon in den Sechzigern, dass sich die Anzahl der Transistoren auf einem Prozessor alle achtzehn Monate verdoppelt. Dieses Moorsche Gesetz (vgl. Thelen 2020, S. 37), wie es genannt wird, beschreibt die Tatsache, dass die Leistungsfähigkeit der Prozessoren über die Jahre exponentiell zunimmt. Früher war exponentielles Wachstum wenig vorstellbar, und auch heute tun wir uns schwer damit, vor allem mit der Tatsache, dass unsere bisher eher noch lineare Welt aussterben wird. Künstliche Intelligenz wird diesen Prozess weiter beschleunigen, sodass etwa Sprachassistenten in Zukunft für uns die Telefonate führen werden.

Allein an unserem Telefon können wir ablesen, wie sich die Innovationszyklen verkürzt und die Veränderungsgeschwindigkeit erheblich erhöht hat. Wir müssen uns bewusst machen, dass die Technisierung von Unternehmen nicht nur seit Jahrzehnten in dieser Branche, sondern in allen Branchen stattfindet und weiter an Dynamik zunehmen wird.

Kommen wir zu Schritt 2: Was bedeuten diese Veränderung für die Unternehmen, für die Zusammenarbeit und für die Führung?

Nahezu alle Unternehmen müssen sich den neuen Verhältnissen immer schneller anpassen, und die, die das nicht tun, werden rausgepasst. Der Zwang zur Adaption und der Druck, sich zu verändern, sind immens. Agilität und Scrum-Technik sind nur zwei Stichworte, die stellvertretend beschreiben, wie Arbeit komplexer wird, sich wandelt und Methoden entwickelt werden müssen, um diese Veränderungen handhabbar zu machen. Neben dem „normalen" Wettbewerbsdruck, wie wir ihn seit jeher kennen, führt der Zwang zur dynamischen Anpassung zu noch mehr Druck im Gesamtsystem. Wir müssen uns bewusst machen, dass nicht die Veränderungen an sich, sondern vielmehr die Beschleunigung dieser Veränderungsprozesse bei den Menschen Unsicherheit und Angst verursacht. Nicht nur Angst vor dem Change, sondern die Angst, „raus-ge-changed" zu werden, nicht mehr gebraucht zu werden.

Leider müssen wir beobachten, dass der dadurch entstehende Stress in den Unternehmen über alle Ebenen auf sämtliche Mitarbeiter wirkt. Dann darf uns nicht überraschen, dass Mitarbeiter ihre Arbeit heutzutage eher als unsicher, druckvoller, auslaugender, überfordernder und ungerechter empfinden. Bei dieser Entwicklung würden einige nicht von der Arbeit auf einem Ruderboot sprechen, sondern eher von der auf einer Galeere, in deren Rumpf sie mit dem Ruder in der Hand, der Kette um den Hals und Peitschenhieben auf dem Rücken, malochen. Dies ist die Wahrnehmung von immer mehr Beschäftigen, und sie beschreibt ebenfalls die Realität vieler Führungskräfte. Es entsteht eine Arbeitswelt, die an ihrer eigenen Beschleunigung zerbricht (vgl. Horx 2020, S. 56).

Megatrend „Ichsein" – weg vom „Funktionieren-müssen"
Technischer Wandel und seine Konsequenzen sind nur ein Aspekt, der auf die Arbeit und die Beschäftigten Einfluss nimmt. Nun schauen wir uns den zweiten Aspekt an: Wie haben sich die Menschen im selben Zeitraum, unabhängig von technischen Entwicklungen, verändert?

Um diese Frage zu beantworten, blicken wir wieder ein Jahrhundert zurück, wie wir es bereits bei der Entwicklung des Telefons gemacht haben. Vor über einhundert Jahren bedeutete Arbeit die Sicherung der Existenz. Menschen brauchten Arbeit, um zu überleben. Sie brauchten Geld, um ihr Dach über dem Kopf und ihr Essen bezahlen zu können und um das Überleben der Familie zu gewährleisten. Es war eine Zeit, in der an sechs Tagen der Woche sechzig Stunden gearbeitet wurde und die Beschäftigten zehn Tage im Jahr Urlaub hatten. Kranken-, Renten-, Arbeitslosenversicherungen oder Kündigungsschutz gab es noch nicht. Krankheit des meistens alleinverdienenden Vaters führte in der Regel zur sofortigen und beängstigenden Existenzkrise der Familie. Es war eine anstrengende und aufzehrende Zeit, in der beispielsweise die Mitarbeiter eines Automobilherstellers einen Motorblock noch mit eigener Kraft in die Karosserie heben mussten. Diese Generationen haben die Prägung erhalten:

> Arbeit: Sichert das Überleben – ist aber auch ein Überlebenskampf.

Denn der Eintritt in die Rente bedeutete früher leider nicht selten den Austritt aus dem Leben oder zumindest Probleme mit dem verschlissenen Körper.

Die Generation „Babyboomer" Mitte der Vierziger bis Mitte der Sechziger sowie die Generation X (bis Ende der Siebziger) wuchsen zwar mit dem über die Jahrzehnte ausgeweitetem Luxus der Absicherung durch Sozialversicherungen und Kündigungsschutz auf, mussten aber lernen, dass man nicht jeden Job bekommt, den man gerne hätte und dass Arbeit nicht unbedingt mit Spaß zu tun hat. Vielleicht kennen Sie oder sind sogar selbst mit diesen Sprüchen groß geworden: „Wir sind nicht zum Spaß hier, machen Sie Ihre Arbeit!" oder „Wenn es Ihnen hier nicht passt, dann gehen Sie doch, es warten genügend andere, die Ihre Stelle haben wollen!" Diese Generationen haben gelernt, dass sie arbeiten *müssen,* dass sie *zu funktionieren haben.* Sie sind nicht zum Vergnügen da, und der Anspruch auf Jobglück war seiner Zeit eher abwegig oder undenkbar. Die Prägung dieser Generation war:

> Arbeit: Man hat zu funktionieren – das hat mit Spaß nichts zu tun.

Aus der Beobachtung entstanden, dass Arbeit belastend ist und die Menschen ein Instrument benötigen, um auf sich zu achten, um nicht „zu verschleißen", entwickelten Angehörige der Generation Babyboomer und Generation X die „Work-Life-Balance"-Idee. Die Grundidee ist Folgende: Arbeit ist so schrecklich, dass es im Leben einen privaten Ausgleich geben muss, um die Last der Arbeit ertragen, beziehungsweise überleben zu können. Dass aber durch diese Logik Millionen von Beschäftigten der Gedanke einverleibt wurde, dass Arbeit schrecklich ist und nicht auch positiv, energiezuführend und lebensbereichernd sein kann, war seiner Zeit den Beteiligten wohl nicht bewusst. Diese Überzeugung ist heutzutage noch immer bei vielen Beschäftigten in ihrem Mindset fest verankert und hindert sie daran, den Gedanken zu entwickeln, dass zu arbeiten auch etwas Gutes bedeuten kann.[1]

Die Generation Y, die Jahrgänge von ungefähr 1980 bis Ende der Neunziger wird gerne als Generation „Why" bezeichnet. Charakteristisch für

---
[1]Mehr zum „Der Work-Life-Balance-Irrtum" in Pothmann (2019, S. 33–34) und Pothmann (2020, S. 54–57).

die Ypsiloner ist die Frage nach dem Warum: „Warum soll ich das machen, wo liegt der Sinn dieser Tätigkeit und wo möchte ich überhaupt hin?" Diese Generation benötigt nicht zwingend die „Work-Life-Balance"-Idee, da sie quasi schon von sich aus dazu tendiert, nur das zu machen, was ihr sinnvoll erscheint. Diese Generation ist anders geprägt und hat die Haltung:

> Arbeit: Man strebt Sinn-volle Arbeit an – bei denen man auch Zufriedenheit erlangen kann.

Die Generation Z, die Jahrgänge ab Ender der Neunziger, also diejenigen, die bereits mit dem Smartphone in der Hand auf die Welt gekommen sind und beim Ausfall ihres WLAN-Netzes selbst in den Standby-Modus verfallen, betrachten Arbeit mit einem noch extremeren Anspruch als die Ypsiloner. Sie sind in einer Zeit mit einer sensationell geringen Arbeitslosenquote und den omnipräsenten Begriffen des Fachkräftemangels groß geworden. Sie haben in dem Zusammenhang mit Arbeit nicht nur den Anspruch auf eigene Selbstentfaltung und große Zufriedenheit, sondern empfinden sich gegenüber dem Arbeitgeber in einer sicheren Verhandlungsposition. Sie sehen den Arbeitgeber teils sogar als eine Art Bitsteller an. Diese Generation erhebt den Anspruch, Arbeit als integrativen Bestanteil in ihrem Leben zu sehen und auch hier, wie im Privatleben, will sie Zufriedenheit und Entwicklung erreichen.

Die Haltung dieser Generation lässt sich so beschreiben:

> Arbeit: Sie ist ein Teil meines Lebens, in dem ich auch den Anspruch habe, glücklich zu sein und meine Potenziale entfalten zu können.

Wenn wir die Prägungen der Generationen mal betrachten, lässt sich unschwer erkennen, wie sich die Haltung der Menschen gegenüber der Arbeit grundlegend gewandelt hat. Noch vor einigen Jahrzehnten bedeutete Arbeit Überleben. Man hatte nichts zu melden, sondern seine Leistung zu erbringen und im Zweifel auch seine körperliche Gesundheit dafür zu opfern. Dieser Generation seinerzeit etwas von Zufriedenheit bei der Arbeit zu erzählen, hätte höchstwahrscheinlich zu Irritationen geführt, jedoch nicht zu einer Änderung ihrer Haltung. Die Babyboomer und X-er, die die Überzeugung verinnerlicht haben, dass man bei der Arbeit zu funktionieren hat, tut sich mit einem Anspruch auf Jobglück ähnlich schwer. Auch wenn die

Generation Y schon einen entsprechenden Anspruch für sich proklamiert, hängen die Z-ter die Messlatte an ihr Unternehmen, ihre Arbeit und Führungskräfte noch höher: Sie sollen ihnen Zufriedenheit und Selbstverwirklichung bei ihrer Arbeit ermöglichen. Ja, das ist doch mal eine Prägung, die unterschiedlicher zu der, der älteren Generationen nicht sein kann, oder? Von der Haltung „Ich muss Arbeit ertragen und erleiden" bis hin zu der Einstellung „Ich erwarte von meinem Arbeitgeber, dass ich eine Chance auf Jobglück bekomme und er mich bei der Entwicklung meiner Potenziale unterstützt" liegt eine Veränderung, wie sie größer nicht sein kann. Sie beschreibt einen Trend, der über Jahrzehnte gewirkt, aber wenig bemerkt wurde.

In den letzten Jahrzehnten hat sich also die Haltung der Menschen gegenüber ihrer Arbeit offensichtlich um 180 Grad gedreht. Wir werden weiter unten sehen, um welchen epochalen Wandel es sich hierbei handelt.

> Der größte Umbruch findet nicht in der digitalen Welt, sondern in der Arbeitswelt statt.

Die Bedürfnisse der Menschen
Lassen Sie uns dieser Entwicklung etwas mehr auf den Grund gehen. Wie konnte es zu so einer grundlegenden Wandlung in der Haltung gegenüber der Arbeit kommen? Um dies zu erklären, greifen wir auf die vom amerikanischen Psychologen Abraham Maslow schon Mitte des letzten Jahrhunderts entwickelte Bedürfnishierarchie zurück. Sie wird häufig als Bedürfnispyramide bezeichnet, auch wenn die Darstellung als Pyramide nicht von ihm stammt (Abb. 1.3).

Maslow hatte seinerzeit herausgefunden, dass die Bedürfnisse, die einen Menschen antreiben und ihn motivieren, sie zu befriedigen, in einer Hierarchie zueinanderstehen.

Zunächst strebt der Mensch danach, seine physiologischen Bedürfnisse zu befriedigen. Hierbei handelt es sich um existenzsichernde Bedürfnisse, wie zum Beispiel das Bedürfnis zu atmen, zu schlafen, sowie Wasser und Nahrung aufzunehmen. Es sind Bedürfnisse, die zum Erhalt des menschlichen Lebens zwingend zu befriedigen sind.

Sind diese Grundbedürfnisse erfüllt, erscheint eine neue Gruppe an Bedürfnissen auf dem Radar. Jetzt wird es dem Menschen ein Anliegen sein, und er wird hoch motiviert sein, sowohl körperliche als auch seelische Sicherheit zu erreichen. Diese Sicherheitsbedürfnisse werden typischerweise

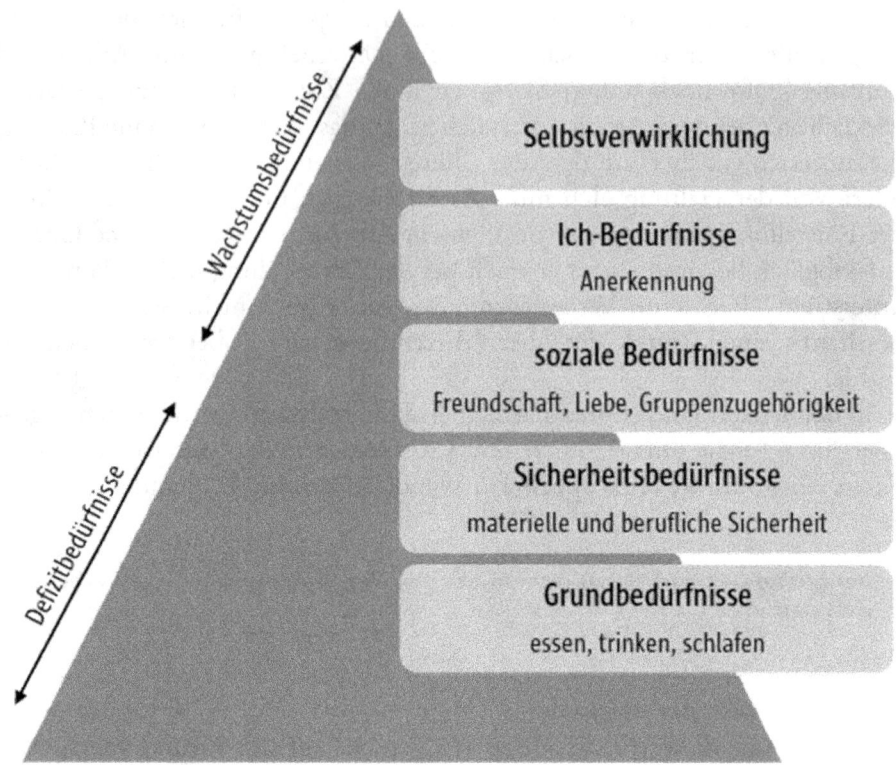

Abb. 1.3 Bedürfnispyramide nach Maslow

befriedigt durch eine materielle Grundsicherung wie durch eine bezahlte Arbeit und eine Wohnung. Den Wunsch nach seelischer Sicherheit kann er zum Beispiel durch familiäre Eingebundenheit und Gesundheit erfüllen.

Sind auch diese Bedürfnisse größtenteils befriedigt, treten die Bedürfnisse der nächsten Ebene in den Vordergrund und beeinflussen seine Ansprüche und sein Verhalten. Diese sozialen Bedürfnisse motivieren den Menschen, Freundschaften zu schließen, mit anderen verbunden zu sein, Gruppen anzugehören, sozialen Austausch zu suchen und Zuneigung zu erlangen.

Hat der Mensch auch die Bedürfnisse dieser Ebene weitestgehend befriedigt, erscheinen die Individualbedürfnisse, die Ich-Bedürfnisse auf seinem Bedürfnis-Radar. Jetzt entsteht vermehrt der Wunsch etwa nach Wertschätzung und Anerkennung, Vertrauen, Erfolg und Unabhängigkeit. Ab dieser Ebene handelt es sich nicht mehr um Defizit-, sondern um Wachstumsbedürfnisse.

Auf der Ebene der Selbstverwirklichung wachsen jene Bedürfnisse, sich in seiner Persönlichkeit und seinen Fähigkeiten weiterzuentwickeln, seine Talente und Potenziale zu entfalten und sie entsprechend seiner Anlagen auszuschöpfen.

Auch wenn, wie Maslow sagt, ein Mensch Bedürfnisse auf mehreren Ebenen gleichzeitig zu befriedigen motiviert ist, erscheint die Hierarchie und die mehr oder weniger lineare Abarbeitung der Ebenen plausibel. Niemand kauft ein Auto oder konzentriert sich auf seine Selbstverwirklichung, wenn er kein Essen, kein Wasser oder kein Dach über dem Kopf hat. Mit zunehmender Befriedigung der Bedürfnisse einer Ebene lässt dessen motivierende Kraft nach, und die Bedürfnisse der nächsthöhere Ebene bestimmen die neue Motivationslage der Person.

Maslow und die Generationen
Wenn wir dieses Modell nun auch auf den Zeitraum der letzten hundert Jahre anwenden, wird deutlich, dass Anfang des letzten Jahrhunderts sowie in und nach den Weltkriegen in Mitteleuropa die Befriedigung der grundlegenden Bedürfnisse des Lebens sicherlich mehr im Vordergrund standen als Anfang dieses Jahrhunderts.

Viele der Babyboomer haben erlebt, wie sie von den Bedürfnissen der unteren drei Ebenen angetrieben wurden. Bedürfnisse wie die der Selbstverwirklichung erschienen den meisten noch nicht auf ihrem Radar, und deshalb entstand auch keine Motivation, Entsprechendes zu erreichen. Dies änderte sich etwas mit der Generation X aber noch viel mehr mit der Generation Y, die die Sicherheitsbedürfnisse und sozialen Bedürfnisse weitestgehend als befriedigt ansehen können. Die Bedürfnisse nach Anerkennung und Wertschätzung treten für sie in den Vordergrund und prägen ihr Verhalten. Die Generation Z – die mit unseren Sicherungssystemen der Sozialversicherungen wie selbstverständlich groß geworden ist und deren Vertreter mehrheitlich keinen Zweifel daran haben, eine ausreichend bezahlte Arbeit zu finden – hat das große Glück, den Bedürfnissen der obersten drei Ebenen nachgehen zu können. Besonders mit der Generation Z wächst eine Generation heran, die im hohen Maße auf Individualität, Selbstverwirklichung und Selbstentfaltung pocht und ihre Potenziale mehr entwickeln möchte, als es jemals eine Generation zuvor mehrheitlich angestrebt hat. Dass diese Generation einen anderen Anspruch an Arbeit und ihre Führungskräfte hat, erscheint mir offensichtlich.

Um den riesigen Unterschied in den Ansprüchen an die Arbeit zu verdeutlichen, gebe ich Ihnen ein Beispiel aus meiner Familie: Mein Großvater hat meinem Vater, als dieser 14 Jahre alt war, eine Lehrstelle besorgt. Mein Vater wurde nicht gefragt, ob ihm eine Ausbildung zum Schlosser Spaß macht oder ob er dort seine Potenziale entfalten könnte. Mein Großvater war einfach froh, dass er eine Ausbildung für seinen Sohn ergattern konnte und dessen Zukunft gesichert schien.

Heute, insbesondere bei den jüngeren Menschen, geht der Anspruch über Geld und Grundversorgung weit hinaus. Sie suchen etwas anderes als früher.

> Besonders junge Menschen streben heutzutage im Job nach mehr als nur Gehalt und Grundsicherung.

Aufgrund ihrer Bedürfnisstruktur suchen und fordern sie im beruflichen Teil ihres Lebens, wie auch im Privaten, die Befriedigung ihrer individuellen Bedürfnisse wie Erfolg, Lob, Anerkennung und Wertschätzung (Ich-Bedürfnisse). Gleichfalls erwarten sie von ihren Unternehmen und Führungskräften die Förderung und Entwicklung ihrer Talente und Potenziale (Selbstverwirklichungs-Bedürfnisse).

Auch bei den „Älteren" verändern sich die Bedürfnisse in Sachen Arbeit

Maslow stellte zudem seine Bedürfnishierarchie mit der Persönlichkeitsentwicklung eines Menschen in Beziehung. Hier stellte er fest, dass mit der Persönlichkeitsentwicklung des Menschen die Bedürfnisse der oberen Ebenen an Bedeutung gewinnen. Wenn wir unterstellen, dass bei den meisten Berufstätigen die finanzielle Situation sich im Laufe ihres gesamten Arbeitslebens tendenziell verbessert und die Persönlichkeit mit dem steigenden Lebensalter eine gewisse Entwicklung nimmt, dann können wir davon ausgehen, dass das auch für die Babyboomer und die Generation X gilt. Wenn diese beiden Generationen also ursprünglich die Befriedigung der Bedürfnisse der unteren Ebenen auf ihrem Radar hatten, tendieren auch sie heutzutage vermehrt dazu, die Bedürfnisse der Ich- und Selbstverwirklichungsebene zu befriedigen.

Im Zusammenhang mit der Betrachtung der Generationen konnten wir weiter oben den Eindruck gewinnen, dass vornehmlich die jüngeren Generationen ihre Arbeits- und Lebenszufriedenheit sowie ihre Potenzialentfaltung im Sinn haben. Vor dem Hintergrund, dass auch bei den Älteren mit ihrer Persönlichkeitsentwicklung (und mit dem Älterwerden) zunehmend höher angeordnete Bedürfnisse auf ihrem Radar erscheinen, werden auch sie immer mehr diese Bedürfnisse befriedigt wissen wollen.

Weiter oben haben wir anhand der Beschreibung der Veränderung der Generationen über die letzten Jahrzehnte gesehen, wie sich deren Haltung zur Arbeit nicht nur marginal verändert hat, sondern dass sie einem radikalen Wandel unterliegt. Mithilfe der Bedürfnishierarchie von Maslow haben wir eine Erklärung für die dramatische Veränderung der Einstellung der Menschen zu ihrer Arbeit erhalten:

> Die Bedürfnisse der Menschen haben sich verändert – auch bei der Arbeit.

Was bedeuten diese Veränderungen für die Unternehmen, für Zusammenarbeit und Führung?
Anhand der technischen Veränderungen der letzten hundert Jahre, die ich exemplarisch am Beispiel des Telefons beschrieben habe, konnten wir Folgendes ablesen: Die große Neuigkeit ist nicht, dass es Veränderung gibt und technischer Wandel stattfindet, sondern dass die Geschwindigkeit der Veränderungen über die Jahrzehnte immens zugenommen hat. Die Unternehmen erleben neben dem klassischen, bekannten Wettbewerbsdruck einen Veränderungsdruck wie nie zuvor. Dass dieser Druck in die Unternehmen hineinwirkt und durch alle Hierarchieebenen auf jeden einzelnen Mitarbeiter einwirkt, ist keine Überraschung. Dass sie dies als permanente Steigerung der Geschwindigkeit ihres Hamsterrads ansehen und es ihre Zufriedenheit belastet oder sogar vernichtet, sollte uns nicht verwundern.

Was bedeutet dies für die Unternehmen konkret?
Da die Generation Z sowie ein Teil der Ypsiloner sowieso dazu tendieren, nur zu ihren Bedingungen zu arbeiten, den Arbeitgeber als Bittsteller anzusehen und von daher zu einem Einstieg in ein Turbo-Hamsterrad nicht bereit sind, steigen sie in so ein Ruderboot erst gar nicht hinein. Diese Gruppen fallen als Nachwuchs für Galeeren aus.

Die Generation Babyboomer und die Generation X, die schon seit Jahrzehnten im Arbeitssystem stecken, wollen nicht mehr nur „funktionieren müssen". Sie empfinden Arbeit im Hochleistungs-Hamsterrad immer mehr als irrsinnige Belastung. Diese Generationen sind immer weniger bereit, diesen Druck auszuhalten und den Arbeitswahnsinn mitzumachen beziehungsweise mit sich machen zu lassen. Immer mehr von ihnen resignieren, werden krank, kündigen innerlich, fliehen in die Frühverrentung oder suchen ganz im Sinne der Work-Life-Balance den Ausgleich dieser Last in ihrer Freizeit und haben nur noch diese im Kopf. Sie werden

Abb. 1.4 Ein Ruderboot, in dem die Mitarbeiter auch noch für einen fehlenden Kollegen beziehungsweise wegen einer unbesetzten Stelle stärker paddeln müssen. (© Achim Pothmann 2021. All Rights Reserved)

ihre Bereitschaft, sich fürs Unternehmen einzusetzen, zurückfahren. Sie werden in Zukunft eher ihre Paddel vergessen, als das Boot engagiert voranzutreiben.

Zwei Lawinen rasen auf die Unternehmen zu
Wir kommen nicht darum herum festzustellen, dass die Unternehmen durch die beiden Megatrends in Form von zwei Lawinen überrollt werden: Von der einen Seite rast die Technisierung auf die Unternehmen zu, verändert die Arbeit und lässt sie so druckvoll, stressig und belastend erscheinen, dass die älteren Beschäftigten sich immer weiter zurückziehen, sich versuchen zu schützen oder ganz aussteigen. Diese Problematik mit den bisherigen Führungsmethoden zu bewältigen wird unmöglich sein. Die Jüngeren hingegen verweigern sich bei solchen Rahmenbedingungen komplett. Das führt dazu, dass einige Stellen nicht mehr besetzt werden können, was wiederum zur Folge hat, dass die sowieso schon belasteten Beschäftigten noch mehr Arbeitslast tragen müssen. In der Konsequenz sinken die Motivation und die Leistungsbereitschaft der Mannschaft. Das Boot verliert unweigerlich an Fahrt und sieht dann aus wie im Abb. 1.4 dargestellt.

Von der anderen Seite kommt eine Lawine, die die Unternehmen mit der Tatsache konfrontiert, dass sich die Menschen ganz grundsätzlich, bedingt durch andere Bedürfnisse, nicht mehr so wie früher, zur Arbeit motivieren lassen. Sie wollen nicht mehr nur funktionieren müssen. Sie erwarten mehr vom Job als nur Gehalt. Mit den bisherigen Methoden der Zusammenarbeit und Führung wird vor diesem Hintergrund auch keine Leistungssteigerung zu erwarten sein.

Wir haben eine neue Arbeitswelt und keiner macht (mehr) mit.

Offensichtlich reichen unsere Führungsmethoden und die Art der Zusammenarbeit, die wir seit Jahrzehnten hegen, nicht (mehr) aus, ein Unternehmensboot zu hoher Geschwindigkeit zu bringen. Wenn wir also in Zukunft unser Ruderboot wieder beschleunigen wollen, und darum geht es in diesem Buch, dann müssen wir (Zusammen-)Arbeit und Führung neu denken.

Wir kommen nicht umhin, jetzt darüber nachzudenken, wie Führung vor dem Hintergrund der Dynamisierung unserer Arbeitswelt menschlich bleibt beziehungsweise wieder menschlich wird. Gleichfalls müssen wir die veränderten Bedürfnisse der Mitarbeiter auf unser Führungsradar holen, um wieder Motivation zu generieren und Leistungsbereitschaft zu erreichen.

> Die Menschen in Zukunft bei der Befriedigung ihrer Bedürfnisse zu unterstützen ist die neue große Herausforderung für Unternehmen und Führungskräfte.

Albert Einstein wird das folgende Zitat zugesprochen: „Die reinste Form des Wahnsinns ist es, alles beim Alten zu lassen und gleichzeitig zu hoffen, dass sich etwas ändert." Wenn wir es also immer gleich machen, dann dürfen wir auch kein anderes Ergebnis erwarten. Wenn wir diesem Gedanken folgen, dann ist klar, dass Unternehmen und ihre Führungskräfte mit den bisherigen Methoden, mit der bisherigen Art, Menschen zu führen, nicht mehr erfolgreich sein können. Wir brauchen eine völlig neue Idee für den Umgang mit unseren Mitarbeitern, eine neue Denke für ein unternehmerisches Miteinander, denn:

> Die Führungskraft, die heutzutage ablehnt, ihre Mitarbeiter bei der Befriedigung ihrer Bedürfnisse zu unterstützen, wird in Zukunft von ihnen abgelehnt.

Deshalb ist die Zeit reif:

> Wir müssen (Zusammen-)Arbeit und Führung neu denken.

1.2 Die neue Zielgröße für Führung – das Jobglück der Mitarbeiter

Wie wurden Führung und Arbeit im letzten Jahrhundert mehrheitlich gedacht? Das Ziel der Unternehmen war die Gewinnmaximierung. Sowohl Führungskräfte als auch Mitarbeiter hatten dieselbe Prägung: Um den Erfolg des Unternehmens zu generieren, hatten beide zu funktionieren. Das war im Wesentlichen die Antriebsgrundlage für alle. Das Gehalt galt als Entschädigung für die Leistungserbringung. Es galt das Prinzip von Befehl und Gehorsam. Belohnung und Bestrafung waren die üblichen Führungs-Instrumente zur Motivationssteigerung der Mitarbeiter. Macht- und Druckausübung durch Vorgesetzte waren in der hierarchischen Welt gängige Motivationsmittel. Jeder wusste, wo er steht, was er zu tun aber auch zu unterlassen hat. Vor allem war jedem klar, dass er machtvolles oder gar angsteinflößendes Führungs-Verhalten zu ertragen hat.

Erbrachten die Mitarbeiter nicht wie gefordert ihre Arbeitsleistung, so wurde der Druck auf sie auf vielfältige Weise erhöht. Sei es durch die Streichung zusätzlicher Vergütungen oder einfach nur durch übertriebenes schlimmes Verhalten der Vorgesetzten gegenüber ihren Mitarbeitern. Dies konnte sich durch lautstarkes Beschimpfen und Bloßstellen vor der versammelten Mannschaft zeigen, oder dem Mitarbeiter wurden zur Strafe die unbeliebten Arbeiten aufgebrummt. Wir alle haben wahrschlich von solchem Führungs-Verhalten gehört oder es selbst erlebt, wie es ja auch heute noch zu erleben ist. Macht und Druck auf Mitarbeiter auszuüben und Angst zu verbreiten, damit diese ihren Job machen, können wir auch heute noch als etabliertes Führungs-Verhalten beobachten.

Vor einigen Jahren berichtete mir ein System-Gastronom wie er bei seinen Mitarbeitern Druck aufbaut, um sie zu „motivieren": „Wissen Sie", begann er, „ich schmeiß einfach alle drei Monate prophylaktisch einen Mitarbeiter raus. Derjenige, der mich am meisten nervt, fliegt. Dann haben alle anderen Angst und arbeiten wieder anständig!" Glauben Sie mir, ich war schockiert. Für ihn aber war es eine funktionierende Strategie, Mitarbeiter mit Druck gefügig zu machen und zur Arbeit anzutreiben.[2]

Kurz gesagt:

---

[2]Vgl. Pothmann (2019, S. 114), hier können Sie mehr über Macht- und Druckausübung in der Arbeitswelt erfahren.

> Angstverbreitung sowie Druck- und Machtausübung durch Führungskräfte prägten die Arbeitswelt und definierten die Art der Zusammenarbeit. Leider gibt es auch heute noch Beispiele hierfür.

Der Wirkungsmechanismus war wie folgt: die Führungskraft hatte das Ziel, den Gewinn beziehungsweise den Erfolg ihres Geschäftsbereichs zu generieren. Um dies zu erreichen, spielte sie auf dem Klavier von Belohnung, Bestrafung, Angst-, Druck- und Machtausübung und erhielt mehr oder weniger die gewünschte Leistung der Mitarbeiter. Dies reichte früher aus, um als Führungskraft erfolgreich zu sein. Dieser Mechanismus wirkte über Jahrzehnte und dominierte das letzte Jahrhundert.

Heutzutage entstammen die meisten Führungskräfte den Generationen Babyboomer und X. Sie sind also auch im letzten Jahrhundert geboren und entsprechend geprägt worden. Die Gewinnmaximierung und Planerreichung sind nach wie vor für sie die alles entscheidenden Zielgrößen für sämtliches unternehmerisches Handeln. Auch sie haben die Haltung verinnerlicht, dass sie selbst zu funktionieren haben. Und raten Sie mal, wie ihre Erwartungshaltung gegenüber ihren Mitarbeitern ist? Natürlich haben die auch zu funktionieren. Diese Führungsgeneration ist in der Regel ebenfalls in einem hierarchischen Macht- und Drucksystem groß geworden und weiß, was von ihnen damals als Mitarbeiter verlangt wurde. In der Funktion als Vorgesetzter verlangen sie nun dasselbe von ihren Untergebenen.[3] Und wenn sie es nicht tun, verstehen die Vorgesetzten die Welt nicht mehr, sind enttäuscht und verärgert.

Diese Führungsgeneration stellt vermehrt fest, dass sie mit dem Prinzip „Befehl und Gehorsam" sowie Macht- und Druckausübung nicht mehr weiterkommt. Die Motivation und Leistungsbereitschaft sinken, Teams funktionieren nicht mehr, Mitarbeiter verweigern sich und Reibungsverluste lähmen den Betrieb. Zur Lösung dieser Problematik wurden in den letzten Jahren unzählige Konzepte, Methoden und Instrumente entwickelt, wie man die Mitarbeitermotivation (wieder) steigert, Teams vom Gegeneinander zum Miteinander führt, ein produktives, agiles Arbeiten ermöglicht und Krisen mit und zwischen den Mitarbeitern bewältigt.

---

[3] „Untergebener" soll nicht despektierlich klingen, sondern vielmehr die Betrachtungsweise widerspiegeln, die einige Führungskräfte leider heute noch von ihren Mitarbeitern haben. Mehr hierzu, wenn es im nächsten Kapitel um die Haltung einer Führungskraft geht.

Auch wenn sie partielle Probleme lösen, zeigt sich, dass sie nicht helfen, das Grundproblem der sinkenden Motivation und Leistungsbereitschaft grundsätzlich und nachhaltig in den Griff zu bekommen. Die Stimmungslage bleibt in vielen Unternehmen unbefriedigend. Der früher gewohnte Erfolg bleibt immer häufiger aus. An Gewinnmaximierung ist vor diesem Hintergrund nicht mehr zu denken. Aber wie ist dies zu erklären? Die Antwort auf diese Frage ist einfach:

> Der Wirkungsmechanismus, um Leistungsbereitschaft zu generieren, hat sich verändert.

Das Ziel bleibt, aber die Wirkung bleibt aus
Auch in der heutigen Zeit bleibt das Ziel, Gewinn zu erwirtschaften beziehungsweise das Erreichen von Zielen und Vorgaben, im Fokus. Genauso wirkt in vielen Unternehmen weiterhin das System von Belohnung und Bestrafung. Es ist differenzierter geworden, aber im Kern unverändert. Der große Unterschied liegt heutzutage darin, dass die Menschen nicht mehr bereit sind, diese Druck- und Machtausübung zu ertragen und dadurch ihre Zufriedenheit zu verlieren. Sie verweigern deshalb ihre Leistungsbereitschaft.

Druck und Macht wirken nicht mehr wie früher produktiv, sondern kontraproduktiv auf die Zufriedenheit, Motivation und Leistungsbereitschaft der Mitarbeiter. Das ist eine Umkehr der Wirkung. Es ist eine weitere 180-Grad-Kehrtwende, die daraus resultiert, dass sich der Anspruch der Menschen bezüglich ihrer Arbeit auch um 180 Grad verändert hat. Früher hatten die Menschen ihre Zufriedenheit bei der Arbeit nicht oder nicht genügend auf ihrem Radar. Heute schon. Heute führt es dazu, dass sie bestehende Formen der Zusammenarbeit, die auf Druck- und Machtausübung basieren, ablehnen und ihre Leistung zurückfahren. Der oben beschriebene Wirkungsmechanismus, der früher Erfolg generierte, funktioniert nicht mehr.

Die Sollbruchstelle ist offensichtlich die Unzufriedenheit der Mitarbeiter, die früher für keine Führungskraft, nicht einmal für die Mitarbeiter selbst, eine relevante beziehungsweise zu bearbeitende Größe darstellte. Zufriedenheit oder Unzufriedenheit im Job waren nicht auf dem Radar der Beteiligten. Im Zusammenhang mit dem Berufsleben waren sowohl Führungskräfte als auch Mitarbeiter ausschließlich auf die arbeitsvertraglichen Eckdaten wie Gehalt, Arbeitszeit und Urlaubstage und

Leistungserbringung getrimmt. Zufriedenheit bei der Arbeit war kein Vertragsgegenstand. Sie kennen vielleicht auch den Spruch von Vorgesetzten zu einem nörgelnden, unzufriedenen Mitarbeiter: „Zufriedenheit steht nicht in Ihrem Arbeitsvertrag."

Alle hatten eine ähnliche Prägung. Sie zweifelten den arbeitsvertraglichen und Führungs-Modus sowie den Umgang(-ston) nicht einmal an. Jetzt machen sie es schon. Jetzt fällt den Mitarbeitern ihre Unzufriedenheit auf, und sie lehnen diesen unbefriedigenden Zustand ab. Nur als Personalnummer zur Leistung genötigt zu werden und keine Chance auf eigene Zufriedenheit zu haben, wird nicht mehr akzeptiert. Heutzutage werden Machtgehabe und ein ausgeprägtes Gegeneinander von den Menschen als inakzeptabel abgelehnt.

Um diese Probleme zu beheben, haben selbst intelligente Teambuilding-Maßnahmen, differenzierte Leistungsanreize oder vermeintlich motivierende Instrumente nicht geholfen. Im Vorwort dieses Buches war es schon Thema: Eine Vielzahl an Studien zeigt, dass die Stimmung der Mitarbeiter in den Unternehmen unbefriedigend ist. Offensichtlich erdrückt das alles dominierende Ziel der Gewinnrealisation und die Maßnahmen, insbesondere das Verhalten der Führungskräfte, um es zu erreichen, alles, was mit Mitarbeiterglück zu tun hat.

> Wir müssen der Zufriedenheit der Mitarbeiter eine größere Aufmerksamkeit schenken.

Dabei ist an dieser Stelle noch gar nicht entscheidend, genau zu definieren, was wir unter Zufriedenheit, Glücklichsein oder Jobglück verstehen wollen oder sollten. Es handelt sich hierbei um eine Kategorie, die bisher nicht oder zumindest nicht genügend im Blick der Beteiligten war und deshalb auch nicht näher und differenzierter betrachtet wurde. Deshalb benutze ich die Begriffe „Zufriedenheit", „Glücklichsein" und „Jobglück" als Synonyme, auch wenn natürlich Bedeutungsunterschiede festzumachen sind.

Unzufriedenheit trotz Gratis-Cappuccino
Was wäre nun, wenn wir der Zufriedenheit der Mitarbeiter wirklich mehr Aufmerksamkeit schenken würden? Wenn Sie uns noch wichtiger wäre als bisher? Nun, in einigen Unternehmen können wir es heutzutage schon beobachten:

In ihren Büros werden die Mitarbeiter mit Obst und kostenlosem Cappuccino versorgt. Der Kicker steht im Aufenthaltsraum, Eventwochenenden und Partys werden vom Unternehmen veranstaltet. Der Rücken der Mitarbeiter erhält einmal wöchentlich, während der Arbeitszeit, eine kostenlose Massage. Die Bügelwäsche wird vom externen Dienstleister direkt am Arbeitsplatz abgeholt, gereinigt und gebügelt wieder abgegeben. Powernapping ist als leistungssteigerndes Verhalten gern gesehen. Klar ist, dass alles, was mit Teambuilding zu tun hat, auch wichtig ist. Die Stelle eines Feelgood-Managers wird geschaffen, oder das Unternehmen beruft einen CHO, einen Chief Happiness Officer. Wie man es auch immer nennt, es soll Ausdruck dessen sein, dass dem Unternehmen das Wohl seiner Mitarbeiter wichtig ist.

Und dennoch, wenn es hart auf hart kommt und die Mitarbeiter nicht wie gewünscht den angestrebten Output generieren, nicht wie geplant funktionieren, was passiert dann? Was ist die große Gefahr?

Auch in so einer hippen Arbeitswelt besteht das Risiko, dass bei ausbleibendem Erfolg das System in seinen alten Wirkungsmechanismus zurückfällt. Der Druck durch das Ziel der Planerreichung lässt die Führungskraft reflexartig in alte, etablierte und im Unterbewusstsein manifestierte Verhaltensweisen zurückfallen und in den Macht- und Druckmodus schalten. Oder was passiert, wenn eine Führungskraft eben nicht aus tiefster Überzeugung das Ziel verfolgt, die Mitarbeiter in ihrem Jobglück zu unterstützen? Was geschieht, wenn der Mitarbeiter zwar alles Erdenkliche an materiellem Support und Unterhaltung erhält, aber die Führungskraft sich nicht um ihn kümmert, er seine Potenziale nicht entfalten kann und von der Führungskraft vielleicht sogar geringschätzig behandelt wird? Was ist, wenn ein Vorgesetzter dabei zuschaut, wie sich seine Mitarbeiter zerfleischen oder zumindest respektlos miteinander umgehen und er daran nichts ändert?

Dann entsteht Unzufriedenheit trotz bezahlten Cappuccinos. Dann ist die Partystimmung vorbei, und das Ganze erweist sich als Hochglanz-Mogelpackung. Denn was bringt dem Mitarbeiter der kostenfreie Büro-Cappuccino, wenn er täglich von seiner Führungskraft aus Unachtsamkeit „unglücklich" behandelt wird, sodass nicht mal der teure ergonomisch geformte Schreibtischstuhl seine geistige und körperliche Verspannung lösen kann?

Der Mitarbeiter hat zu funktionieren und fühlt sich um die Möglichkeit der Befriedigung seiner Bedürfnisse betrogen. Je stärker ihm dies aber zuvor, etwa bei der Einstellung versprochen wurde, desto enttäuschter und unzufriedener wird er dann werden. So wird das mit großem und nachhaltigem Erfolg nichts!

Die Zufriedenheit des Mitarbeiters muss zur obersten Zielgröße werden
Besonders hier zeigt sich das Dilemma der Unternehmen, die sich bei der Mitarbeitersuche als Arbeitgebermarke sexy und smart darstellen wollen. Im Rahmen ihres Recruitings suggerieren sie mit Hochglanzbroschüren, farbenfrohem Internetauftritt und hippen Social-Media-Strategien dem Bewerber gegenüber ein brillantes Unternehmen, bei dem es Freude macht zu arbeiten. Sie treiben die Erwartungshaltung der Bewerber in der Höhe und lassen Sie hoffen, große Zufriedenheit bei ihrer Arbeit erreichen zu können. Dann aber erleben sie unter der Doktrin der Gewinnmaximierung doch eine Zufriedenheits-Bruchlandung. Funktionieren wird von ihnen erwartet. Output ist die Messlatte. Im Zweifel zeigt die Führungskraft, dass sie das mit dem Jobglück sowieso für Quatsch hält und treibt sie, wie auch ihre anderen Mitarbeiter, mit den „altbewährten" Methoden in die Unzufriedenheit.

Dann ist das nicht nur ein Schock. Diese Enttäuschung zerstört jegliche Zufriedenheit und vernichtet sämtliche Motivation und Leistungsbereitschaft. Und dabei muss nicht einmal von Bestrafung gesprochen werden. Allein unsensibles und unachtsames Führungs-Verhalten reicht schon, um die Erwartung des Mitarbeiters nicht zu erfüllen und ihn in die Unzufriedenheit zu treiben.[4] Ganz in dem Sinne: Mitarbeiter kommen wegen des Unternehmens und gehen wegen der Führungskraft.

> In Zukunft werden Mitarbeiter nur bereit sein, ihr Unternehmen erfolgreich zu machen, wenn sie selbst dabei eine ehrliche Chance auf eigenes Jobglück haben.

Führungskräfte können in Zukunft nur nachhaltig erfolgreich sein, wenn ihre Mitarbeiter dabei auch ihr eigenes Jobglück finden dürfen. Denn dann sind sie wieder zu Spitzenleistungen bereit, und dadurch ist außergewöhnlicher Erfolg möglich. Deshalb gilt:

> Die Zufriedenheit des Mitarbeiters muss die höchste Priorität erhalten. Sie muss zur obersten Zielgröße von Führung werden.

---

[4]Dass die Erwartungshaltung einen immensen Einfluss auf die Zufriedenheit eines Menschen, insbesondere eines Mitarbeiters hat, zeige ich Ihnen anhand der Jobglücks-Formel in Abschn. 7.4.

Um es noch deutlicher zu sagen:

> Das Jobglück der Mitarbeiter muss der Gewinnorientierung übergeordnet werden.

Ja, Sie haben richtig gelesen. Aus betriebswirtschaftlicher Sicht verfallen Sie bei dieser Aussage wahrscheinlich in Schnappatmung. Wenn das geheiligte Ziel der Gewinnmaximierung, die Größe, die zukünftige Wettbewerbsfähigkeit garantiert, in Gefahr ist, kommt Unruhe auf. Dafür habe ich als Wirtschaftswissenschaftler größtes Verständnis. Aber, ich kann Sie beruhigen. So ist es nicht. Der Ertrag ist nicht in Gefahr. Ganz im Gegenteil. Bisher war es nur so, dass die Gewinnorientierung den Blick vieler Führungskräfte viel zu häufig eben auf diese Zielgröße gelenkt und ihr Verhalten bestimmt hat. Der Mitarbeiter erscheint dann nur als Erfüllungsgehilfe und wird infolge dessen vom Vorgesetzten leider zu häufig als kleines unbedeutendes Rad im Uhrwerk stiefmütterlich behandelt. Erst durch seine Erhebung zum wichtigsten Rädchen und durch die neue Priorisierung der Zufriedenheit der Mitarbeiter als neue Zielgröße für Führung entsteht ein völlig neuer Wirkungsmechanismus. Wir fokussieren uns auf das Jobglück der Mitarbeiter und erreichen dadurch auf indirektem Weg den angestrebten Erfolg, den betriebswirtschaftlichen Gewinn oder welche Erfolgsgröße wir auch immer optimieren wollen oder müssen. Erst mit diesem anders priorisierten Handeln entsteht eine Wirkungskette, die wieder hohe und nachhaltige Leistungsbereitschaft ermöglicht. Denn:

> Ein im Job wirklich glücklicher Mitarbeiter ist nachhaltig motiviert und dadurch leistungsbereit. Deshalb wird er Erfolg generieren.

Die für den Mitarbeiter wichtigste Größe, seine Bedürfnisse, werden befriedigt. Gelungene Zusammenarbeit stärkt dies und fördert die Bereitschaft, die Veränderungen in der heutigen, sich schnell verändernden Zeit, mitzutragen. Wie wir weiter unten sehen werden, geht es nicht einmal darum, das Jobglück zu maximieren, sondern nur zu priorisieren, damit die Mitarbeiter es erreichen können. Es ist ein völlig neuer Wirkungszusammenhang, bei dem das Jobglück des Mitarbeiters für die Führungskraft die höchste Priorität erhält, ohne maximiert werden zu müssen. Die dadurch entstandene Bereitschaft zur Spitzenleistung generiert dann den Erfolg. Dann erst gilt:

> Erfolg wird zum logischen Endprodukt.

Dies ist ein echter Quantensprung, ein Paradigmenwechsel. Das Prinzip „Funktionieren-müssen" mit den Methoden von Belohnung und Bestrafung, das über ein Jahrhundert unser Denken über Arbeit und Führung bestimmt hat, wird abgelöst. Eine neue Priorität begründet einen neuen Wirkungsmechanismus, bei dem Erfolg ein selbstverständliches Resultat ist.

> Stellen Sie die Zufriedenheit Ihrer Mitarbeiter in den Vordergrund, und Sie werden sehen, wie sich viele Probleme, mit denen Sie sich als Führungskraft täglich herumgeärgert haben, in Luft auflösen.

Wissenschaftlich ist eindrucksvoll belegt: Erfolgreiche Menschen sind nicht automatisch glücklich, aber glückliche Menschen sind statistisch gesehen erfolgreicher.[5] Mit der positiven Psychologie ist in diesem Themenbereich ein ganzer Wissenschaftsbereich entstanden, der auf dieser einfachen Erkenntnis aufbaut. Auch die Hirnforschung bestätigt diesen Zusammenhang. Sie stellt heraus, wie besondere Lern- und Leistungsbereitschaft entsteht, wenn zwei Aspekte gegeben sind: Erstens, wenn zwischen der Führungskraft und dem Mitarbeiter eine gute, wertvolle Verbindung, eine gute Beziehung besteht. Zweitens, wenn der Mitarbeiter Unterstützung darin erfährt, seine Potenziale zu entfalten (vgl. Hüther 2017, S. 103–108). Führungskräfte sind vor diesem Hintergrund gut darin beraten, zu ihren Mitarbeitern eine gute Verbindung aufzubauen, sie zu inspirieren und beim „Gerne-machen" zu unterstützen. Das ist die Botschaft der Hirnforschung.

Der positive Zusammenhang zwischen dem Glück und dem Erfolg eines Mitarbeiters wurde anhand vieler Aspekte nachgewiesen. So fällt ein glücklicher Mitarbeiter seltener wegen Krankheit aus. Er ist bereit sich mehr für seine Arbeit zu engagieren, neigt mehr zu Pünktlichkeit, zeigt mehr Hilfs-

---

[5]Vgl. Lyubomirsky et al. (2005), die mit ihrer Metastudie über 225 Studien analysierten, die den Zusammenhang zwischen Erfolg und Glück untersuchten.

bereitschaft gegenüber seinen Kollegen (vgl. Diener und Biswas-Diener 2008, S. 85) und ist insgesamt im Beruf erfolgreicher (Bucher 2009, S. 136). Darüber hinaus sind glückliche Mitarbeiter kreativer und weisen deshalb eine höhere Kompetenz auf, Probleme zu lösen. (Diener und Biswas-Diener 2008, S. 86).

Dies sind nur einige wenige, exemplarische Aspekte, von einer Vielzahl, die die Korrelation zwischen einem glücklichen Mitarbeiter und seinem größeren Erfolg herausstellen. Rehwaldt (2019, S. 15–22) gibt hierzu eine Übersicht über wissenschaftliche Studien, die untersucht haben, welche weiteren Vorteile, einem Unternehmen durch das Jobglück seiner Mitarbeiter entstehen: So sind glückliche Mitarbeiter darüber hinaus produktiver, machen weniger Fehler, verursachen weniger Arbeitsunfälle, sind mit Ihrem Unternehmen mehr verbunden, was eine geringere Fluktuation fürs Unternehmen bedeutet, und empfehlen es häufiger als potentiellen Arbeitgeber weiter.

Wissenschaftlich betrachtet besteht eine beeindruckende Beweislage für die Korrelation zwischen einem glücklichen Mitarbeiter und größerem Erfolg.

Und so kann ich nun mit großer Überzeugung und mit wissenschaftlichem Rückenwind sagen:

> Die Zufriedenheit Ihrer Mitarbeiter ist der Generalschlüssel für Ihren zukünftigen Erfolg als Führungskraft.

1.3 Die neue Priorität verändert alles – und bringt den glücklichen Erfolg

Die Zufriedenheit der Mitarbeiter ist der Erfolgsgarant. Jobglück sollte kein Begleitthema werden, das mit smarten Titeln und in verschiedenen Handlungsfeldern mehr oder weniger intensiv abgearbeitet wird. Es sollte idealerweise das gesamte Unternehmen durchdringen und in allen Führungsköpfen als wichtigste Größe präsent sein. Auch wenn dieser Gedanke noch nicht in allen Abteilungen und von all Ihren Führungskollegen getragen wird, so sollten, nein, so müssen zumindest Sie selbst Ihr gesamtes Führungs-Verhalten für Ihren Verantwortungsbereich darauf abstimmen.

Dabei darf kein geistiger Stein der bisherigen „Funktionieren-Mauer" stehen bleiben. Denn dann wäre es doch nur ein Lippenbekenntnis, das von Ihren Mitarbeitern früher oder später als Mogelpackung entlarvt würde.

Dies würde zu herber Enttäuschung und reflexartigem Motivationsverlust führen.

Erst mit diesem Paradigmenwechsel wird ein neuer Wirkungsmechanismus mit großer produktiver Kraft begründet. Belohnung, besser gesagt positive Bestärkung wird als Idee bleiben, Bestrafung verschwinden. Das ist schon ein erheblicher Eingriff in den bisherigen Instrumentenkoffer einer Führungskraft. Ihr Führungs-Verhalten wird nicht mehr dasselbe sein, wie es war, als Sie noch die Zielgröße der Ertragsmaximierung priorisierten.

Die Auswirkungen
Das auf das Jobglück der Mitarbeiter fokussierte Führungs-Verhalten generiert nun den Erfolg. Viele der Probleme, die eine Führungskraft hemmen, blockieren und von ihrer Arbeit abhalten, werden verschwinden. Auch die typischen Reibungsverluste, wie ich sie im Vorwort beschrieben habe, und die Probleme, die die Geschwindigkeit Ihres Abteilungsbootes dramatisch reduzieren, verschwinden größtenteils.

Denn von einem Mitarbeiter, der seinen Job gerne macht und mit Ihrer Unterstützung mehr Zufriedenheit erlangt, von dem wird eben nicht zu erwarten sein, dass er seine Aufgaben nicht, nur halbherzig, zu spät oder anders als besprochen erledigt. Nein, Sie können sich eher darauf verlassen, dass er sich mehr verantwortlich fühlt, als sich mit scheinheiligen Ausreden aus der Affäre zu ziehen oder Sie hängen zu lassen. Selbst das Einräumen einer Spülmaschine ist in zufriedenen, miteinander arbeitenden und glücklichen Abteilungen kein Thema.

Mit dem Jobglück des Mitarbeiters und einem wertschätzenden Miteinander, das die Führungskraft (vor-)lebt und propagiert, erreicht sie nicht nur eine höhere Motivation. Sie bewirkt auch eine größere Bereitschaft, Änderungen insbesondere technische Veränderungen mitzutragen und im Unternehmen zu implementieren. Es herrscht einfach eine größere Bereitschaft, unternehmensrelevante Herausforderungen mitzutragen und gemeinsam zu meistern.

> Im Ruderboot sitzen dann weniger Bremser und mehr Ruderer.

Und jeder Einzelne rudert engagierter. Dann muss so ein Ruderachter unweigerlich schneller sein. Schneller als die Boote, in denen die Führungskräfte immer noch versuchen, ihre Ruderer zum Gewinnziel zu motivieren.

Und so wird der Erfolg über gut gelauntes Engagement und guten Teamgeist aller Beteiligten zum logischen Endprodukt.

Das nenne ich dann glücklichen Erfolg, den ich wie folgt definiere:

> Ein Erfolg ist dann ein glücklicher Erfolg, wenn er das Ergebnis von zufriedenem und engagiertem Handeln ist, nicht aber, wenn er zufälliger weise vom Himmel fällt.

Die auf Jobglück basierenden Erfolge sind, wie wir sehen konnten, sehr wahrscheinlich wirtschaftlich größer. Sie sind auch in jedem Fall menschlich wertvoller. Dieser Erfolg hat eine andere Qualität, als wenn ein Vorgesetzter einfach nur dem Erfolg hinterherläuft und seine Mitarbeiter im Zweifel dahinprügelt und ihn doch nicht erreicht.

Und doch holt uns unsere Skepsis wieder ein
Wenn das Jobglück der Beteiligten die höchste Priorität erhält, entsteht eine Welt, die ich Ihnen im Vorwort geschildert habe. Zu dem Zeitpunkt haben Sie sie wahrscheinlich als Utopie verworfen oder zumindest ein Stück weit als unrealistisch eingestuft.

Zum Start des Lesens dieses Buches galt für Sie vielleicht noch diese Devise: „Es fällt mir zwar immer schwerer, die Ziele und Vorgaben mit meinen Leuten zu erreichen, aber meinen Führungskollegen geht es ja genauso. Dann kann es an meinem (Führungs-)Verhalten nicht liegen." Und weil dies viele Führungskräfte so erleben, alle an ähnlichen Führungs-Problemen leiden und keiner diesen unbefriedigenden Zustand kraftvoll genug anzweifelt, sind viele Führungskräfte nicht glücklich und bei Weitem nicht so erfolgreich, wie sie es sein könnten (vgl. Pothmann 2021a, S. 89).

Nun werden Sie wahrscheinlich rational den neuen Wirkungsmechanismus nachvollziehen können. Die Frage, ob die Zufriedenheit eines Mitarbeiters seine Leistungsbereitschaft beeinflusst, die ich Ihnen in Abschn. 1.1 gestellt habe, hatten Sie wahrscheinlich gleich bejaht. Genauso waren Sie vermutlich der Auffassung, dass Sie als Führungskraft durchaus Einfluss auf die Zufriedenheit Ihrer Mitarbeiter haben. Aber dennoch fühlt es sich für Sie vielleicht komisch an. Meldet sich in diesem Zusammenhang bei Ihnen ein eigenartiges Gefühl? Denken Sie möglicherweise jetzt:

- „Wie, muss ich jetzt auch noch meine Mitarbeiter dauer-bespaßen und glücklich machen?"

- „Ich habe doch jetzt schon zu viel zu tun, wann soll ich denn das alles noch leisten?"
- „Arbeiten die denn dann überhaupt noch vor lauter zufriedener Trägheit?"
- „Und dann soll ich auch noch komplett auf Bestrafung verzichten, wie soll das denn funktionieren?"
- „Und überhaupt, Unternehmen sind doch dazu da, um Gewinne zu erzielen. Dadurch sind ja auch die Arbeitsplätze gesichert. Wie kann man denn da das Jobglück dem Interesse der Gewinnerzielung überordnen? Das wäre doch unverantwortlich!"

Na, meldet sich Ihre Skepsis zurück? Sind es Vorbehalte, wie die im letzten Absatz oder die, die Sie im Vorwort gelesen haben? Dort hatte der Partner einer neuen Mitarbeiterin unsere Art der Führung ungläubig als Sektentum abgetan, und einige der Jurymitglieder, die ich erwähnt habe, verweigerten sich, dies überhaupt vorzustellen. Jetzt sind Sie vielleicht skeptisch. Aber was erzeugt bei Ihnen diese Vorbehalte, die Sie daran hindern, das Jobglück Ihrer Mitarbeiter tatsächlich als höchste Zielgröße anzusehen und den neuen Erfolgsmechanismus wirken zu lassen?

Warum kann ich den Wirkungszusammenhang rational bestätigen, aber gleichzeitig ertappe ich mich dabei, wie ich diesen Gedanken als doch etwas zu extrem ansehe und geneigt bin, ihn zu verwerfen? Warum entsteht das Gefühl, dass irgendwie schon, aber schlussendlich sich bei mir doch nicht die totale Überzeugung einstellt?

> Es ist ein beeindruckend erfolgswirksamer Mechanismus. Dennoch wählen viele Führungskräfte die unglücklichere und weniger erfolgversprechende Art der Führung.

Warum ist das so? Warum wählen Führungskräfte wider besseres Wissen die weniger erfolgreiche und in jedem Fall unglücklichere Art der Zusammenarbeit? Im nächsten Kapitel werden wir dieser Frage auf den Grund gehen und den wahren Schlüssel für die Zufriedenheit von Mitarbeitern kennen lernen.

Literatur

Bucher, A. A. (2009). *Psychologie des Glücks*. Weinheim: Beltz.

Diener, E., & Biswas-Diener, R. (2008). *Happiness. Unlocking the mysteries of psychological wealth*. Oxfort: Blackwell.

Gallup. (2020), *Engagement Index Deutschland 2019* [Gallup-Studie]. https://www.gallup.de/183104/engagement-index-deutschland.aspx. Zugegriffen: 21. Aug. 2020.

Horx, M. (2020). *15 1/2 Regeln für die Zukunft. Anleitung zum visionären Leben*. Bonn: Econ.

Hüther, G. (2017). *Was wir sind und was wir sein könnten. Ein neurobiologischer Mutmacher*. Frankfurt a. M.: Fischer.

Lyubomirsky, S., King, L., & Diener, E. (2005). The benefits of frequent positive affect: does happiness lead to success? *Psychological Bulletin, 131*(6), 803–855.

Pothmann, A. (2019). *Jobglück – Wie du den Montag lieben lernst*. Hannover: Humboldt.

Pothmann, A. (2020). Glücklich im Job – Arbeit neu denken. *Visionen, 4*(5), 54–57.

Pothmann, A. (2021a). Die GlücksPyramide der Unternehmen: Glückliche Unternehmen durch glücklich-erfolgreiche Führung. In A. Fischer & C. Prizelius (Hrsg.), *Viele Wege führen zum Glück. Experten stellen vor* (S. 87–97). Heidelberg: Springer.

Rehwaldt, R. (2019). *Glück in Unternehmen – Positive Psychologie für Führung und Organisationsentwicklung*. Wiesbaden: Springer.

Thelen, F. (2020). *10xDNA. Das Mindset der Zukunft*. Bonn: Frank Thelen Media.

2

Warum die Führungs-Haltung der Schlüssel zum zufriedenen Mitarbeiter ist

Die Antworten auf all die vorgenannten Fragen stehen im direkten Zusammenhang mit der Funktionsweise unseres Gehirns. Es möchte gerne konsistent bleiben. Lassen Sie es mich auf pragmatische Weise und etwas unwissenschaftlich ausdrücken: Im Laufe unseres Lebens haben wir alle unterschiedliche Erfahrungen gemacht. Wir haben uns an Vorbildern orientiert und eine Prägung erhalten. All diese Eindrücke und Erfahrungen sind in unserem Gehirn gespeichert – beziehungsweise in unserem Unterbewusstsein in Form von Überzeugungen, Einstellungen und Glaubenssätzen verankert. Manche nennen diese Sammlung mit verfestigten Einstellungen auch Mindset. Die Aufgabe des Gehirns ist es nun, dieses Bild von der Welt zu bewahren. Alles, was diesem Set entspricht, wird deshalb positiv und offen wahrgenommen, aufgenommen und als Bestätigung der Überzeugungen gespeichert. Alles, was dem widerspricht, erfährt Widerstand und wird im Zweifel sofort in den Gehirnmülleimer verschoben. Das Stichwort in diesem Zusammenhang heißt Neuroplastizität und bedeutet, dass unser Gehirn so geprägt wird, wie wir es besonders gern und deshalb auch besonders häufig benutzen (vgl. Hüther 2017, S. 12). Das heißt, dass das, was unserem Weltbild entspricht, immer wieder so gedacht wird, die Nervenbahnen also dementsprechend weiter gebahnt werden. Andere Aspekte, die der Überzeugung nicht entsprechen, erhalten weniger Aufmerksamkeit, neuronale Verknüpfungen bilden sich nicht aus oder sogar zurück.

Auf Basis dieser gemachten Erfahrungen und der daraus entstandenen Überzeugungen steuert unser Gehirn nun unsere Erwartungen und unsere Aufmerksamkeit. Es legt fest, wie Erlebtes bewertet und wie darauf reagieren wird. Und das Ganze passiert, ohne dass wir es bewusst wahrnehmen können (vgl. Hüther 2006, S. 12).

Apropos Wahrnehmung: Unser Gehirn richtet zudem seine Aufmerksamkeit auf das, was ihm vor dem Hintergrund seiner Gewohnheit wichtig erscheint. Es stellt das Wahrnehmungsradar auf diese Themen scharf und stellt es bei scheinbar unwichtigen Themen aus, weil der gewohnte Blick es so nahelegt.

2.1 Wenn alles klar ist und der Erfolg so beeindruckend – warum macht es dann nicht jeder?

Das Gehirn steuert also unsere Wahrnehmung so, dass es eher das findet, was es sucht und das weniger wahrnimmt, was es nicht sucht, für nicht relevant hält oder nicht sehen möchte. Die Wahrnehmung wird vom Gehirn so gesteuert, dass Beweise fürs innere Weltbild gefunden (und gefeiert werden) und Gegenbeweise im Zweifel nicht auf dem Radar erscheinen. So werden das eigene, althergebrachte Bild und die Haltung über die Aspekte des Lebens permanent verstärkt. Die alte und gewohnheitsmäßige Wahrnehmung erfährt Bestätigung. Alles andere erfährt Widerstand und Löschung. So ist zu erklären, warum jeder seine individuelle Wahrheit von der Realität hat. Kurz gesagt:

> Ich finde täglich Beweise für mein Weltbild, alles andere erfährt Widerstand.

Und nun komme ich daher und konfrontiere Sie mit dem Gedanken, dass alle Ihre Mitarbeiter im Job die Chance auf Jobglück haben sollen. Und dass Sie, verehrte Leserin und geneigter Leser, sich in Zukunft dafür einsetzen sollen. Zudem erzähle ich Ihnen etwas über glücklichen Erfolg. Und dann fordere ich Sie auch noch auf, der Zufriedenheit Ihrer Mitarbeiter die höchste Priorität zu geben und als wichtigste Zielgröße Ihres Führungs-Verhaltens anzusehen.

Wenn nun Skepsis aufkommt, scheint das von mir Gesagte wohl nicht mit dem übereinzustimmen, was in Ihrem Mindset verankert ist. So wie es aussieht, haben Sie zu diesem Aspekt eine andere Haltung als die, die ich hier proklamiere. Ihre Skepsis, Ihr innerer Widerstand, der sich zeigt, scheint dafür Beweis genug zu sein, oder?

Wie könnte ihre Haltung zu diesem Thema nun sein? Kann es sein, dass Sie doch eher dazu tendieren, von Ihren Mitarbeitern zu erwarten, dass sie arbeiten, ohne dass sie von Ihnen motiviert werden? Kann es sein, dass Sie eher der Auffassung sind, Gewinngenerierung habe eher etwas mit Anstrengung zu tun als mit Jobglück? Kann es sein, dass sich bei Ihnen, wie bei vielen anderen Führungskräften, im Unterbewusstsein eine Haltung verankert hat in der Art: „Ich muss arbeiten, ich habe zu funktionieren." Und kann es sein, dass Sie diesen Anspruch auch auf Ihre Mitarbeiter übertragen? „Ich muss funktionieren, also müssen auch meine Mitarbeiter funktionieren."

Na ja, so richtig dürfte uns das nicht überraschen, wenn wir uns vor Augen führen, was Sie im ersten Kapitel über Prägungen lesen konnten und welche Sie wahrscheinlich selbst erfahren haben. Und dann ist auch klar, warum Ihr Gehirn bei meinen Aussagen über glücklich-erfolgreiche Führung Alarm schlagen *muss*. Natürlich muss es Widerstand leisten. Und den spüren Sie und hören ihn durch die kritischen Fragen, die Ihr Gehirn produziert.

So kann es passieren, dass selbst ein rational sinnvoller Wirkungszusammenhang, wenn er den eigenen Überzeugungen und der eigenen Prägung widerspricht, mit Widerstand belegt und vom Gehirn abgelehnt wird.

> Ihr Gehirn hat lieber recht, als dass es Sie diesen neuen Wirkungszusammenhang widerstandslos annehmen lässt.

Mit der Haltung „Wir haben zu funktionieren" kann man sagen: Ihr Gehirn hat lieber recht, als dass es Ihnen hilft, Ihre Mitarbeiter beim Jobglück zu unterstützen. Ihr Gehirn steuert Sie in der Erwartungshaltung, dass Ihre Mitarbeiter zu funktionieren haben. Jobglück ist nicht auf seinem Radar. Es ist kein Thema.

> Das Gehirn ist stärker darin, immerzu die Korrektheit seiner Haltung in Sachen Führung zu beweisen, als das Ziel zu verfolgen, Ihre Mitarbeiter im Jobglück zu stärken.

Nehmen wir ein Beispiel, das dies deutlich macht. Die Geschichte hat tatsächlich so stattgefunden: Ein Mitarbeiter war im Rahmen eines Projektes arbeitstechnisch so überlastet, dass er freiwillig entschieden hat, am Wochenende durchzuarbeiten. Üblich war das nicht, und seine Aufgabe als Sachbearbeiter war das auch nicht. Am Montag berichtete er seinem Vorgesetzten von seinem Wochenendeinsatz. Dieser nahm es kommentarlos zur Kenntnis. Dies ging zwei weitere Wochenenden so, bis die Führungskraft am dritten Montag genervt ausrief: „Dein montägliches Rumgejammere über deine Wochenendeinsätze geht mir ganz schön auf die Nerven!"

Na, welche Haltung hat die Führungskraft hier kundgetan? Der Mitarbeiter fiebert förmlich nach Anerkennung und Wertschätzung für seine besondere Anstrengung und erntet eine Ohrfeige. Die Führungskraft hatte das Thema Zufriedenheit offensichtlich nicht auf ihrem Radar. So ist zu erklären, warum sie sich so glücksvernichtend verhält. Ob der Mitarbeiter noch einmal bereit sein wird, so einen Extraeinsatz zu leisten? Wahrscheinlich nicht. Eine unbedachte Äußerung des Vorgesetzten hat dazu gereicht.

Jedem der dies liest, dürfte rational klar sein, dass das vor dem Hintergrund der Mitarbeiterzufriedenheit eine wirklich ungeschickte Äußerung war. Wenn man dies mit ihr besprechen würde, würde ihr sicherlich auch selbst klar werden, wie ungünstig dieses Verhalten war. Rational ist das also kein Thema. Das versteht jeder. Aber unser Gehirn steuert viel stärker entsprechend unsere Reaktionen, als dass unser Intellekt in der jeweiligen Situation dies wieder geradebiegen kann.

> Viele Führungskräfte sind auf das Funktionieren der Mitarbeiter so fokussiert, dass das Jobglück ihrer Mitarbeiter nicht auf ihrem Führungsradar erscheint.

Wenn wir uns also fragen, warum viele Führungskräfte den Zusammenhang zwischen der Zufriedenheit ihrer Mitarbeiter, ihrer Leistungsbereitschaft und damit dem Erfolg bestätigen, aber gleichzeitig ein komisches Gefühl bei der Vorstellung erhalten, sich intensiv ums Jobglück ihrer Mitarbeiter zu kümmern, dann wird jetzt deutlich, welche Führungs-Einstellung tief im Unterbewusstsein manifestiert ist. Sie hält Führungskräfte davon ab, begeistert der Zufriedenheit ihrer Mitarbeiter die höchste Priorität zu geben.

> Führungskräfte mit der Haltung, ihre Mitarbeiter hätten zu funktionieren, sind bezüglich des Jobglücks ihrer Leute im wahrsten Sinne des Wortes unglücklich programmiert.

Kein Wunder, dass viele Führungskräfte den neuen Wirkungszusammenhang zwar rational bestätigen, sich aber nicht aus tiefster Überzeugung dafür begeistern können. Ihr Gehirn, besser gesagt ihre Haltung dazu, verhindert es.

2.2 Die Haltung beeinflusst Verhalten – ob Sie es glauben wollen oder nicht

Sie haben gerade gelesen, wie die Haltung unsere Wahrnehmung steuert und auch sonst auf uns in einem Maße Einfluss nimmt, ohne dass wir es mitbekommen. Nun betrachten wir mal genauer, wie die Führungs-Haltung auf das Führungs-Verhalten wirkt.

Wir nehmen hierzu ein Beispiel: Peter, ein Mitarbeiter kommt zu seiner Führungskraft und schildert ihr Probleme bei der Zusammenarbeit mit einem Kollegen. Der Vorgesetzte, der die Einstellung hat, dass seine Mitarbeiter gefälligst arbeiten, also funktionieren sollen, nennen wir ihn mal pragmatisch Führungskraft Typ I, wird mit dieser Grundhaltung wahrscheinlich genervt reagieren. In diesem konkreten Fall hat er überhaupt keine Lust auf Zickereien, Rumgezanke oder Unruhe in seinem Verantwortungsbereich. Wahrscheinlich wird er sich denken, dass er für so etwas nicht zuständig sei, sich deshalb auch nicht darum kümmern möchte und sowieso keine Zeit habe. „Die sollen das gefälligst selbst regeln", wird er denken. Und was wird er konkret sagen? „Ich habe jetzt keine Zeit. Klären Sie das selbst!" Seine Körpersprache und Tonlage werden diesen Inhalt verstärken. Seine Haltung zu diesem Problemfall wird hör- und sichtbar.

Wie würde nun eine Führungskraft reagieren, die ganz im Gegenteil das Jobglück ihrer Mitarbeiter im Fokus hat? Nennen wir sie mal Führungskraft Typ III".[1] Diese Führungskraft will, dass es ihren Leuten gut geht. Von daher würde sie eher ein Signal senden, dass sie das schade findet. Sie würde beruhigend, einfühlsam agieren und natürlich helfen, eine Lösung zu finden. Ob hierzu ihr konkretes Eingreifen nötig ist oder darin besteht, ihren Mitarbeiter dahin gehend zu briefen, dieses Lösungsgespräch selbst zu führen, ist dabei jetzt nicht relevant. Körpersprache, Stimme und das

---

[1]Typ II wäre in diesem Kontext eine Führungskraft, die sich noch nicht darüber im Klaren ist, ob sie eher die Haltung von Typ I oder die von Typ III einnehmen möchte. Um die Unterschiedlichkeit des Führungs-Verhaltens herauszustellen, ist die Betrachtung dieses Typs nicht so aussagekräftig. Insofern lasse ich diesen Typ bei dieser Betrachtung außen vor.

Gesagte sprechen in der Summe auch eine gemeinsame Sprache: „Ja, es ist mir ein Anliegen, dass wir das lösen, und du kannst dir meiner Unterstützung sicher sein."

Weil die Führungs-Haltung eine andere ist, entsteht ein völlig anderes Führungs-Verhalten.

> Die Führungs-Haltung beeinflusst das Führungs-Verhalten.

Joachim Schaffer-Suchomel und Klaus Krebs beschreiben den Zusammenhang von Haltung und Verhalten, insbesondere dem Sprach-Verhalten in ihrem Buch „Du bist, was du sagst – was unsere Sprache über unsere Lebenseinstellung verrät" (Schaffer-Suchomel und Krebs 2011). Der Titel sagt meines Erachtens schon alles, oder?

Als Gesprächsanalytiker habe ich mich auch viele Jahre aus sprachwissenschaftlicher Sicht mit diesem Zusammenhang beschäftigt. Ich finde es beeindruckend, wie die Haltung eines Menschen durch Sprache zum Ausdruck kommt. Im Rahmen von Führungskräftetrainings musste ich mir angewöhnen, umgekehrt zu arbeiten. Mein Job ist es, aus dem kommunikativen Verhalten Rückschlüsse auf die Haltung der Führungskraft zu ziehen. Dabei gilt:

> Du denkst, was du sagst.

Etwas allgemeiner und nicht reduziert auf die gesprochene und Körper-Sprache gilt:

> Du denkst, wie du dich verhältst.[2]

Genauso gehen wir jetzt mal beispielhaft vor. Wir ändern die Perspektive und schauen uns das Verhalten eines Vorgesetzten an, hören ihm zu und schließen dann auf seine Führungs-Haltung: Auf der Rückreise von einem

---

[2]Das gilt natürlich nur bei nicht bewusst manipuliertem Verhalten. Wenn sich jemand gezielt strategisch verhält, kann man seine tatsächliche Haltung natürlich nur schwer ablesen.

Inselurlaub fuhr ich mit der kleinen bunten Inselbahn vom Inselort zum Fährhafen. Dabei erlebte ich, wie drei Malergesellen über ihren Chef schimpfen. Sie beklagten sich darüber, dass sie den Arbeitsauftrag auf der Insel in zwei statt drei Tagen geschafft hatten, aber der Chef kein einziges Wort der Anerkennung darüber verloren habe. Na, welche Haltung mag der wohl gehabt haben? Und natürlich kamen alle drei einhellig zu dem Schluss, dass sie nie wieder so viel Einsatz zeigen werden, sondern in Zukunft lieber drei entspannte Einsatztage auf der Insel verbringen werden.

In einem anderen Fall beklagten sich zwei Mitarbeiter auch nach überragender Leistungserbringung über fehlende Anerkennung. Es war ihnen so wichtig, dass sie das Lob förmlich beim Chef einforderten. Aber der kommentierte diesen Wunsch nur mit den Worten: „Wenn ich nicht meckere, ist alles okay." Auch hier spricht die Haltung wortwörtlich Bände.

Und noch ein Beispiel: Im Rahmen einer Mitarbeiterversammlung verkündete die Führungskraft die Jahresergebnisse und formulierte in ihrer fordernden Rede abschließend: „Leider haben wir unser Ziel nur leicht überschritten." Teilen Sie mit mir den Eindruck, dass diese Äußerung wohl eher gute Laune und Motivation zerstört als generiert und dass nicht allein das Wort „leider" der problematische Teil der Äußerung ist? Welche Einstellung hat die Führungskraft wohl dazu getrieben, es so auszudrücken?

Das Gefährliche an der „Funktionieren-Haltung" ist, dass die Führungskraft vom Typ I ein Verhalten an den Tag legt, das die Zufriedenheit und Motivation der Mitarbeiter häufig mindert, teils sogar vernichtet, ohne dass die Führungskraft selbst es mitbekommt. Sie haben das Thema eben nicht auf ihrem Radar. Es sind nicht immer die großen Entgleisungen der Vorgesetzten, die jegliche Einsatzfreude vernichten. Vielmehr sind es die vielen kleinen, durch die Haltung gesteuerten (nonverbalen/kommunikativen) Verhaltensweisen, die unachtsam geschehen und, ohne dass es die Führungskraft mitbekommt, Schaden bei der Zufriedenheit verursachen.

> Die Haltung steuert das Verhalten der Führungskraft, ohne dass sie es bewusst wahrnimmt.

Es sind häufig wirklich nur Details. Manchmal ist es der genervte Gesichtsausdruck vom Chef, wenn er wegen einer Frage angesprochen wird, manchmal eine abfällige Handbewegung gegenüber einem Mitarbeiter oder seine Ignoranz, weil er seinen Mitarbeiter in einem Gespräch permanent unterbricht, was dieser sich wiederum nie trauen würde.

Meine Erfahrung ist, dass es den meisten Vorgesetzten wirklich nicht bewusst ist, was sie mit so mancher unachtsamen Äußerung an Stimmungs- und Motivationsschaden verursachen. Die wenigsten verhalten sich böswillig oder absichtlich gemein. Manchmal ist es eine Art der Ignoranz und manchmal eine Unachtsamkeit, in jedem Fall aber gesteuert durch die Haltung, bei der die Zufriedenheit der Mitarbeiter keine relevante Rolle spielt und auf der Strecke bleibt.

2.3 Die Haltung macht den Unterschied – und ist der Schlüssel zum glücklichen Erfolg

Sollten Sie sich noch damit schwertun, voller innerer Überzeugung das Jobglück Ihrer Mitarbeiter in den Fokus zu nehmen, dürfte dieses Kapitel für Sie besonders interessant sein. Hier setzen wir eine Lupe an die Führungs-Haltung, um deren Macht über uns Führungskräfte zu identifizieren. Konkret betrachten wir die Auswirkungen des Führungs-Verhaltens auf den Mitarbeiter. Was die Führungs-Haltung einer Führungskraft vom Typ I an Führungs-Verhalten bewirkt und was von einer Führungskraft vom Typ III, hatten wir gerade gesehen. Aber was geschieht dann genau beim Mitarbeiter? Schauen wir uns mal an, wie groß der Wirkungsunterschied zwischen dem einen und dem anderen Führungs-Verhalten ist.

Dazu greife ich das Beispiel von weiter oben auf, in dem Peter zu seinem Vorgesetzten ging und ihn über ein Problem mit einem Kollegen informierte und Hilfe einforderte. Der Vorgesetzte vom Typ I hatte Peter zu verstehen gegeben, dass er stört und dass er das gefälligst selbst regeln sollte. Ziemlich wahrscheinlich hat Peter so eine Reaktion nicht zum ersten Mal erfahren, sondern dieses Verhalten und die dahinter liegende Haltung schon häufiger erlebt. Im Laufe der Zeit ist bei ihm der Eindruck entstanden, dass er aus Sicht der Führungskraft Arbeit nur abzuliefern hat. „Was anderes interessiert den nicht", war der Eindruck des Mitarbeiters und wurde zu seiner Überzeugung. Und diese konkrete Situation bestärkt ihn in seiner Haltung. Probleme, die ihn belasten oder sogar an produktiver Arbeit hindern, interessieren seinen Chef nicht.

Natürlich fühlt der hilfesuchende Mitarbeiter sich (wie immer) mit dem Problem alleingelassen. Er fühlt sich nicht unterstützt und ist entsprechend enttäuscht. Unzufriedenheit stellt sich ein. Nicht das erste Mal. Auch in anderen Verhaltensweisen konnte der Mitarbeiter die Haltung der Führungskraft deutlich erfahren. Wieder einmal bestätigt sich das Bild, das sich der Mitarbeiter von seiner Führungskraft gemacht hat: Der hilft mir nicht, der ist nicht für mich da, im Zweifel lässt er mich sogar am langen Arm verhungern. Und natürlich steuert diese Überzeugung das Verhalten des Mitarbeiters, so wie es bei der Führungskraft durch dessen Haltung geschieht.

Zunächst geht der Mitarbeiter unzufrieden und betroffen zu seinem Arbeitsplatz zurück. Er ärgert sich und erzählt im Zweifel seinen Kollegen vom enttäuschenden Erlebnis mit dem Chef. In der Summe bedeutet diese Erfahrung die Bestätigung seiner Haltung gegenüber der Führungskraft und bestärkt ihn darin, sich in Zukunft weniger für ihn einzusetzen. Er tut es schließlich ja auch nicht. Die Zufriedenheit bleibt auf der Strecke und, wie man sehen kann, die Leistungsbereitschaft auch.

> Würden Sie sich dauerhaft für jemanden einsetzen, dem Sie egal sind?

Und nun sehen wir uns den Fall an, wenn eine Führungskraft agiert, die das Jobglück ihrer Mitarbeiter im Blick hat. Wir hatten schon erörtert, dass dieser Typ III auf allen Ebenen das Signal aussendet: „Das Problem ist wichtig, du bist mir wichtig und ich werde dich darin unterstützen, es zu lösen." Wie wirkt dieses Führungs-Verhalten auf den Mitarbeiter? Der Mitarbeiter erlebt wahrscheinlich zum wiederholten Mal, dass es seiner Führungskraft ein Anliegen ist, dass es ihm gut geht. Und auch in diesem Fall wird diese Einstellung, die er früher über die Führungskraft gewonnen hat, bestätigt. „Mein Vorgesetzter setzt sich für mich ein, dem ist meine Zufriedenheit wichtig", so ist die Überzeugung. Und was ist dann in der Regel der Reflex eines Mitarbeiters? Er setzt sich auch ein, nicht nur für seinen Job, sondern auch für seinen Vorgesetzten.

Die Führungs-Haltung bewirkt ein Führungs-Verhalten. Das hatten wir schon gesehen. Nun zeigt sich, wie beides auch die Haltung des Mitarbeiters gegenüber seinem Vorgesetzten beeinflusst und diese wiederum sein Verhalten steuert.

> Führungs-Haltung und Führungs-Verhalten lassen eine Mitarbeiter-Haltung entstehen, die das Mitarbeiter-Verhalten beeinflusst.

Verstärkung durch die im Unterbewusstsein gesteuerte Wahrnehmung

Was macht noch mal gleich unser Gehirn, wenn es eine Überzeugung angenommen hat? Es behält sie. Es sorgt dafür, dass die Überzeugung bestätigt wird. Und das mit den unterschiedlichsten Tricks. Einer davon ist die Steuerung der Wahrnehmung. Wenn nun der Mitarbeiter eine kritische Haltung gegenüber seinem Vorgesetzten hat, auf was wird sein Gehirn dann in Zukunft besonders achten? Genau, natürlich auf alles Kritische, das dieses skeptische Bild bestätigt. Dann bleibt kein gutes Haar an ihm. Alles, was er macht und sagt, wird daraufhin geprüft, ob es das Bild bestätigt und wird als Beweis fett markiert abgespeichert. Alles andere erscheint nicht mal auf seinem Wahrnehmungsradar oder wird als nicht exemplarische Ausnahme verdrängt.

Umgekehrt beeinflusst eine auf Jobglück basierende Haltung der Führungskraft die Haltung und Wahrnehmung des Mitarbeiters. Er wird offener und wohlwollender Ihr Verhalten wahrnehmen und entsprechend abspeichern. Das ein oder andere Verhalten, das vielleicht nicht so genial ist, wird er vielleicht übersehen, überhören oder bereitwillig schneller löschen. Den Rückenwind, den er durch seinen Vorgesetzten erhält, wird er besonders wahrnehmen und als Bestätigung seines Bildes von ihm abspeichern. All das wird ihn darin bestärken, sich immer mehr auf seine Führungskraft einzulassen, ihr zu vertrauen und sich bei ihr sicher zu fühlen. Wie wir im vierten Kapitel sehen werden, erhöht das die Zufriedenheit des Mitarbeiters sehr. Er wird sich für seinen Vorgesetzten verantwortlich fühlen und sich für ihn einsetzen, so wie er es von ihm auch erlebt hat.

Die Haltung der Führungskraft wirkt also über ihr Verhalten auf das Verhalten des Mitarbeiters, und zudem hat sie Einfluss darauf, wie der Mitarbeiter die Führungskraft wahrnimmt. Ist die Mitarbeiter-Haltung ihm gegenüber kritisch, ist die Wahrnehmung entsprechend eingestellt und diese kritische Haltung wird verstärkt. Gute Beziehung und Zufriedenheit bleibt unweigerlich auf der Strecke. Und für jemanden, über den das Gehirn täglich Beweise dafür liefert, dass man ihm nicht wichtig ist, arbeitet man nicht gerne und schon gar nicht engagiert.

Der Wirkungszusammenhang ist also wie folgt: Die Einstellung der Führungskraft steuert deren Verhalten. Dies hat zusammen Einfluss auf die Haltung des Mitarbeiters gegenüber seiner Führungskraft sowie auf seine Wahrnehmung, die diese wiederum bestätigt. Am Ende entsteht dann die Bereitschaft, sich (für ihn) einzusetzen oder eben nicht.

Meine Erfahrung ist, dass sich die wenigsten Führungskräfte diesen Zusammenhang bewusst machen. Ihre Haltung beeinflusst die Haltung,

Wahrnehmung und das Verhalten ihres Mitarbeiters, ohne dass sie vielleicht heute ein Wort zu ihm gesagt haben.

> Ihre Führungs-Haltung ist viel entscheidender für den Erfolg, als es sich die meisten Führungskräfte bewusst machen (wollen).

Die Basis ist Ihre Haltung, dann kommt die Kompetenz
Es geht nicht darum, dass Sie sich als Führungskraft permanent von morgens bis abends zusammenreißen, weil Sie zu Ihren Mitarbeitern nett sein sollen. Es geht hier zunächst und ausschließlich um Ihre grundsätzliche Haltung. Sie ist der Schüssel zu zufriedenen und engagierten Mitarbeitern.

> Alles was mit Führung zu tun hat, fängt mit Ihrer Haltung an.

Die Haltung ist die Grundlage für alles. Sie steuert aus dem Unterbewusstsein heraus Ihr gesamtes Handeln. Sie gibt Ihnen einen intuitiven Handlungsrahmen. So müssen Sie sich nicht für Ihre Führungsaufgabe zusammenreißen oder abmühen. Sie handeln intuitiv und auf Grundlage Ihres Selbstverständnisses. So fällt Führung leicht. Wenn wir uns verdeutlichen, wie riesig der Unterschied zwischen den beiden Wirkungsmechanismen ist und welche grundlegende Rolle dabei Ihre Einstellungen und Überzeugungen spielen, scheint es mir plausibel, zuallererst auf die Entwicklung der Führungs-Haltung zu achten und dann erst die Verbesserung von Führungs-Kompetenzen voranzutreiben.

> Bevor wir Führungs-Kompetenzen ausweiten, sollten wir unsere Haltung zu Führung und Zusammenarbeit einstellen.

Denn mit der Entscheidung über ihre Haltung fängt alles an. Wie gesagt, sie steuert Ihre Wahrnehmung und lenkt Ihr Verhalten. Sie ist der Filter, Radar und Ausgangspunkt für alles. Hier beginnt glücklich-erfolgreiche Führung zu entstehen. Es ist die Ursache für Ihre Führung mit Leichtigkeit.

Die Priorität sollte also klar sein: Erst treffen Sie eine Entscheidung über die Haltung, die Sie als Personalverantwortlicher gegenüber Ihren Mitarbeitern einnehmen wollen. Dann entwickeln Sie die entsprechenden

Kompetenzen, um das durch die Haltung gesteuerte Verhalten noch professioneller zu gestalten.

> Die Führungs-Haltung ist der Schlüssel zur Zufriedenheit des Mitarbeiters, und diese ist der Generalschlüssel zum glücklichen Erfolg.

2.4 Der Plan – Wie werde ich bereit für das Glück der anderen?

Wenn Führungskräfte den Zusammenhang von Erfolg und Mitarbeiterzufriedenheit rational durchschauen und bestätigen, aber dies nicht aus tiefer Überzeugung leben, verlieren viele das Jobglück ihrer Mitarbeiter schnell aus den Augen. Sie werden von ihrer im Unterbewusstsein verankerten Überzeugung derart dominiert, dass sie immer wieder in ihre alten Führungs-Muster zurückfallen. Sollten sich an dieser Stelle wieder ein paar Zweifel bei Ihnen einschleichen, derart, dass das mit der Änderung Ihrer Haltung nicht möglich ist, dann hören wir gerade wieder Ihr Gehirn „Alarm" schreien. Ich kann Sie aber beruhigen. Es geht.

Die Neurobiologie bestätigt es
Einer der populärsten Neurobiologen und Hirnforscher, Gerald Hüther, beschreibt, was unser Gehirn besonders auszeichnet und dass es in der Lage ist, die zeitlebens im Hirn entstandenen Denk- und Verhaltensmuster wieder aufzulösen und umzuformen (vgl. Hüther 2006, S. 23). Einstellungen, Überzeugungen oder Glaubenssätze bezüglich der eigenen Führungs-Haltung zu verändern ist also möglich, allerdings auch eine große Herausforderung. Es ist keine intellektuelle Aufgabe, bei der man sich mal eben, so ganz nebenbei, vornimmt, etwas anders zu sehen und zu machen. Nein, die im Unterbewusstsein manifestierten Überzeugungen sind stärker als der bloße Wunsch zur Veränderung.

> Unser Wunsch ist nicht stärker als unsere im Unterbewusstsein verankerten Überzeugungen.

Deshalb bestimmen sie unsere Wahrnehmung und unser Verhalten, was wiederum zu einer Bestätigung unserer Überzeugungen führt.

> Die Lösung besteht darin, eine neue Überzeugung über Zusammenarbeit und Führung zu gewinnen.

Dazu braucht es ein planvolles Vorgehen
Deshalb ist dieses Buch auch kein typischer Ratgeber, sondern ein Buch, das Ihnen dabei hilft, eine neue Überzeugung zu entwickeln. Es ist im ersten Schritt ein Haltungsentwickler, der ihnen hilft zu erkennen, dass mit Druck und Macht heutzutage und zukünftig kein nachhaltiger Führungs-Erfolg mehr möglich sein wird. Auch fördert er die Erkenntnis, dass der Wandel, der auf unterschiedlichen Ebenen stattfindet, das Bedürfnis der Mitarbeiter nach Zufriedenheit im Job (und nicht nur im Privatleben), so groß ist, wie nie zuvor. Führungskräfte, die ablehnen, sich um das Jobglück ihrer Mitarbeiter zu kümmern, werden in Zukunft von diesen abgelehnt werden. Warum die Zufriedenheit so wichtig ist und zur wichtigsten Zielgröße von Führung werden muss, ist für das Gehirn sicherlich schwere Kost. Aber die Beweislage ist erdrückend. Ihr Gehirn kommt nicht umhin, zumindest die Bereitschaft zu entwickeln, zuzuhören und all diese Erkenntnisse nicht sofort in den Gehirnmülleiner zu verschieben und dann zu löschen.

Die Erkenntnis zu gewinnen, dass viele der Führungskräfte im wahrsten Sinne des Wortes unglücklich programmiert sind und die Haltung haben, Mitarbeiter hätten zu funktionieren, ist wichtig. Im nächsten Schritt wird Ihr Gehirn mit der Erkenntnis bombardiert, dass genau diese Haltung maßgeblich für die eigene Wahrnehmung und für das Führungs-Verhalten ist. Diese Steuerung geschieht unbewusst, auch wenn wir es nicht wahrhaben wollen. Es wird klar, wie massiv die im Unterbewusstsein verankerten Einstellungen uns manipulieren und steuern. All dies sind wichtige Schritte, um Ihrem Gehirn Breitseite zu geben, es für eine neue Betrachtungsweise von Zusammenarbeit zu öffnen und die bestehenden Überzeugungen zum Wanken zu bringen. Dies ist der erste große Schritt auf dem Weg zu einer neuen Haltung.

Wiederholungen sind dabei wichtig. Ihnen ist sicherlich schon aufgefallen, dass ich in diesem Zusammenhang häufiger Aspekte wiederhole oder paraphrasiere, als Sie das von Ratgebern vielleicht gewohnt sind. Dies ist Kalkül. Ihr Gehirn benötigt immer wieder Impulse und Beweise, bis es irgendwann offen ist und die Bereitschaft entwickelt, Arbeit, Führung und die Haltung diesbezüglich anders zu denken.

Ein neues Bild von Führung entsteht
In den nächsten Kapiteln wird Ihr neues Bild von Führungs-Arbeit ausgemalt. Das Bild, das vorher noch nicht vorhanden war oder bisher vom Gehirn als Vorstellung abgelehnt wurde, entsteht und gewinnt an Klarheit und Facettenreichtum. Jetzt wird deutlich, wie der Deal mit Ihrem Mitarbeiter wirklich sein kann. Mit diesem Verständnis erhält die Zufriedenheit so viel Aufmerksamkeit, dass sich die Frage aufdrängt, wie denn nun ein Mitarbeiter zufrieden wird. Auf welche Faktoren sollte man denn nun in Zukunft achten? Ihr Gehirn will es jetzt wissen und ist bereit, sein Radar auf neue Aspekte einzustellen. Wahrscheinlich werden Sie von dieser Vielzahl an Glücks- und Unglücksfaktoren im vierten Kapitel überrascht sein. Auch wird deutlich, dass Sie diese nicht alle rational bearbeiten können, sondern tatsächlich das Unterbewusstsein Ihnen einen großen Dienst erweist: Es ist mit der richtigen Haltung in der Lage, all diese Faktoren im Blick zu behalten. Es nimmt die Glücks- und Unglücksfaktoren auf sein Radar und verarbeitet die Infos darüber gemäß Ihrer neuen Haltung.

Spätestens mit dem Praxiskapitel schwindet dann auch noch der typische Vorwurf der Realitätsferne und fehlenden Machbarkeit. Glücklich-erfolgreiche Führung ist simpel. Ja, das hätte das skeptische Gehirn doch nie gedacht. Aber die Beispiele, Tipps und Ideen für Ihren praktischen Führungs-Alltag runden das vielleicht noch zuvor abgelehnte Bild von glücklich-erfolgreicher Führung so ab, dass ihr Gehirn sehr wahrscheinlich endgültig bereit ist, dieses als neues anzuerkennen und ab dann zu leben.

Alles zielt darauf ab, dass Sie ein neues Bild von Zusammenarbeit entwickeln können. Und was geschieht dann mit diesem neuen inneren Bild von Zusammenarbeit und Führung? Was geschieht, wenn Sie wirklich damit starten, das Jobglück Ihrer Mitarbeiter voll und ganz im Blick zu haben und aus tiefster Überzeugung sich dafür einzusetzen?

Ihr Gehirn wird Sie in Zukunft in diese neue Richtung steuern. Ihre Wahrnehmung lenken. Sie werden anders wahrnehmen. Sie werden sich, auch ohne entsprechende Kompetenzen geschult zu haben, anders verhalten. Sie werden mit einer anderen Führungs-Intuition durch Ihren Führungs-Alltag gehen und dadurch neue Erfahrungen machen. Diese neuen Erfahrungen werden wiederum Ihrer neuen Haltung zuträglich sein, denn sie führen zu neuen neuronalen Vernetzungen. Neuroplastizität war in diesem Zusammenhang das Stichwort. Sie beschreibt, wie sich durch Ihre neue Wahrnehmung, neue Aufmerksamkeit bezüglich Jobglück und die neuen Erfahrungen durch Ihr neues Verhalten, neue Verknüpfungen bahnen und verstärken. Diese ermöglichen Ihnen eine neue, glücklich-erfolgreiche Realität.

> So werden Sie bereit für das Jobglück der anderen.

Und das ist nur Ihre Seite der Medaille. Ich hatte Ihnen ja schon den Wirkungszusammenhang in diesem Kapitel beschrieben: Die Änderung Ihrer Haltung geht nicht spurlos an Ihren Mitarbeitern vorbei. Ihre Mitarbeiter werden durch Ihre neue Haltung über die angesprochenen Wirkungszusammenhänge mehr Zufriedenheit erfahren. Sie werden sich bereitwillig und mit einer größeren Leichtigkeit mehr für ihre Arbeit und für Sie einsetzen. Dann wird der gemeinsame Erfolg ein logisches Endprodukt. Dann gewinnen alle!

> Eine am Jobglück des Mitarbeiters orientierte Haltung führt zu glücklichem Erfolg.

Nun wird Ihnen vielleicht deutlich, warum ich Sie im Vorwort zu einer Erkenntnisreise eingeladen habe und wie ich dazu kam zu behaupten, dass dieses Buch Sie verändern wird. Es wird es aber nur, wenn Sie sich dazu bereit erklären, wenn sie es wirklich wollen. Das Können bedingt nun mal ein Wollen, aber das kennen wir ja alle. Auch dieser Zusammenhang wurde durch die Hirnforschung eindrucksvoll belegt.

Möglicherweise haben Sie jetzt schon Ihre neue Haltung entwickelt. Sie ist aber noch nicht stabil verankert. Neuroplastisch betrachtet sind Sie vielleicht eher noch am Start. Aber schon jetzt kann es gut sein, dass Sie Ihre Führungs-Aufgabe anders sehen als bisher. Dass Sie Ihre Mitarbeiter anders, offener, herzlicher und wohlwollender wahrnehmen als vor dem Lesen dieser ersten Kapitel. Ich würde mich freuen, wenn Sie sich auf diese neue Sichtweise einlassen und schon jetzt diese neue Art, Zusammenarbeit zu denken, für sich etablieren.

Literatur

Hüther, G. (2006). *Bedienungsanleitung für ein menschliches Gehirn.* Göttingen: Vadenhoeck & Ruprecht.
Hüther, G. (2017). *Was wir sind und was wir sein könnten. Ein neurobiologischer Mutmacher.* Frankfurt a. M.: Fischer.
Schaffer-Suchomel, J., & Krebs, K. (2011). *Du bist was du sagst – was unsere Sprache über unsere Lebenseinstellung verrät.* München: mvg.

3

Was glücklich-erfolgreiche Führung ist und wie der Deal genau aussieht

Bevor es mit dem vierten Kapitel und insbesondere den (Praxis-)Kap. 5 bis 8 praktisch wird und Sie erfahren, wie Sie glücklich-erfolgreich führen können und welche eindrucksvollen Effekte Sie erzielen, erhalten Sie in diesem Kapitel eine kurze theoretische Einführung. Darüber hinaus finden Sie hier Antworten unter anderem auf die folgenden Fragen: Was zeichnet glücklich-erfolgreiche Führung aus, und welchen besonderen Deal schließen dabei Führungskraft und Mitarbeiter? Warum ist das Erkennen des Mitarbeiters und eine vertrauensvolle Verbindung zu ihm so wichtig? Warum *muss* diese Art der Führung zum Erfolg führen und hat sie auch Grenzen?

3.1 Was ist glücklich-erfolgreiche Führung?

Glücklich-erfolgreich zu führen bedeutet, als Führungskraft all das, was in den ersten beiden Kapiteln beschrieben wurde, mit großer Überzeugung zu leben: eine Führungs-Haltung zu entwickeln, bei der das im Fokus Ihres Führungs-Verhaltens steht, was dem Mitarbeiter so wichtig ist: sein Jobglück. Wie wir in den bisherigen Kapiteln sehen konnten, bedingt dies einen Paradigmenwechseln in der Führungs-Haltung, durch den ein völlig anderer Wirkungsmechanismus möglich wird.

Glücklich-erfolgreiche Führung priorisiert die Zufriedenheit der Mitarbeiter als neue Zielgröße. Der Wirkungsmechanismus, der dabei Zufriedenheit und Erfolg als logisches Endprodukt entstehen lässt, basiert auf zwei Aspekten:

1. Zunächst benötigt der Mitarbeiter eine Tätigkeit, an der er Freude hat und die ihm leicht von der Hand geht. Dieser Arbeit wird er schon von sich heraus engagiert nachgehen. Das ist die Grundvoraussetzung für große Zufriedenheit und Leistungsbereitschaft.
2. Im zweiten Schritt sorgt die Führungskraft dafür, dass es dem Mitarbeiter dabei auch gut ergeht und er in den Belangen, die zu seiner Zufriedenheit wichtig sind, Unterstützung erfährt.

Konkret gilt es also, diese beiden Aspekte im Rahmen seines Führungs-Verhaltens konsequent im Blick zu haben. Nur dann wird der Mitarbeiter seine Aufgaben langfristig engagiert und erfolgreich erfüllen. Dadurch entsteht glücklicher Erfolg. Es ist nicht ein Erfolg, der zufälligerweise vom Himmel fällt, sondern er ist ein logisches Endprodukt aus der Begeisterung, Hingabe, Freude an der Tätigkeit und Zufriedenheit der Beteiligten. Diese Art der Führung bewirkt die Minimierung der täglichen Ärgernisse und Reibungsverluste, stärkt die Zusammenarbeit in Ihrer Abteilung, begünstigt die Zufriedenheit Ihrer Mitarbeiter und beflügelt deren Leistungsbereitschaft und Motivation.

Die Definition für *glücklich-erfolgreiche Führung* ist deshalb:

> Glücklich-erfolgreiche Führung bedeutet, die Mitarbeiter bei ihrer Freude im Job so zu unterstützen, dass Erfolg ein logisches Endprodukt ist.

Die dazu grundlegende Haltung der Führungskraft führt zu einem Führungs-Verhalten, dass sich an einem einfachen Gedanken orientiert und die Botschaft glücklich-erfolgreicher Führung ist:

> Geben Sie Ihrem Mitarbeiter eine Tätigkeit, die zu ihm passt, und unterstützen Sie ihn bei seinem Jobglück. Dann gewinnen alle!

Glücklich-erfolgreiche Führung beginnt, wenn dies dem Vorgesetzten ein echtes Anliegen ist. Die Zufriedenheit der Beteiligten ist also kein Begleitthema, das im Unternehmen oder von einem Vorgesetzten in unterschiedlichen Handlungsfeldern (pflichtbewusst) abgearbeitet werden muss. Nein, es durchdringt sämtliches Denken und Handeln der Beteiligten. Es führt zu einer anderen Art der (Zusammen-)Arbeit.

Dies bedeutet für jede Führungskraft eine Entscheidung zwischen zwei, wie wir weiter oben sehen konnten, sich grundsätzlich widersprechenden Führungs-Einstellungen:

A) Will ich Erfolg und dränge meine Mitarbeiter dorthin? (Funktionieren-Haltung)
oder
B) Betreue ich meine Mitarbeiter beim Gerne-machen? (Haltung bei glücklich-erfolgreicher Führung)

Erfolgreich zu sein und zudem auch noch glücklich, ist das Ziel. Das erreichen Sie nicht, indem Sie mit einer Funktionieren-Haltung Ihre Mitarbeiter extrinsisch zur Leistung pushen oder den Erfolg mit aller Gewalt versuchen zu erzwingen. Auf diesem direkten Weg zum vermeintlichen Erfolg treiben Sie im schlimmsten Fall alle ins Unglück. Der Weg zum glücklichen Erfolg ist ein indirekter: über eine Tätigkeit, der Ihr Mitarbeiter voller Begeisterung nachgeht und bei der er durch Sie, als Vorgesetzten in seinem Jobglück Unterstützung erfährt. Nur so wird Erfolg selbstverständlich.

Eigentlich galt dieser Wirkungszusammenhang schon immer. Er führte schon immer zu hohen Erträgen. Früher erzielte man aber auch Gewinne mit geringer Mitarbeiterzufriedenheit. Wie Sie weiter oben lesen konnten, wird das heutzutage und in Zukunft so wahrscheinlich nicht mehr möglich sein. Deshalb richte ich nun mit glücklich-erfolgreicher Führung ein hellen 500-Watt-Strahler auf das Jobglück der Mitarbeiter. Das ist der Generalschlüssel für glücklichen Erfolg.

Und man kann es gar nicht oft genug sagen: Es geht hier ausdrücklich nicht darum, seine Mitarbeiter um jeden Preis glücklich zu machen, egal ob sie engagiert arbeiten oder nicht. Sie sollen sich selbst auch nicht zum Untertanen Ihrer Mitarbeiter machen. Der Deal ist ein anderer und den beleuchten wir jetzt genauer.

3.2 Es geht um mehr als eine Tätigkeit – der Deal

Was an der Art der Zusammenarbeit so außergewöhnlich ist und welcher besondere Deal dem zugrunde liegt, haben wir den Bewerbern in unserem Unternehmen schon im Rahmen unseres Einstellungsverfahrens vermittelt.

Sie sollten schon vor ihrer Einstellung wissen, was glücklich-erfolgreiche Führung und Zusammenarbeit bedeutet. Wir wollten herausfinden, was es für sie bedeutet und ob der Deal, den wir ihnen anboten, zu ihnen passt.

Exemplarisch und praxisnah möchte ich Ihnen diesen besonderen Deal anhand des Bewerbungsverfahrens, wie wir es in unserem Unternehmen durchgeführt haben, verdeutlichen: Wie in vielen Unternehmen war ein Baustein dieses Prozesses ein Gespräch mit dem Bewerber, der Führungskraft und seinem Stellvertreter. Im Rahmen dieses Gesprächs hat man den Bewerber schon zu Beginn nach seinem Eindruck über unsere Internetseite befragt. Diese war dominiert von Aussagen über unser mitarbeiterorientiertes Unternehmensklima, unsere glücksorientierte Philosophie und vieles mehr.

Einige Bewerber konnten wenig sagen, einige das Gelesene inhaltlich korrekt wiedergeben. Für uns interessant waren allerdings nur diejenigen, die beim Erzählen ihrer Eindrücke ein Strahlen in den Augen bekamen. Nur sie gaben uns durch das, was sie sagten und noch viel mehr dadurch, wie sie es vortrugen, das Signal, dass die Art, wie wir Zusammenarbeit und Führung verstehen, sie begeistert.

Unser Bewerbungsgespräch war also davon geprägt, viel über das Miteinander bei der Arbeit zu sprechen. Herauszustellen, wie wichtig uns die Zufriedenheit des Mitarbeiters ist und dass dies nun mal zum einen von der Tätigkeit als auch zum anderen ganz viel mit dem Umgang aller Beteiligten im Unternehmen untereinander zu tun hat. Alles zielte darauf ab herauszufinden, inwieweit der Bewerber mit unseren Werten kompatibel ist. Die strahlenden Augen waren dabei nur eines der vielen (körper-)sprachlichen Signale. Wenn sich während dieses Gesprächs zeigte, dass die Chemie stimmte, es also von der Einstellung und auch von allen anderen Eckdaten passte, boten wir dem Bewerber an, einmal unverbindlich in unser Unternehmen hineinzuschnuppern.

Zwei Aufgaben für den Bewerber
Die meisten verbanden damit zunächst eine weitere Gelegenheit des potenziell neuen Arbeitgebers, ihn als Bewerber intensiv zu prüfen. Überrascht waren sie, als wir ihnen für ihr Hineinschnuppern zwei für sie zu bearbeitende Aufgaben mitgaben: Erstens sollte er prüfen, ob die Tätigkeit, für die wir ihn einstellten, zu ihm passt. Ob sie ihm wirklich gefällt und leicht von der Hand geht. Ob sie ihm nach einer Einweisung Freude bereitet. Er sollte dabei schauen, was seine zukünftigen Kolleginnen und Kollegen genau tun, denn das war auch das, was ihn später erwartete.

> Der Bewerber soll prüfen, ob es eine Tätigkeit ist, die ihm tatsächlich Zufriedenheit ermöglichen wird.

Die zweite Aufgabe bestand für den Bewerber darin, sich genau anzuschauen, wie denn seine möglichen zukünftigen Kollegen miteinander umgehen. Klären, wie die so drauf sind. Wie verhalten die sich? Wie ist der Umgang? Vertrauensvoll, wertschätzend, miteinander oder eher nicht? Wie sprechen sie miteinander, übereinander und vor Allem, wie sprechen sie mit und über ihre Vorgesetzten? Ist das respektvoll oder geringschätzig? Wenn ich bei solchen Gesprächen dabei war, habe ich sie immer aufgefordert zu beobachten, wie alle auch mit mir sprechen und vor allem, wie sie danach hinter meinem Rücken über mich sprechen. All das ergab ein Bild, an dem er erkennen konnte, ob das, was wir ihm beschrieben, wirklich unser ehrliches Anliegen war. Ob unser Klima tatsächlich so außergewöhnlich war. Oder ob es sich nur um eine verbale Hochglanz-Mogelpackung handelte, um ihn als Mitarbeiter zu rekrutieren. Er sollte prüfen, ob er mit den Personen, mit denen er seinen Schnuppertag verlebte, zusammenarbeiten möchte und ob ihm unsere Nasen passen. Er sollte in sich hineinfühlen, ob es sich gut anfühlt. Denn das sollte für ihn wichtig sein. Uns war das ein Anliegen.

> Der Bewerber soll prüfen, ob ihm diese Art der Zusammenarbeit genauso wichtig ist wie uns.

Wir, so erklärten wir, machten im Übrigen dasselbe: wir fragten uns erstens, ob ihm das, was er an Tätigkeit übernehmen sollte, leichtfiel, ob es ihm Freude bereitete. Kurz gesagt, ob es sein Ding war. Zweitens prüften wir genauso wie er, ob seine Nase, also seine Art, in unser Team passt. Darüber hinaus versuchten wir eine Einschätzung darüber zu gewinnen, ob er mit unseren Werten kompatibel ist und sie ihm genauso wichtig sind wie uns. Denn nur dann blieb unsere Welt in der Qualität erhalten, die wir jeden Tag genießen konnten. Nur dann haben wir durch ihn ein weiteres Teammitglied gefunden, das engagiert seiner Tätigkeit nachgeht und aus tiefster Überzeugung diese Werte lebt und schützt. Und nur dann konnte er eine exzellente Arbeit leisten, und der Erfolg wurde zum logischen Endprodukt.

Der Deal: eine Vereinbarung über viel mehr als nur eine berufliche Tätigkeit

Ziel dieser Phase des Einstellungsverfahrens war es, den Mitarbeiter lange bevor er bei uns eingestellt wird, für unsere Welt zu begeistern. Herauszustellen, wie anders es ist, bei uns zu arbeiten. Gleichfalls zu erfahren, wie er darauf reagiert und inwieweit er mit unserer Philosophie kompatibel ist. Hat das alles für ihn einen Wert oder sucht er nur einen Job, um Kohle zu verdienen? Das war für uns eine der zentralen Fragen. Und uns war wichtig, dass der Bewerber erkennt, wie wichtig uns das alles ist und er versteht, dass es sich nicht nur um eine Tätigkeit bei uns handelt, sondern einen ganz besonderen Deal bedeutet.

Wie im ersten Kapitel beschrieben, wird im Rahmen der Work-Life-Balance-Idee Arbeit als etwas so Schreckliches angesehen, dass es eines privaten Ausgleichs bedarf, um sein Leben wieder zumindest ins Gleichgewicht zu balancieren. Von Energiegewinn oder von guttuendem Gemeinschaftsgefühl bei der Arbeit, kann dort nicht die Rede sein. Im Rahmen glücklich-erfolgreicher Führung ist der gemeinsame Anspruch aber Folgender: die Zufriedenheit aller Beteiligten. Das Ergebnis bedeutet Energiezufluss trotz engagierter Arbeit. Das kann sogar einen erheblichen Beitrag zur Steigerung der Lebenszufriedenheit eines jeden Einzelnen bedeuten.

Das, was vor dem Hintergrund des Work-Life-Balance-Gedankens undenkbar, ja, definitorisch ausgeschlossen zu sein scheint, ist bei glücklich-erfolgreicher Zusammenarbeit der gemeinsame Anspruch. Größer kann der Unterschied bei der Betrachtung von (Zusammen-)Arbeit nicht sein.

> Der Deal ermöglicht ein Zusammensein, ein Zusammenarbeiten und eine Zufriedenheit auch während der Arbeitszeit.

Der Deal bedeutet offensichtlich viel mehr als die Vereinbarung eines Arbeitsvertrages, in dem eine Stellenbeschreibung notiert ist und die formalen Rahmenbedingungen des Arbeitsverhältnisses definiert werden. Nein, es ist eine Vereinbarung auf Augenhöhe, bei der der Mitarbeiter intensiv prüft und danach zusichert, dass die Tätigkeit zu ihm passt und die Art der Zusammenarbeit für ihn attraktiv ist. Bei der er deshalb auch bereit ist, sich sowohl für den Erhalt als auch für seine Arbeit intensiv einzusetzen. Auf der anderen Seite ist die Führungskraft hoch motiviert, dieses gute Klima aufrechtzuerhalten, sowie ihn darin zu unterstützen, sein gutes

Gefühl, mit dem er bei uns startet, auch zu behalten. Ein Mitarbeiter bekommt also nicht eine zu vergütende Stellenbeschreibung, sondern ein Gesamtpaket, das die Freude an der Tätigkeit und die Art der Zusammenarbeit in den Vordergrund stellt, ihn aber auch in die Pflicht nimmt!

> Der Deal: Die Führungskraft unterstütz ihren Mitarbeiter bei seinem Jobglück. Er unterstützt sie beim Erfolg.

Die Vereinbarung ist also mehr ein Einvernehmen über das Engagement des Mitarbeiters und eine sein Jobglück fördernde Art der Zusammenarbeit, als dass es ein klassischer Arbeitsvertrag ist. Ja, der wird juristisch zwar auch geschlossen, ist aber für das tägliche Miteinander nicht die Messlatte. Die liegt weitaus höher, wie Sie weiter unten sehen werden.

Einige von Ihnen werden jetzt vielleicht denken: Was aber ist, wenn sie selbst gar nicht in den Entscheidungsprozess über die Einstellung Ihrer Mitarbeiter involviert sind? Was ist, wenn Sie all dies vor der Einstellung nicht klären und absprechen können? Was ist, wenn Ihnen aus anderen Abteilungen im Rahmen eines Veränderungsprozess Mitarbeiter zugeordnet werden, die gar nicht zu Ihnen wollen, die ihre neue Arbeit bei Ihnen unattraktiv finden oder Ihre Art der Zusammenarbeit ablehnen und nicht unterstützen wollen? Ja, das kann passieren, und es ist sicherlich ein deutlich schwierigerer Start. Aber hierfür gibt es Lösungen. Im Praxisteil werden Ihnen einige Möglichkeiten vorgestellt. Hier erfahren Sie, wie Sie mit den Ihnen zugeordneten, sogenannten „Change-Opfern", umgehen können. Sie werden sehen, dass dies Sie keinesfalls davon abhalten sollte, weiter glücklich-erfolgreich zu führen.

Bei manchen von Ihnen sind vielleicht eher die Fragen hochgepoppt, was geschieht, wenn einer Ihrer Mitarbeiter im Laufe der Zeit die Freude an seiner Tätigkeit verliert, er also seinen Teil des Deals nicht mehr leistet oder wenn er trotz Begeisterung für Ihre Art der Führung mal von Unzufriedenheit erfasst wird? Oder wenn er seine Begeisterung für Sie, Ihre Abteilung oder seine Kollegen verliert? Auch für diese Fragen erhalten Sie in den Praxiskapiteln die Lösungen.

Pflichten des Mitarbeiters
Aber kommen wir zunächst zurück zu unserem Bewerbungsverfahren, anhand dessen ich Ihnen noch mehr über den besonderen Deal verdeutlichen möchte. Im Rahmen dieses Prozederes ist es nämlich wichtig, dass

die Führungskraft dem angehenden Mitarbeiter auch eine Verantwortung überträgt. Die Verantwortung für die Prüfung der beiden Aspekte seines eigenen Jobglücks. Es handelt sich dabei um die beiden Aufgaben, die ihm fürs Schnuppern aufgetragen wurden, die er ernsthaft und sich selbst gegenüber ehrlich zu prüfen hat. Diese beiden Aspekte zu analysieren ist wichtig. Sie sind die Basis für den Wirkungsmechanismus bei glücklich-erfolgreicher Zusammenarbeit.

Wenn er sich zum Beispiel bezüglich der Freude an seiner Tätigkeit selbst oder die Führungskraft betrügt, kommt es erstens später sowieso raus und zweitens führt das zum Scheitern der Zusammenarbeit. Denn Zufriedenheit kann auf dieser Basis nicht entstehen. Sich zur Arbeit zu quälen, um Ergebnisse zu produzieren, widerspricht der Idee glücklich-erfolgreicher Führung und sowieso jeglichem Erfolgsgedanken. Dies zu prüfen ist zunächst die Pflicht und liegt in der Verantwortung des Mitarbeiters.

Genauso ist es seine Pflicht, auch den zweiten Aspekt ehrlich zu betrachten. Ist die beim Schnuppern erlebte Art der Zusammenarbeit für ihn wirklich wichtig? Wird sie einen positiven Einfluss auf seine Zufriedenheit haben und ihn bei seiner Tätigkeit dauerhaft beflügeln? Wird er sich für den Erhalt dieses Umgangs einsetzen wollen?

Freude hin oder her. An dieser Stelle muss man tatsächlich in aller Deutlichkeit von Pflicht und Verantwortung sprechen. Wenn der Mitarbeiter nur halbherzig in eine so attraktive, wohlwollende und wertschätzende Welt eindringen möchte, bedeutet das in der Regel für alle große Enttäuschungen. Deshalb ist es seine Pflicht, dies mit sich ehrlich zu klären.

> Gegenseitige Ehrlichkeit muss schon vor der Einstellung beginnen, und deren Relevanz muss allen klar sein.

Hat der Vorgesetzte die Pflicht, den Mitarbeiter glücklich zu machen?

Nein, das kann er auch gar nicht. Er kann nur einen Beitrag zum Jobglück seines Mitarbeiters leisten. Denn: Ein Vorgesetzter kann seinen Mitarbeiter nicht im Jobglück unterstützen, wenn dieser von der Unzufriedenheit bei der Arbeit überzeugt ist.

Dass es im Rahmen glücklich-erfolgreicher Führung sein inniges Anliegen ist, dem Mitarbeiter zu seinem Jobglück zu verhelfen, haben wir im letzten

Kapitel gelesen, als es um die Führungs-Haltung ging. Wie er diesen Beitrag konkret leisten kann, ist in den (Praxis-)Kapiteln 5 bis 8 beschrieben. Hier geht es zunächst darum, welche Verantwortung die Führungskraft in diesem Zusammenhang hat. Sie weiß: Nur wohlfühlen reicht nicht. Gerne-machen ist die Grundvoraussetzung für Jobglück.

Herauszufinden, ob die Tätigkeit zum Bewerber passt und seine Haltung zu ihrer Abteilung passt, ist wesentliche Aufgabe der Führungskraft im Einstellungsverfahren. Sie muss den gemeinsamen Anspruch und die Relevanz der guten Stimmung und Freude am und im Job immer wieder kommunizieren. Während des gesamten Einstellungsverfahrens, ab dem ersten Arbeitstag und dann immerzu. Dem zukünftigen Mitarbeiter muss der Wirkungszusammenhang vollkommen klar sein, und er muss verstanden haben, dass nicht der Chef alle glücklich machen kann, sondern auch dieser nur einen Beitrag dazu leistet.

> Jobglück ist eine Gemeinschaftsleistung, zu der jeder einen Beitrag leistet. Dass alle ihren Anteil kennen, ist Aufgabe der Vorgesetzten.

All dies thematisch hochzuhalten, die Wahrnehmung dahin gehend zu verstärken und mit gutem Vorbild nicht nur in der Bewerbungsphase voranzugehen, muss zum Selbstverständnis der Führungskraft gehören.

Nicht viele Menschen möchten ihr Leben lang die identische Arbeit leisten und sind immer gleich zufrieden dabei. Auch hier ist mal wieder die Veränderung der Normalzustand. Solche Veränderungen im Zeitverlauf zu bemerken ist wichtig. Die Führungskraft muss so etwas mitbekommen. Am Mitarbeiter dranbleiben ist die Pflicht. Genauso ist es ihre Aufgabe zu bemerken, wenn zwar die Freude an der Tätigkeit unverändert ist, aber dennoch irgendwie die gute Laune in Gefahr ist. Auch hier liegt es bei Ihnen, dies zu erkennen und ihn dabei zu unterstützen, sein Jobglück wiederzufinden.

Apropos erkennen: Eigentlich müsste es „er-kennen" heißen. Derjenige, der glücklich-erfolgreich führt muss seinen Mitarbeiter kennen und erkennen, wenn es nicht so läuft wie ursprünglich von beiden geplant. Die Führungskraft muss so mit ihrem Mitarbeiter verbunden sein, dass sie ihn „er-kennt".

3.3 Verbindung schafft Vertrauen – beides ist die Grundlage

Das Er-kennen Ihres Mitarbeiters und eine von Vertrauen geprägte Verbindung zu ihm sind grundlegend für nachhaltigen Erfolg glücklich-erfolgreicher Führung. Um die Relevanz dieser Aspekte und den Zusammenhang zwischen dem Er-kennen und einer vertrauensvollen Verbindung zu Ihrem Mitarbeiter aufzuzeigen, starte ich mit einer kurzen Geschichte aus der Praxis: Ich hatte eine Geschäftsstellenleiterin, die außerordentlich ehrgeizig war. Bei den regelmäßig stattfindenden Gesprächen über ihre Ziele, insbesondere die Umsatzziele ihrer Filiale, legte sie sich immer die Messlatte so hoch, dass selbst mir schwindelig wurde. Das war nicht nur eine hohe Erwartung, sondern eine vollkommen übertriebene, unrealistische Messlatte, die sie sich da selbst auferlegte. Nun kannte und erkannte ich sie so gut, dass ich wusste, was geschieht, wenn sie schon ab dem ersten Tag des neuen Jahres permanent und gezwungenermaßen unter ihrer selbst gelegten Messlatte drunter herläuft. Sie würde Dauerfrust erleiden. Es würde für sie mühselig werden, sich permanent an ihren realitätsfernen Zielen zu reiben – und dies würde unweigerlich zum Verlust ihrer guten Laune und Motivation führen. Diesen tief empfundenen Frust würde sie, so wusste ich aus anderen Situationen mit ihr, ohne es mitzubekommen, an ihre Mitarbeiter übertragen – und die gesamte Filiale würde lahmen.

Es lag (und liegt) nicht in meinem Interesse, einen Mitarbeiter, schon gar nicht einen ehrgeizigen, von seinen eigenen hohen Zielen abzubringen, aber bei dieser Mitarbeiterin war es wichtig. Wir wählten ein geringeres (aber immer noch ambitioniertes) Ziel, das sie mit ihrem Ehrgeiz und ihrem großen Engagement erfolgreich erreichen konnte. Sie hatte das ganze Jahr einen guten Flow, und ihre Leute waren ebenfalls gut drauf. Erfolg war das Ergebnis. Nicht auszumalen, wenn ich sie nicht hätte einschätzen können und sie an Ihrem Ziel hätte festhalten lassen. Dies ist nur ein Beispiel, das zeigen soll:

> Wenn Sie besonderen Erfolg generieren wollen, sollten Sie Ihre Mitarbeiter sehr gut (er-)kennen.

Eine gute Verbindung ermöglicht Er-kennen und umgekehrt
Nun kann man niemanden er-kennen, wenn man sich nicht auf ihn einlässt oder einlassen will. Nur wenn Sie sich mit der Person beschäftigen,

offen für sie sind, diese Offenheit auch ausstrahlen und wirkliches Interesse für sie zeigen, entsteht die Chance auf Nähe und wirkliches Kennenlernen. Wenn Sie die Erlebnisse Ihres Mitarbeiters in seinem Job, vielleicht sogar auch im Privaten mitbekommen, ihre Sorgen und Nöte sowie Hoffnungen und Wünsche erfahren, dann erhalten Sie einen Eindruck, der Ihnen ein Er-kennen und Verstehen ermöglicht. Gleichzeitig lässt es eine gute Verbindung entstehen.

Auf der anderen Seite dem Mitarbeiter auch Einblicke über sich zuzulassen, vielleicht sogar etwas Persönliches zu offenbaren und ihn an einigen Ihrer Themen teilhaben zu lassen, die Sie beschäftigen, ermöglicht ihm, seinerseits einen Eindruck von Ihnen zu erhalten. Es bewirkt, dass auch er Sie er-kennen kann, und es fördert seine Bereitschaft, sich auch auf Sie einzulassen und Ihnen zu folgen. All das ist gut für eine gute Beziehung. All das schafft Verbindung.

> Gegenseitige Offenheit bewirkt eine gute Beziehung, ermöglicht echte Verbindung. Das alles hilft wiederum, den anderen zu (er-)kennen.

Einige Mitarbeiter verbringen mehr Zeit mit ihrem Vorgesetzten als zu Hause mit ihrem Partner. Vor diesem Hintergrund sollte es beiden erst recht ein Anliegen sein, diese Beziehung besonders zu pflegen. Es ist kostbare Lebenszeit, bei der durch Unachtsamkeit und Unkenntnis nicht die gute Beziehung und Zufriedenheit verloren gehen sollten. So gesehen sollte die Führungskraft eine entsprechende Haltung vorleben und ihre Mitarbeiter dazu anregen, einen Beitrag zur Arbeits-Beziehungsarbeit zu leisten, wie es die Menschen auch in ihrem Privatleben mit ihrem Partner oder ihren Freunden pflegen. Behutsam mit dem anderen umzugehen und dafür Sorge zu tragen, dass das Zusammensein beziehungsweise die Zusammenarbeit sich gut anfühlt, sollte die Idee aller Beteiligten sein. Selbst dann, wenn Führungskraft und Mitarbeiter nicht immer einer Meinung sind oder sein können.

Auch aus neurobiologischer Sicht ist eine gute Verbindung zwischen Führungskraft und Mitarbeiter wesentlich für das Gelingen von erfolgreicher (Zusammen-)Arbeit. Dieser Forschungsbereich hat eindrucksvoll gezeigt, wie zum einen die Freude an einer Tätigkeit sich auf den Erfolg auswirkt und zum anderen auch die Verbindung zwischen Führungskraft und Mitarbeiter von größter Relevanz ist. Vergleichen wir es mit der Schule. Auch hier gibt es viele Studien, die zeigen, wie nicht nur die Freude des

Schülers an einem Fach, sondern besonders die gute Verbindung zwischen Lehrer und Schüler wesentlich für den Lernerfolg ist (vgl. etwa Hüther 2017, S. 124 und Hüther 2016, S. 58/59).

Wir Menschen wollen nun mal miteinander verbunden sein. Sie erinnern sich vielleicht an die Bedürfnispyramide von Maslow, die ich im ersten Kapitel beschrieben habe. Es ist uns ein echtes Bedürfnis. Dies gibt die Möglichkeit der Einschätzung des anderen, Vertrautheit, Zugehörigkeit und ein sicheres Gefühl, um hier nur einige Vorteile zu nennen. Aus neurobiologischer Sicht heißt es für die Führungskraft:

> Verbinde dich mit deinem Mitarbeiter, und er wird dir folgen.

Diese gute Verbindung ist grundlegend für glücklich-erfolgreiche Führung. Goethe sagte schon lange bevor es die Hirnforschung als eigenständige wissenschaftliche Disziplin gab: „Wir lernen nur von denen, die wir lieben." Okay, das mit der Liebe im Kontext von schulischem Lernen oder Arbeit ist sicherlich eine hohe Messlatte, aber letztendlich sagt er all das, was für Führung wichtig ist: Finden Sie einen guten Draht zu Ihrem Mitarbeiter, und das gemeinsame Arbeiten wird von Erfolg gekrönt sein.

Wenn Sie den Gedanken der glücklich-erfolgreichen Führung wirklich ernst nehmen und wenn Sie bereit sind, sich ehrlich auf Ihre Leute einzulassen, sich wirklich mit ihnen verbinden, dann werden Sie auch Informationen und Hinweise erhalten, die Sie sonst nie offenbart bekommen würden. Erst jetzt können Sie Ihr Führungs-Verhalten auf Ihren Mitarbeiter vollständig einstellen. Erst jetzt sind Sie in der Lage, ihm beim Erreichen seines Jobglücks wirklich zu unterstützen.

> Ohne ein (Er-)kennen des Mitarbeiters ist sein Jobglück im wahrsten Sinne des Wortes reine Glückssache.

Wenn er mit Ihnen verbunden ist, gibt er Ihnen von sich Einsichten, die eine Führungskraft ohne Verbindung nicht erhalten würde. Diese Einsichten können Sie im Rahmen ihres Führung-Verhaltens berücksichtigen. Sonst würde die Beziehung immer an der Oberfläche bleiben. Er-kennen wäre nicht möglich, und Ihr Führungs-Verhalten könnte nicht die Wirkungskraft entwickeln. Wie im oben beschriebenen Beispiel wäre meine Geschäftsstellenleiterin an ihren eigenen, zu ambitionierten Umsatzzielen zerbrochen und der Filialerfolg mit ihr. Er-kennen Ihres Mitarbeiters ermöglicht einen großen Wirkungsgrad Ihrer Führung. Beziehungsarbeit geschieht in diesem Zusammenhang eher auf Augenhöhe, als dass jemand seine hierarchische Position ausspielt. Glücklich-erfolgreiche Führungskräfte führen qua ihrer Persönlichkeit und fachlichen Kompetenz und auf Basis einer vertrauensvollen Verbindung zum Mitarbeiter.

Vertrauensvolle Beziehung
Wenn wir von einer vertrauensvollen Beziehung sprechen, so müssen wir uns aber bewusst machen, dass das mit dem Vertrauen im Arbeitsleben so eine Sache ist. Alle behaupten, sie wären zu hundert Prozent vertrauenswürdig – und doch hören wir (und einige von uns erleben sogar tagtäglich) etwas ganz anderes.

Nun ist jedem klar, dass ohne Vertrauen keine echte Nähe möglich ist. All das, was wir gerade zum Thema er-kennen und Beziehungspflege beschrieben haben, basiert auf gegenseitigem Vertrauen. Deshalb müssen wir auch diesen Aspekt noch genauer beleuchten:

Dass Vertrauen etwas mit Ehrlichkeit zu tun hat, ist trivial und muss hier nicht weiter erläutert werden. Wir hatten das Thema Ehrlichkeit ja schon im Rahmen des Einstellungsverfahrens, in dem die Bewerber sich selbst und ihrem zukünftigem Unternehmen gegenüber zwei Fragen ehrlich zu beantworten hatten. Gleichfalls wurde auch klar, wie wichtig es für ein Unternehmen ist, nicht in Hochglanzverpackung aufzutreten, um im Nachhinein als Mogelpackung entlarvt zu werden.

> Ehrlichkeit auf beiden Seiten ist beim Start wichtig und danach erst recht.

Denn wie soll eine gute Beziehung, eine vertrauensvolle Verbindung entstehen oder bestehen bleiben, wenn sich einer oder beide nicht ehrlich oder als nicht vertrauenswürdig erweisen?

Deshalb ist es im Rahmen glücklich-erfolgreicher Zusammenarbeit für die Führungskraft besonders wichtig, sich darauf verlassen zu können, dass der Mitarbeiter tatsächlich seine Arbeit engagiert und verlässlich erledigt, insbesondere wenn die Führungskraft ihn nicht dauernd dabei beobachtet. Sollte etwas nicht plangerecht laufen, muss die Führungskraft darauf vertrauen können, dass der Mitarbeiter früh genug darüber informiert, damit die verbleibende Zeit bis zur Deadline reicht, um gemeinsam einen Plan B zu erarbeiten.

Der Mitarbeiter muss wiederum darauf vertrauen können, dass er von der Führungskraft Unterstützung, Fürsorge und Schutz erhält. Die Führungskraft muss dafür sorgen, dass der ehrliche Mitarbeiter ehrlich sein darf, ohne durch seine Ehrlichkeit Nachteile zu erlangen. Nicht nach dem Motto: Der Ehrliche ist der Dumme. Genauso muss sich der Mitarbeiter darauf verlassen können, dass die Führungskraft dreiste Mitarbeiter nicht dreist sein lässt. Sie muss dafür Sorge tragen, dass der Dreiste sich nicht auf Kosten der Kollegen Vorteile verschaffen kann. Der Kollege muss darauf vertrauen können, dass er diesen Schutz erhält. Ja, die Führungskraft muss den Mitarbeiter schützen, ihn unterstützen und ihm Rückenwind geben. Darauf muss der Mitarbeiter sich verlassen können.

Ein Beispiel für gegenseitiges Vertrauen erlebte ich in meiner Filiale in Lünen. Eine Bewerberin schnupperte in unser Unternehmen hinein. Eine Stunde bevor es hieß, dass ich zum Gespräch mit ihr vorbeikommen würde, wurde sie ausgesprochen unruhig. Alle anderen nicht. Als eine Mitarbeiterin sie auf ihre Nervosität ansprach, erklärte sie, dass sie gar nicht verstehen könne, warum nicht langsam alle panisch würden. Der Chef würde doch gleich kommen. Da könne man doch nicht so entspannt sein. Eine meiner Mitarbeiterinnen kommentierte dies nur mit den Worten: „Wieso? Es kommt doch nur Achim."

Warum konnte sie das so locker kommentieren? Was ließ sie so entspannt sein? Es lag nicht daran, dass ihnen mein Filialbesuch egal war. Es hatte auch nichts mit einem Autoritätsproblem zu tun. Nein, die Antwort ist einfach: Sie hatten alles getan! Alles was zu tun war, war fertig. Sie hatten ein reines Gewissen. Zudem wussten Sie, dass ich davon überzeugt bin, dass sie alles engagiert machen. So war ja unser Deal, und so lebten wir ihn auch. Deshalb konnten sie darauf vertrauen, dass ich nicht skeptisch zur Kontrolle komme, um Fehler zu finden und um zu meckern. Sie vertrauten darauf, dass ich ihnen vertraue! Deshalb konnten sie so entspannt sein.

Das überstieg allerdings die Vorstellungskraft unserer Bewerberin. Da war sie mal wieder, die Skepsis gegenüber unserer Art von wertschätzender und vertrauensvoller Zusammenarbeit. Aber darüber habe ich Ihnen ja im Vorwort dieses Buches genug berichtet.

> Vertrauen ist das Fundament glücklich-erfolgreicher Zusammenarbeit.

Das muss allen Beteiligten schon vor Einstellung klar sein. Das ist die wichtigste Messlatte an jegliches Verhalten. Es ist nicht nur das Interesse der Führungskraft, sondern die Pflicht, dies dem Bewerber schon vor Einstellung zu vermitteln.

Zum Start geben sich alle gegenseitig einen Vertrauensvorschuss. Alle verlassen sich zunächst auf das Gesagte. Aber wie kann sich nun aus dem Vertrauensvorsprung echtes Vertrauen entwickeln? Theoretisch ist es ganz einfach. Wie Sie im Praxisteil sehen werden, ist es auch praktisch einfach zu lösen: Indem alle Beteiligten es so machen wie oben beschrieben: offen, empathisch, wertschätzend. Auch wenn man unterschiedlich ist, geht man aufeinander zu und schafft eine gute Verbindung zum anderen. Diese Verbindung pflegt man. Wenn alle Beteiligten miteinander eine gute Beziehung anstreben, werden sie mit dieser Haltung Signale aussenden und ein Verhalten an den Tag legen, das ein gutes Gefühl für alle Beteiligten bewirkt. Durch das verlässliche und vertrauenswürdige Verhalten entstehen Erfahrungen. Diese bestärken sie in der Haltung, dass das mit dem Vertrauen gerechtfertigt ist und so geht die Gehirnschleife in die richtige Richtung. Dadurch wird es zu einem guten, fest verankerten Gefühl, sodass eine Beziehung möglich wird, die echte Verbundenheit bedeutet. Vertrauen wächst durch wiederholte Erfahrung (vgl. Horx 2020, S. 40). Im Ergebnis wächst etwas von großem Wert. Denn dieses gegenseitige Vertrauen macht Arbeit zu einer wertvollen Zusammenarbeit – für alle!

Vertrauen ist gut – Ist nicht Kontrolle besser?
Apropos Vertrauen: Als es darum ging, eine junge Mitarbeiterin in ihre erste Führungsposition zu entwickeln, hatte ich wie üblich ein intensives Gespräch mit ihr. Es ging darum, wie Führung in unserem Unternehmen stattfindet. Sie hatte bisher zwar längere Zeit als Mitarbeiterin ohne Mitarbeiterverantwortung in unserem Unternehmen Erfahrungen gesammelt, aber jetzt hieß es, gedanklich den Wechsel zu initiieren. Nun sollte sie auf der Metaebene betrachten, wie sie von ihren Führungskräften bis dahin behandelt, wie sie bisher geführt worden war. Sie beschrieb daraufhin voller Begeisterung und mit strahlenden Augen, wie gut das Klima in den Teams gewesen sei und wie sehr sich ihre Vorgesetzten dafür eingesetzt hatten. Dies zu erreichen, also auch so ein tolles Team zu erschaffen und zu führen, wollte sie unbedingt lernen. Sie betonte immer wieder, wie gut und vertrauensvoll die Beziehungen unter allen waren und dass so zu arbeiten ihr großes Ziel sei.

Auf das Thema Vertrauen Bezug nehmend, konfrontierte ich sie mit unserer Anforderung an Führungskräfte, immer und alles kontrollieren zu müssen. Man konnte ihr die Überraschung ansehen. Sie war geschockt. Ihre Gesichtsfarbe wechselte zu blassweiß, und sie verfiel in eine Schockstarre. Haben Sie auch gerade Ihre Stirn gerunzelt und waren über meine Äußerung etwas irritiert? Sind Sie überrascht, dass in einer Welt voller vertrauensvoller Beziehungen, wert(-e)voller Verbindungen, kontrolliert werden soll? Das widerspricht sich doch irgendwie, oder? Warum irritiert es uns, über Kontrollen in einer Welt voller vertrauensvoller Beziehungen zu sprechen?

Kontrollen werden von vielen und vielleicht auch von Ihnen eher als Überprüfen von Arbeit und als ein Scannen nach Fehlern angesehen. Sie haben ihr Radar darauf eingestellt, all das zu finden, was der Mitarbeiter falsch, schlecht und nicht wie vereinbart gemacht hat. Das ist die typische Einstellung eines Radars für ein Gehirn, das auf Funktionieren-müssen geeicht ist. Unser Gehirn steuert wie gesagt unsere Wahrnehmung. Und wenn hier von Kontrolle gesprochen wird, ist auch klar, was eher nicht wahrgenommen wird: das Positive. Es erscheint nicht auf dem Radar, und deshalb erhält der Mitarbeiter auch nicht die Wertschätzung und Anerkennung, die er verdient.

Eine angehende Führungskraft mit ihrem eigenen Mindset zu konfrontieren, ist an dieser Stelle wichtig. Bei glücklich-erfolgreicher Führung geht es natürlich nicht darum, Fehler suchen und bestrafen, sondern darum, einen ganzheitlichen Blick auf den Mitarbeiter zu gewinnen. Diesen heißt es zu entwickeln.

Tauschen wir das Wort „Kontrolle" gegen die Formulierung „als Führungskraft nah dran sein" oder „intensives Begleiten des Mitarbeiters" aus, so wird Folgendes deutlich: Es muss selbstverständlich sein, dass der Vorgesetzte mitbekommt, was der Mitarbeiter alles gut macht, was ihm leichtfällt, aber auch wo es ihm schwerfällt, gut zu sein, und wo er vielleicht noch Unterstützung braucht.

Dies zu erkennen ist tatsächlich die Pflicht der Führungskraft. Doch es als Kontrolle zu bezeichnen finde ich schon wegen unserer Prägung gegenüber diesem Wort ungünstig. Ich habe diesen Begriff nur gewählt, um meiner angehenden Führungskraft aufzuzeigen, wie wichtig es im Rahmen glücklich-erfolgreicher Führung ist, den kritischen Blick, zu dem viele Führungskräfte tendieren, so auszuweiten, dass sie auch das positive Verhalten ihres Mitarbeiters sieht, ihn also allumfassend im Blick hat. Um ihn wirklich zu (er-)kennen. Denn dann kann sie ihn das zukommen lassen, was er verdient hat oder was er noch benötigt. Das ist wirkliche Nähe, das zeigt Verbundenheit.

> Mit dem Mitarbeiter verbunden zu sein schafft und stärkt Vertrauen für beide.

3.4 Glücklich-erfolgreich zu sein ist mehr, als erfolgreich glücklich zu sein

Welchen besonderen Erfolg Ihr Mitarbeiter generiert, weil Sie mit ihm eine vertrauensvolle Beziehung pflegen, mit ihm verbunden sind und weil Sie ihn in jeder Hinsicht in seinem Jobglück beflügeln, möchte ich Ihnen anhand der Erfolgskurve eines Mitarbeiters zeigen. Die Erfolgskurve, ich nenne sie auch die Kurve der Lebensphasen eines Mitarbeiters im Unternehmen, beschreibt den Zusammenhang zwischen der Dauer der Zugehörigkeit des Mitarbeiters im Unternehmen und seinem Output, seiner Leistung, kurz und grob gesagt, dem Erfolg seiner Tätigkeit.

Die Erfolgskurve eines Mitarbeiters in einem Unternehmen
Starten wir zunächst mit der Erfolgskurve eines Mitarbeiters, dessen Vorgesetzter nicht das Jobglück seines Mitarbeiters so im Fokus hat, wie es im Rahmen glücklich-erfolgreicher Führung die Grundhaltung ist. Der typische

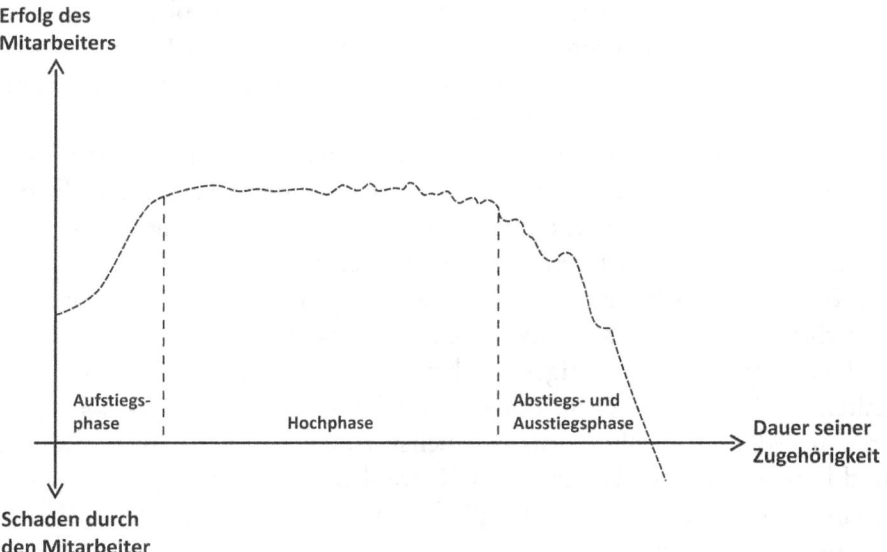

Abb. 3.1 Typische Erfolgskurve eines Mitarbeiters in einem Unternehmen. (© Achim Pothmann 2021. All Rights Reserved)

Verlauf der Kurve ist in Abb. 3.1 dargestellt und kann wie folgt beschrieben werden:

Im Normalfall weiß der Mitarbeiter am ersten Arbeitstag schon etwas über das, was er tun soll, aber noch nichts über die Abläufe im Unternehmen. Er hat noch keine spezifischen Informationen darüber, wie seine Tätigkeit bei seinem neuen Arbeitgeber genau auszusehen hat und kann von daher noch nicht voll performen. Aber er lernt von Tag zu Tag – und seine Leistungen, sein Output, werden größer. In dieser Aufstiegsphase, der Zeit der Einarbeitung, Eingewöhnung und Professionalisierung wird er erfolgreicher in seinem Handeln. Irgendwann aber weiß er, wie der Hase läuft, er beherrscht seinen Job und die Zuwächse seines Outputs werden geringer. Es stellt sich routinierte Professionalität ein. Der Erfolg wird nicht mehr wesentlich größer, sondern pendelt um ein Niveau. Diese Phase, in der er mit mehr Routinen seiner Tätigkeit nachgehen kann, ich nenne sie die Hochphase, kann Wochen, Monate, Jahre, ja, sogar Jahrzehnte dauern. Die Erfolgskurve schwankt immer wieder mal um sein etabliertes Erfolgsniveau. Motivationslöcher, andere Turbulenzen und Aspekte prägen diese Phase und das Bild der Kurve. Die Kurve bleibt trotzdem mehr oder weniger grob auf einem Niveau.

Heikel wird es, wenn die Motivation nicht temporär, was menschlich ist, sondern dauerhaft einen Knick erfährt. Dies kann viele Gründe haben. Das Ergebnis ist aber immer das gleiche: Die Leistungsbereitschaft und der Output sind nicht mehr auf dem Niveau wie in der Hochphase. Der Erfolg schwindet. Diese Lebensphase des Mitarbeiters im Unternehmen bezeichne ich als Abstiegs- und Ausstiegsphase. Wenn Mitarbeiter und Führungskraft es verpassen, einen gemeinsamen Ausstieg zu organisieren, wird diese Phase für alle in der Regel bitter. Üblicherweise sinkt die Motivation weiter. Der Einsatz lässt nach, der Erfolg schwindet weiter. Die Erfolgskurve macht einen deutlichen Knick nach unten. Das macht die Situation für alle Beteiligten noch unentspannter. Der Druck für alle wächst. Wie die Beziehung auch immer zuvor war, jetzt wird sie schlechter und der Mitarbeiter verweigert sich noch mehr. Es entsteht ein Teufelskreis, der zu großem Ärger, Totalverweigerung bis hin zu geschäftsschädigenden Verhalten des Mitarbeiters, also echtem Schaden führen kann. Spätestens dann erkennt jeder die Insolvenz dieser arbeitsvertraglichen Beziehung. Natürlich sind hunderte von Varianten dieser Kurve denkbar. Aber für unsere Zwecke reicht diese vereinfachte, aber typische Entwicklung eines Mitarbeiters in einem Unternehmen aus.

Die Erfolgskurve eines Mitarbeiters bei glücklich-erfolgreicher Führung
Nun nehmen wir mal als Kontrast zu diesem Normalverlauf der Kurve einen Mitarbeiter an, der glücklich-erfolgreich geführt wird. Der schon im Rahmen des Einstellungsverfahrens, also lange vor seinem ersten Arbeitstag, von alldem fasziniert ist, was er dort an glücklich-erfolgreicher Zusammenarbeit erleben wird. Besondere Vorfreude stellt sich ein. Er brennt schon, bevor es losgeht. Dieser Mitarbeiter gibt am ersten Tag schon mehr Gas als der, von dem wir vorher gesprochen haben. Er wird offener, aufmerksamer, bereitwilliger und engagierter arbeiten. Schon am ersten Tag beginnt seine Kurve sehr wahrscheinlich auf einem höheren Niveau.

Auch wird er in der Aufstiegsphase alles Neue hoch motiviert aufsaugen, mit großer Motivation seine Fähigkeiten ausweiten und das spezifische Unternehmenswissen anwenden. Zudem wird sein Vorgesetzter dafür sorgen, dass er maximale Unterstützung in dieser Phase des Wachstums erfährt. Seine Lernkurve wird also steiler sein. Sein Output wird früher größer. Sein Erfolg üppiger. Die Begeisterung, die er schon vor seinem Onboarding für das Gesamtpaket hatte, wird es ihm ermöglichen, sich selbst auf ein hohes Niveau zu katapultieren. Und auf welchem Niveau wird er nach der Aufstiegsphase landen? Auf einem hören! Er wird seinen Job voller Begeisterung und Zufriedenheit einfach besser machen. Seine Kurve verläuft über der des Kollegen, die ich zuvor als Normalkurve beschrieben habe.

> Beim Gerne-machen bestärkt zu werden bringt jeden Mitarbeiter auf seine Überholspur.

Genauso wie Sie im fünften und sechsten Kapitel, den ersten beiden Praxiskapiteln, reihenweise Belege dafür finden werden, dass diese Kurve oberhalb der Normalkurve liegen muss, erhalten Sie für die Hochphase die Belege im siebten Kapitel. Sie erfahren, wie die Führungskraft ihre Mitarbeiter im wahrsten Sinne des Wortes er-kennen kann, in guter Verbindung zu ihnen steht und wie sie sie in ihrem Jobglück unterstützen kann, sodass der Erfolg tatsächlich das logische Endprodukt ist. Das gesamte Führungs-Verhalten zielt darauf ab, die Zufriedenheit ihrer Mitarbeiter hochzuhalten und ihn beim Gerne-machen zu unterstützen.

Machen wir uns nichts vor, in der Hochphase wird dieser Mitarbeiter natürlich auch Zwischentiefs und Turbulenzen haben. Aber sie sind seltener und die Krisen kleiner. Ja, auch in einem Unternehmen, in dem das Jobglück des Mitarbeiters eine große Relevanz hat, läuft nicht immer alles rund.

Aber man ist verbunden, näher beieinander. Deshalb fällt es früher auf, und es wird früher konstruktiv gelöst. Es ist ja immerhin die Zufriedenheit in Gefahr. Da sind alle Beteiligten gewarnt und hoch motiviert, wieder alles ins Lot zu bringen.

Selbst der Ausstieg ist erfolgreicher
Sollte die Zufriedenheit des Mitarbeiters irgendwann dauerhaft verloren gehen und man stellt gemeinsam fest, dass sie in dieser Abteilung oder in diesem Unternehmen nicht mehr wiederzugewinnen ist, wäre es dann ratsam, weiterhin so unbefriedigend zusammenzuarbeiten? Nein, das kann kaum das Interesse der Beteiligten sein. Wenn das Thema der Zufriedenheit hoch hängt, kann man nicht warten, bis sich ein Mitarbeiter geschäftsschädigend verhält, nur weil er versäumt hat zu kündigen oder die Beteiligten versäumt haben, diese Beziehung zu beenden. Bei glücklicherfolgreicher Führung sollten Sie die Beziehung beenden, sobald das Jobglück absehbar und auf Dauer verloren ist. Die Devise lautet: frühzeitig erkennen und dann gemeinsam früh und friedvoll beenden. Die Kurve endet dann früher als in so manchem Standardfall. Bei dem sinkt der Erfolg erst längere Zeit, es entsteht vielleicht sogar großer Schaden, bis irgendwann alle begriffen haben, dass die Kurve steil abfällt und es keine weitere gemeinsame Zukunft mehr geben darf. Wie Sie aus einem Ausstieg sogar eine Werbekampagne für sich, Ihre Abteilung und Ihr Team machen können und wie Sie die Wahrscheinlichkeit erhöhen, dass selbst Ihr zukünftiger Exmitarbeiter für Sie Werbung machen wird, erfahren Sie neben vielen anderen Tipps im letzten Praxiskapitel. Sie werden überrascht sein, wie auch ein Auseinandergehen glücklich und erfolgreich laufen kann. Die Erfolgskurve dieses Mitarbeiters verläuft dann natürlich auch in der Ausstiegsphase oberhalb der typischen Normalkurve. Sie sieht aus, wie in Abb. 3.2 dargestellt.

Die Erfolgskurve eines Mitarbeiters, der in einem glücklich-erfolgreichen Arbeitsumfeld arbeitet, liegt in jeder Phase oberhalb der Kurve eines durchschnittlichen Mitarbeiters eines normalen Unternehmens. Jeden Tag bewirkt dieser Mitarbeiter größeren Erfolg. Jede Woche, jeden Monat und jedes Jahr. Nur weil Sie alle seit seinem Onboarding, nein, sogar schon seit vor seiner Einstellung, auf die zwei Aspekte glücklich-erfolgreicher Führung besonders geachtet haben und diese Art der Zusammenarbeit, auch gemeinsam im Zweifel über viele Jahre, vielleicht sogar Jahrzehnte, gelebt haben.

Der Mehrerfolg, wie groß er auch immer ausfallen mag, ist die Differenz zwischen der einen und der anderen Kurve. Wie Sie auch in den Praxiskapiteln anhand einer Vielzahl an möglichen Maßnahmen, mit denen Sie

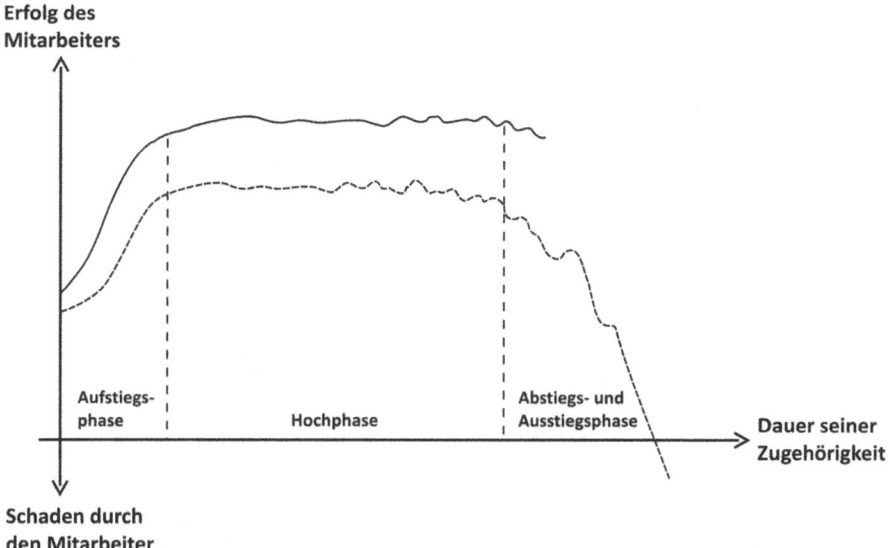

Abb. 3.2 Erfolgskurven: Die gestrichelte Linie zeigt den Normalfall, die durchgehende Linie bei glücklich-erfolgreiche Führung. (© Achim Pothmann 2021. All Rights Reserved)

Ihren Mitarbeiter in seinem Handeln beflügeln können, erkennen werden, wird Erfolg tatsächlich zum logischen Endprodukt. Nicht, weil sie sich als Führungskraft alle zum Untertanen gemacht haben. Nicht, weil sie nur das Jobglück Ihres Mitarbeiters im Blick hatten, ohne sich zu vergewissern, ob er für diese Tätigkeit überhaupt geeignet ist. Nein, Sie müssen nicht tagtäglich pflichterfüllt den Mitarbeiter mit Glück übersäen. Ich hatte Ihnen ja schon auf der ersten Seite dieses Buches versprochen, nicht über Sozialromantik zu reden. Menschen glücklich-erfolgreich zu führen ist mehr. Es ist mehr, als nur Mitarbeiter glücklich zu machen. Es bewirkt glücklichen Erfolg. Einen, der durch freudiges Engagement entsteht. Deshalb gilt:

> Mitarbeiter glücklich-erfolgreich zu führen ist besser, als sie nur erfolgreich glücklich zu machen.

Denn ein Mitarbeiter, den Sie erfolgreich glücklich machen, ist zwar glücklich, aber nicht zwingend auch erfolgreich. Umgekehrt, ihn zum Erfolg zu treiben, macht ihn, wie Sie im ersten Kapitel lesen konnten, wahrscheinlich unglücklich und der Erfolg bleibt vielleicht sogar aus. Der Anspruch ist

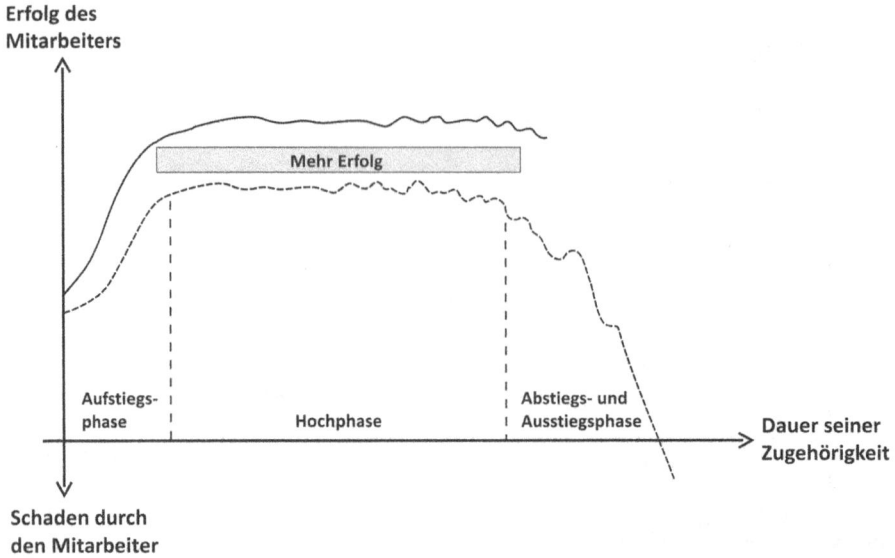

Abb. 3.3 Erfolgskurven: Die gestrichelte Linie zeigt den Normalfall, die durchgehende Linie bei glücklich-erfolgreiche Führung. Der Unterschied besteht im größeren Erfolg und zudem im verminderten Schaden in der Ausstiegsphase, die auch bei glücklich-erfolgreicher Führung früher beendet wird. (© Achim Pothmann 2021. All Rights Reserved)

höher: Menschen glücklich-erfolgreich zu führen bewirkt beides: Zufriedenheit und Erfolg (Abb. 3.3)!

Wer gewinnt bei glücklich-erfolgreicher Führung?
Natürlich zunächst Ihre Mitarbeiter. Die haben in der Regel mehr und dauerhaft Freude an ihrer Arbeit, fühlen sich in so einem Klima wohl und können ihrem Job erfolgreich nachgehen. Das beflügelt, gibt ein gutes Gefühl und führt zu großer Zufriedenheit.

Was ist mit Ihnen als Führungskraft? Durch die Leistungsbereitschaft Ihrer Mitarbeiter entsteht der Erfolg. Er ist auch Ihr Erfolg. Zudem erleben Sie auch eine Zufriedenheit im Rahmen dieser Zusammenarbeit, die außergewöhnlich ist: Mit den Menschen verbunden zu sein, respektvoll und achtsam miteinander umzugehen sowie als Führungskraft (obwohl hierarchisch anders positioniert, trotzdem ein Stück weit integriert zu sein) gibt Ihnen ein schöneres Gefühl, als wenn Sie Ihre Mannschaft zum Ziel peitschen müssen. Auch Sie erfahren Nähe, Vertrautheit, Ehrlichkeit, Loyalität und das gute Gefühl von Sicherheit und Rückenwind durch Ihr Team und durch jeden einzelnen Mitarbeiter. Vielleicht werden einige von ihnen sogar zu Ihren Fans. Das pusht Ihre Zufriedenheit und führt zu größerem Jobglück. Mit so einer Mannschaft ist das Immunsystem Ihrer Abteilung gestärkt – und alles was da kommen mag, können Sie mit ihrem Team besser bewältigen.

Was ist mit Ihrem Unternehmen? Gewinnt das auch? Was geschieht, wenn nicht nur Ihre Abteilung oder Ihr Geschäftsbereich so lustvoll performt, sondern auch die anderen Abteilungen? Dann kann ein Unternehmen nur erfolgreich sein. Dann gewinnen alle!

3.5 Enttäuschungen bleiben nicht aus – Grenzen glücklich-erfolgreicher Führung

Obwohl offensichtlich alle im Zusammenhang mit glücklich-erfolgreicher Führung und der daraus entstehenden Art der Zusammenarbeit gewinnen könnten, werden nicht alle mitmachen. Das gilt sowohl für Führungskräfte als auch für deren Mitarbeiter. Das war eine meiner schmerzlichsten Erkenntnisse als Unternehmer, der aus tiefster Überzeugung diese Art der Führung und Zusammenarbeit über zwanzig Jahre gelebt hat. Sie werden einfach nicht alle erreichen. Und damit sind die Grenzen dieser Art der Führung schon benannt.

Wenn der Führungskraft die Überzeugung fehlt
Eine Führungskraft, die sich für diese Art der Führung nicht begeistern kann, wird kaum eine entsprechende Haltung dazu entwickeln. Wir haben aber gesehen, wie die Haltung der Schüssel für all die positiven Effekte ist.

Erinnern Sie sich noch an die Geschichte der Jury, als es um eine Auszeichnung für unsere Art der Unternehmens-Führung ging? Da gab es eine Gruppe von Jurymitgliedern, als Typ I wurde sie bezeichnet, die sich beim besten Willen das nicht vorstellen konnte oder wollte, was glücklich-erfolgreiche Zusammenarbeit bedeutet und bewirkt. Ihre Glaubenssätze waren so fest in ihnen verankert, dass ihr Gehirn diesen Gedanken nur ablehnen konnte.

Unter den Führungskräften finden Sie auch einen Typ I, dessen Vertreter glauben, Ihre Freundlichkeit würde sowieso nur ausgenutzt. Diese entscheiden sich schließlich, doch lieber Macht auszuüben und ihre hierarchische Position auszuleben. Einige sind vielleicht nicht bereit, sich die Mühe zu machen, sich in ihre Mitarbeiter hineinzuversetzen. Andere glauben, dass mit den Mitarbeitern partnerschaftlich auf Augenhöhe zu agieren gar nicht sinnvoll ist. Sie wollen keine Bindung mit ihnen eingehen. Wiederum andere haben Sorge vor der Mutation ihrer Abteilung zu einem Ferien- und Pausenbetrieb, bei dem alle so soft miteinander umgehen, dass vor lauter Getratsche und Party keine Arbeit mehr geleistet wird. Dieser Typ behauptet auch vehement, für eine so intensive Mitarbeiterbetreuung keine Zeit zu haben. Er sieht nur den Zeiteinsatz, nicht aber die immense (zeitliche) Entlastung durch einen reibungsloseren Geschäftsbetrieb, weniger Probleme und weniger Krisen zwischen ihm und seinen Mitarbeitern oder zwischen ihnen untereinander. Dabei entfallen eben diese Probleme, wenn die Mitarbeiter glücklich sind.

Egal was es auch ist, diesen Personenkreis werden Sie für glücklicherfolgreiche Führung nicht gewinnen können. Führungskräfte mit so einer Haltung lehnen lieber den Wirkungszusammenhang und die Wirkungskraft gedanklich ab, als dass sie ihre Überzeugung loslassen und bereit wären, sich darauf einzulassen. Ich musste über viele Jahre schmerzlich erlernen, diese Tatsache zu akzeptieren.

Führungskräfte vom Typ II, die zum Jobglück ihrer Mitarbeiter noch unentschlossen sind, versuchen vielleicht halbherzig, diese Art der Führung umzusetzen. Sie werden es schwerer haben. Ihre Haltung reicht nicht aus, um aus voller Überzeugung ihr Verhalten in die richtige Richtung zu lenken. Sie müssen sich immer wieder das Jobglück ihrer Mitarbeiter bewusst vor Augen führen und aktiv auf ihr Führungs-Radar holen. Es geschieht nicht automatisch durch die fest im Unterbewusstsein verankerte Überzeugung. Es ist deshalb anstrengender, weil sie es wie eine zu erfüllende Aufgabe ansehen und weil es für sie nicht zu ihrem Selbstverständnis gehört.

Hingegen Führungskräfte vom Typ III, die genauso reagieren, wie Typ III der Jury, begeistern sich für diese Art der Zusammenarbeit. Denen wird es leicht fallen, die entsprechende Haltung zu entwickeln und ihre Abteilung mitzureißen und dafür zu begeistern.

Ein Jahrzehntelanger Vergleich
Wie groß selbst der Wirkungs- und Erfolgshebel bei Führungskräften ist, wenn sie mit jeder Faser Ihres Körpers und tiefster Überzeugung glücklicherfolgreiche Führung leben, im Verhältnis zu denen, die doch nicht ganz mit vollem Herzen dabei sind, konnte ich über viele Jahre in meinen eigenen Unternehmen beobachten.

Wir betreiben Filialen mit identischem Sortiment und konnten von daher ziemlich genau vergleichen, wie das Wirken der einen Führungskraft im Vergleich zu dem einer andern auf den Filialerfolg Einfluss nimmt. Da wir Menschen wie gesagt nie alle in der gleichen Intensität für diese Führungs-

Haltung gewinnen können, hatten auch wir eine Spannbreite: Da waren die Führungskräfte, die genau die Haltung verinnerlicht hatten, die ich Ihnen im letzten Kapitel beschrieben habe. Sie brannten für die Idee. Auch hatten sie schon über Jahre viele Erfahrungen damit sammeln können und verfügten über entsprechende Kompetenzen. Den jüngeren Kollegen, die auch begeistert waren, fehlte es natürlich noch an Erfahrungen. Und natürlich gab es auch bei uns diejenigen Führungskräfte, die zwar so zusammenzuarbeiten gut fanden, aber eben nicht mit der Hingabe und Überzeugung dabei waren, wie ich mir das gewünscht hätte. Sie standen auf der Kippe zwischen Typ II und III. Wie gesagt, Sie erreichen leider nicht immer alle zu hundert Prozent.

Sie sollten übrigens unbedingt darauf achten, keine Führungskräfte vom Typ I einzustellen oder zu welchen zu entwickeln. Solche Führungskräfte hatten wir nicht im Unternehmen. Den damit einhergehenden Frust und ausbleibenden Erfolg wollte ich uns allen ersparen.

Jeden Tag konnte ich sehen, wie sich eine Filiale im Verhältnis zu den anderen entwickelte. Ich war so nah an meinen Führungskräften, dass ich genau erkennen konnte, was mit ihr und ihrer Filiale los ist. Welche Themen gerade anstehen, wo es gut läuft oder nicht und vor allen Dingen, woran es liegt. Das Ergebnis war beeindruckend: Die jungen Führungskräfte, die voller Begeisterung loslegten, machten natürlich noch Anfängerfehler. Und dennoch waren die Filialen erfolgreich. Ihre Mitarbeiter kompensierten eine ganze Menge von dem, was ihre unerfahrenen Führungskräfte noch nicht leisten konnten. Das war toll anzusehen, wie die jungen Leiterinnen Rückenwind und Stärkung durch ihr Team erhielten, obwohl sie noch gar nicht im Stande waren, sie professionell zu führen und darüber hinaus so manche personelle Ungeschicktheit verursachten. Allein ihre Begeisterung für ihre Leute, für ihr Team, für ihre Aufgabe und der Einsatz voller guter Gedanken, motivierte alle, ihr zu helfen und die Filiale gut dastehen zu lassen.

Die Führungskraft, die mit großer Überzeugung und großer Erfahrung ihr Team mitriss, katapultierte ihre Geschäftsstelle auf ein Umsatzniveau, das dauerhaft weit über dem lag, was in unserer Branche vorstellbar war. Es war außergewöhnlich. Sie verfügten selbst über eine überragende Arbeitszufriedenheit und erfreuten sich an einem Miteinander, das sich ihre Partner und Freunde nicht einmal vorstellen konnten. Die waren skeptisch, obwohl sie täglich einen so zufriedenen Menschen sahen.

Wir hatten ja anfangs über Skepsis gesprochen: ein echtes Problem im Zusammenhang mit dieser Art der Führung. Aber selbst die Führungskräfte, die nur mit angezogener Haltungs-Handbremse ihre Filiale leiteten, waren erfolgreicher, als es in unserer Branche üblich war. Nur: Sie erreichten nicht das außergewöhnliche Glücks- und Erfolgsniveau wie Ihre Kollegen, die in aller Konsequenz glücklich-erfolgreich führten.

Es machen nicht alle Mitarbeiter mit
Machen wir uns auch bei den Mitarbeitern nichts vor: Egal wie engagiert Sie als Vorgesetzter versuchen, zu ihnen eine Verbindung aufzubauen und sie für diese Art der Zusammenarbeit zu begeistern, es werden nicht alle in gleicher Intensität mitmachen. Einige sind sogar echt schwer zu knackende Nüsse. Denn: Wenn ein Mitarbeiter meint, dass sein Jobglück unmöglich ist, wird er recht behalten. Er kann nun mal nicht glücklicher werden, als er es sich selbst vorstellen kann. Wenn ein Mitarbeiter davon überzeugt ist oder bleiben möchte, dass Arbeit belastend und Jobglück wohl kaum möglich ist, dann ist das keine leichte Führungsaufgabe, auch nicht im Zusammenhang mit glücklich-erfolgreicher Führung.

Wie bei den Führungskräften können wir auch bei den Mitarbeitern ganz grob drei Typen unterscheiden: Typ I, der wie gerade beschrieben, die Möglichkeit auf Jobglück und eine darauf basierende Art der Zusammenarbeit kategorisch ausschließt. Dann der gegenteilige Typ III, der begeistert mitmacht und all die Effekte erlebt, die ich bisher in Sachen glücklich-erfolgreicher Zusammenarbeit beschrieben habe. Typ II steht mental dazwischen. Er weiß noch nicht genau, in welche Richtung er tendieren soll. Er muss erst für sein eigenes Jobglück inspiriert, begeistert und ermutigt werden, damit man ihn für diese Art der Zusammenarbeit gewinnen kann. Das ist natürlich mehr Arbeit als bei Typ III, dem Begeisterten, aber es ist möglich. Wie Sie diese Gruppe abholen und gewinnen können, erfahren Sie in den Praxiskapiteln.

Über die Jahre musste ich feststellen, dass immer dann die Wirkungskraft von Führungs-Verhalten sinkt, wenn die Mitarbeiter nicht über eine entsprechende dem Jobglück zugewandte Haltung verfügen. Und das zeigt, wie unendlich wichtig es ist, bei der Auswahl der Mitarbeiter darauf zu achten und diese Philosophie dauerhaft so zu leben.

Was ist, wenn Ihr Unternehmen nicht mitmacht?
Im Vorwort hatte ich betont, dass dieses Buch für Sie geschrieben ist. Für Sie persönlich. Nicht für Ihr Unternehmen. In diesem Haltungs- und Ratgeber geht es darum, dass Sie glücklich-erfolgreiche Führung für sich als neue Art der Führung gewinnen. Für Ihren Verantwortungsbereich, für die Mitarbeiter, für die Sie persönlich der Ansprechpartner sind. Natürlich wäre es großartig, wenn alle Ihre Führungskräfte-Kollegen inklusive der

Geschäftsleitung es Ihnen gleichtun würden. Aber das muss eben nicht so sein. Das ist sogar häufig nicht der Fall.

Was ist, wenn die Geschäftsleitung noch fest im Funktionieren-Modus verhaftet ist? Was ist, wenn Sie am Einstellungsverfahren gar nicht beteiligt werden? Wenn Ihnen ohne die spezifische Prüfung, von der ich Ihnen im Rahmen unseres Einstellungsverfahren berichtet habe, irgendwelche Mitarbeiter zugeordnet werden? Wenn da schwer zu knackende Nüsse bei sind? Was ist, wenn Ihnen Mitarbeiter zugeordnet werden, die ihren Job nicht gerne machen oder Sie persönlich oder Führungskräfte im Allgemeinen schrecklich finden?

Dann arbeiten Sie unter erschwerten Bedingungen. Dann ist es für Sie sowieso in jedem Fall und mit jedweder Art der Führung aufwendiger. Sie haben dann mehr Überzeugungs- und Begeisterungsarbeit zu leisten. Es wird länger dauern, bis Sie alle in Ihrem Ruderboot mit einem gemeinsamen Spirit vereinen. Sie haben mehr mit Hemmnissen zu kämpfen. Aber es geht dennoch. Sie werden in den Praxisteilen sehen, wie Sie auch mit diesen Bedingungen, mit diesem Team besser rudern können, als wenn Sie zum Funktionieren-Modus zurückkehren. Denn der wirkt, wie wir im ersten Kapitel sehen konnten, bei keinem Mitarbeiter mehr so richtig. Dafür hat sich bei den Menschen zu viel verändert.

Natürlich ist der beste Weg, wenn ein Unternehmen mit einem klaren und wettbewerbsfähigen Business-Konzept und darüber hinaus durchdrungen von dem Gedanken glücklich-erfolgreicher Führung ins Rennen geht. Wenn die Geschäftsführung und möglichst alle Führungskräfte diese Art der Zusammenarbeit begeistert leben. Aus meiner Erfahrung gilt das aber leider (noch) für die wenigsten Unternehmen.

Aber, selbst wenn Sie in Ihrem Unternehmen mit dieser Führungs-Haltung alleine dastehen, wird Sie niemand daran hindern, es in Ihrem Verantwortungsbereich zu leben und die Vorteile für sich und Ihre Mitarbeiter zu genießen. Und wenn Ihre Vorgesetzten Sie doch davon abhalten wollen, sollten Sie darüber nachdenken, ob Sie in so einem Unternehmen weiterarbeiten und führen wollen. Denn dort hat auch Ihre Zufriedenheit sicherlich schlechte Karten.

Literatur

Horx, M. (2020). *15 ½ Regeln für die Zukunft. Anleitung zum visionären Leben.* Berlin: Econ.

Hüther, G. (2016). *Mit Freude lernen ein Leben lang*. Göttingen: Vandenhoeck & Ruprecht.

Hüther, G. (2017). *Was wir sind und was wir sei könnten. Ein neurobiologischer Mutmacher*. Frankfurt am Main: Fischer.

Pothmann, A. (2021). Die GlücksPyramide der Unternehmen: Glückliche Unternehmen durch glücklich-erfolgreiche Führung. In A. Fischer & C. Prizelius (Hrsg.), *Viele Wege führen zum Glück. Experten stellen vor* (S. 87–97). Heidelberg: Springer.

4

Was einen Menschen im Job wirklich glücklich macht und was Fred motiviert

Wir haben weiter oben gesehen, wie Ihre Haltung Ihr Führungs-Verhalten steuert. Wunderbar wäre es, wenn Sie die Überzeugung gewinnen konnten, dass Sie über das Jobglück Ihrer Mitarbeiter auch selbst glücklich und erfolgreich werden können. Selbst wenn Sie dabei noch im Überzeugungsprozess sind, ist jetzt die Zeit reif, Ihr Wahrnehmungsradar zu schärfen und all die Faktoren zu identifizieren, die auf die Zufriedenheit Ihrer Mitarbeiter sowohl glücksförderlich als auch -mindernd einwirken. Ziel dieses Kapitels ist es, ihre Sensorik für die praktische Anwendung zu schärfen, damit Sie noch umfassender die Zufriedenheit Ihrer Mitarbeiter im Blick haben können.

4.1 Fred – ein hilfreiches Bild von Ihrem Mitarbeiter

Hierzu stelle ich Ihnen Fred vor. Er ist ein Stellvertreter für Ihre Mitarbeiter. Hoffentlich poppt in Zukunft vor Ihrem inneren Auge sein Bild auf, wenn Sie mit einem Ihrer Mitarbeiter Umgang haben. Warum es gut ist, wenn Sie Ihren Mitarbeiter so sehen, möchte ich Ihnen in diesem Abschnitt verdeutlich.

Fred (siehe Abb. 4.1) hat einen unglaublich dicken Bauch. Sie ahnen, dass es hier nur um die Symbolik geht. Fred ist ein Gefühlsmensch. Er ist ein durch seine Emotionen gesteuertes Wesen. Er entscheidet, wie es häufig

Abb. 4.1 Ihr exemplarischer Mitarbeiter namens Fred. (© Achim Pothmann 2021. All Rights Reserved.)

heißt, aus dem Bauch heraus, selbst über seine Zufriedenheit. Auch das ist ja ein Gefühl.

Die große Herausforderung, der wir uns hier stellen, ist, all die Faktoren zu identifizieren, die das gute Gefühl der Zufriedenheit oder das ungute Gefühl der Unzufriedenheit generieren. Welche Glücksfaktoren verursachen gute Gefühle und welche Unglücksfaktoren ganz im Gegenteil schlechte?

Diese Faktoren schauen wir uns im nächsten Schritt an. Ich habe übrigens dabei bewusst darauf verzichtet, die Darstellung mit wissenschaftlichen Studien zu überfrachten.[1] Denn wir benötigen für die Praxis ein pragmatisches Bild, das Sie leitet. Es soll Ihre durch die Haltung gesteuerte Intuition verfeinern, Ihr Radar mit Analysefaktoren spicken.

---

[1] Mehr über den Prozess, wie Menschen zu der Entscheidung kommen, ob sie zufrieden oder nicht sind, erfahren Sie in Pothmann (2019, S. 73–77).

Fred soll das Symbol eines Menschen sein, der bei der Arbeit zufrieden sein möchte. So wie es im ersten Kapitel beschrieben wurde. Dieses Bild malen wir in den nächsten Abschnitten Stück für Stück aus, mit dem Ziel, dass es sich in Ihnen vielleicht als inneres Bild festigt.

4.2 Die Unglücksfaktoren – Bremsen der Motivation

Wir starten mit den Faktoren, die die Zufriedenheit verringern oder sogar zerstören. Diese Faktoren in Zukunft zu vermeiden ist schon ein Glücksgewinn für Ihren Mitarbeiter.

Einer der sichersten Unglücksfaktoren für ihn ist es, wenn Sie als Führungskraft Unsicherheit verbreiten. Angst darüber zu schüren, seinen Arbeitsplatz zu verlieren oder Sanktionen zu erhalten. Wenn Sie Ihrem Mitarbeiter Misstrauen entgegenbringen, fachliche und persönliche Akzeptanz verweigern, keine Anerkennung geben und auf Wertschätzung verzichten oder ihm im Gegenteil Geringschätzung entgegenbringen – all das treibt ihn in die Unzufriedenheit.

Den Mitarbeiter schlecht zu behandeln, zu schikanieren, ihm Informationen vorzuenthalten, vielleicht systematisch dumm und kleinzuhalten oder ihn permanent unter Druck zu setzen, lässt Zufriedenheit schwinden. Weitere Unglücksfaktoren sind hartherziger Umgang mit Ihrem Mitarbeiter: schlimmer Umgangston, Dauerkritik, ihn respektlos zu behandeln, vom Team auszugrenzen und ihn mit Willkür zu behandeln. Offensichtliche oder verdeckte Ungleichbehandlung von ihm gegenüber seinen Kollegen, treiben ihn und das Team in den Unfrieden. Dem Mitarbeiter gegenüber unehrlich zu sein, für seine Orientierung keine klaren Ansagen zu geben oder Zielvorgaben vollkommen übertrieben und unrealistisch vorzugeben, sind alles Garanten für den Glücksverlust. Unter- und Überforderung machen keine Freude, und in Krisen von der Führungskraft allein gelassen zu werden verursacht ein ungutes Gefühl. Bedürfnisse Ihres Mitarbeiters zu ignorieren, als Führungskraft mit schlechtem Beispiel und großer Unzuverlässigkeit voranzugehen, Ihre Mitarbeiter gegenseitig auszuspielen, sind alles Unglücksfaktoren.

Noch mehr Unglücksfaktoren
Es spielen auch Faktoren eine Rolle, die die Führungskraft nicht direkt, sondern nur indirekt beeinflussen kann. Der unkollegiale Umgang der Mit-

arbeiter untereinander, Intrigen, Anfeindungen, gegenseitiges Beschuldigen, Ab- und Ausgrenzungen, bedeuten für einen Mitarbeiter eine Verschlechterung seiner Stimmung.

Natürlich verliert man auch seine Zufriedenheit, wenn das Gehalt so gar nicht passt, die Arbeitszeiten schrecklich sind oder andere arbeitsvertragliche Rahmendaten oder Arbeitsbedingungen die Laune einem verhageln. Unzuverlässige Lohnzahlungen, willkürliche Kündigungen, keinen Ansprechpartner zu haben, sind alles Garanten für den Verlust eines guten Gefühls. Das geht ihm auch verloren, wenn er offensichtlich gegenüber seinen Kollegen hinsichtlich des Gehalts, der Arbeitszeiten oder anderer Aspekte ungleich behandelt wird oder immer die unbeliebten Arbeiten aufgehalst bekommt.

Unabhängig vom Verhalten der Führungskraft trägt der Mitarbeiter selbst Unglücksfaktoren in sich, wenn er etwa davon überzeugt ist, dass sein Jobglück sowieso nicht möglich ist. Wenn er permanent zu viel von allem und allen anderen erwartet und der Überzeugung ist, dass immer alle anderen schuld sind. Den privaten Ärger mit zur Arbeit zu schleppen bedeutet auch einen Unglücksfaktor für die Zufriedenheit im Job.

Diese Liste hat keinesfalls den Anspruch auf Vollständigkeit, aber es ist schon einiges zusammengekommen, oder? Mit den Unglücksfaktoren im Bauch sieht Fred wie im Abb. 4.2 aus.

Nun ist sicherlich kein Unglücksfaktor dabei, der Ihnen unbekannt war. Hier geht es zunächst auch nur darum aufzuzeigen, welche große Anzahl der Möglichkeiten bestehen, die Stimmung Ihres Mitarbeiters zu zerstören.

Wie Unglücksfaktoren zum Leben erweckt werden
Wirklich deutlich wird erst die unendliche Vielzahl an Möglichkeiten, die Zufriedenheit Ihres Mitarbeiters zu mindern, wenn wir uns bewusst machen, dass jeder einzelne Unglücksfaktor wiederum auf vielfältigste Weise auf die Mitarbeiter einwirken kann. Das sind eben nicht nur die großen Fehltritte der Führungskräfte, die sich durch die oben genannten Unglücksfaktoren abstrakt benennen lassen. Nein, es geschieht viel häufiger, teilweise tagtäglich und mehrfach: die kleinen Führungs-Ungeschicklichkeiten, die sämtliche Zufriedenheit auf Dauer zerbröseln lassen.

Da ist zum Beispiel der Vorgesetzte, der sich zwar vermeintlich korrekt verhält, aber dennoch ausstrahlt, dass sein Mitarbeiter ihm nicht wichtig ist. Dass dessen Meinung nicht gefragt und seine Bedürfnisse für ihn nicht von Belang sind. Dass er sich selbst als etwas Besseres ansieht. Dass er wichtiger ist. Oder nehmen wir den Fall des Vorgesetzten, der immer wieder mal suggeriert, dass man jeden Mitarbeiter ersetzen kann und sich keiner seiner

Abb. 4.2 Ein mit Unglücksfaktoren beladener Fred. (© Achim Pothmann 2021. All Rights Reserved)

Stelle sicher fühlen sollte. Genauso ungeschickt ist es, wenn der Vorgesetzte sauer ist und seine Wut an dem auslässt, der gerade zur Verfügung steht, ohne zu prüfen, ob er den Verursacher trifft, und ohne darüber nachzudenken sich zu einem lautstarken Anmeckern hinreißen lässt. Oder nehmen Sie den dauermeckernden Chef, für den nie eine Arbeit gut genug erledigt ist und für den Anerkennung und Wertschätzung Fremdworte sind.

In Teambesprechungen einen Mitarbeiter bloßzustellen ist vielleicht eine einmalige Entgleisung. Sie kann aber die endgültige Vernichtung der Zufriedenheit des Mitarbeiters bedeuten. Obwohl der Vorgesetzte im Nachhinein vielleicht behauptet, es doch gar nicht böse gemeint zu haben und sich damit zu rechtfertigen versucht, unterlässt er es vielleicht dennoch, sich bei ihm zu entschuldigen. Der Schaden bleibt, die Beziehung ist mehr als angekratzt und die Zufriedenheit weg.

Es geht also nicht darum, sich die Anzahl der Unglücksfaktoren bewusst zu machen, sondern vielmehr darum, dass jeder einzelne Unglücksfaktor in unendlichen Variationen mehr oder weniger direkt auf den Mitarbeiter einwirkt. Er bekommt es mit: Es muss uns klar sein, dass es wirkt. Und es muss klar sein, dass es die Beziehung stört, Nähe auflöst und Entfernung vergrößert. Das Gegenteil von dem, was wir vorhin im Zusammenhang mit guter Arbeits-Beziehung und Verbindung gemeint haben.

> Es gibt unendlich viele Möglichkeiten, Ihre Mitarbeiter in die Unzufriedenheit zu treiben.

Obwohl jedem Erwachsenen klar ist, dass die oben genannten Faktoren einen Mitarbeiter in die Unzufriedenheit treiben, warum gibt es dann so häufig Situationen, in denen Führungskräfte sich auf eine Art und Weise verhalten, in denen Mitarbeiter vor Fassungslosigkeit nur den Kopf schütteln können? Warum gibt es Situationen, in denen Mitarbeiter mit einem Führungs-Verhalten konfrontiert werden, das nach vernünftigem Menschenverstand betrachtet jeden in die Unzufriedenheit schubst?

Sind die Führungskräfte zu blöd zum Führen?
Nein, keinesfalls! An dieser Stelle muss ich auch eine Lanze für all diejenigen Führungskräfte brechen, die noch nicht voller Überzeugung eine Haltung verinnerlicht haben, die das Jobglück ihrer Mitarbeiter besonders berücksichtigt: Die vielen Enttäuschungen beim Mitarbeiter geschehen nicht, weil die Führungskräfte es nicht besser wissen, sondern weil sie es im Zweifel nicht mitbekommen, was mit Ihnen da selbst geschieht und was sie anrichten. Es ist vielen einfach nicht bewusst. Ihre Haltung verursacht ein Verhalten, bei dem ihnen nicht klar ist, welchen Zufriedenheitsschaden sie verursachen.

> Unglücksfaktoren zu kennen und zu vermeiden ist glücksförderlich.

Es geschieht im hektischen Tagesgeschäft und letztendlich mehr aus Unwissenheit über die Wirkung des eigenen Verhaltens als aus Böswilligkeit. Aus Überforderung, Zeitdruck, Anforderungsdruck und manchmal auch aufgrund fehlender Führungskompetenzen oder schlechter Führungs-Vorbilder. Gründe gibt es dafür genug.[2]

---

[2]Unternehmen, in denen die Führungskräfte bewusst und mit Kalkül ihre Mitarbeiter um wichtige Glücksfaktoren bringen und sie mittels Unglücksfaktoren wie Angst, Druck und Machtausübung gefügig zu machen versuchen, finden sie im Bodensatz der GlücksPyramide der Unternehmen. Mehr dazu in Pothmann (2019, S. 110–122) und Pothmann (2021, S. 89–94).

4.3 Die Glücksfaktoren – Vitamine für ein gutes Gefühl

Für den Mitarbeiter ist es ein echter Glücksfaktor, wenn er von seinem Vorgesetzten das Signal erhält, von ihm persönlich und fachlich anerkannt zu werden. Wenn die Führungskraft ausstrahlt, dass der Mitarbeiter ihr vertrauen kann und sie sich um ihn kümmert.

Besonders wichtige Faktoren sind Wertschätzung, Zuspruch, achtsamer Umgang, Fairness, das Gefühl, informiert zu sein, einbezogen zu werden sowie ein herzlicher Umgang. Ebenfalls wichtig ist die Erfahrung, als Mitarbeiter gefördert, aber auch gefordert zu werden – und zwar in einem Maße, dass man eher im Flow als in der Unter- oder Überforderung landet. Unterstützung zu erhalten, sich entwickeln zu können, Rückenwind für sein Jobglück zu erhalten, respektvollen Umgang zu genießen, einen Sinn in seiner Tätigkeit zu empfinden und im Team integriert zu werden, ist großartig fürs Zufriedenheitsgefühl. Klarheit, Ehrlichkeit, gegenseitiges Vertrauen, das starke Gefühl, sich sicher fühlen zu dürfen, sowie echt und selbstwirksam sein zu können, beflügeln die Zufriedenheit. All dies steigert die Beziehungsqualität als wichtigen Glücksfaktor, lässt Vertrauen entstehen und stärkt die Verbindung. Auch dies sind wesentliche Faktoren fürs Jobglück.

Dass der Vorgesetzte alle im Team zu einem integrierenden und kollegialen Verhalten motiviert, gegenseitigen Zuspruch unter den Kollegen fördert und fachliche und persönliche Anerkennung propagiert und zu einem harmonischen Miteinander beiträgt, sind ebenfalls Glücksfaktoren.

Natürlich sind auf Unternehmensebene ein gutes Image des Unternehmens, ein für die Mitarbeiter passendes Gehalt und entsprechende Arbeitsbedingungen Glücksfaktoren. Transparenz auf allen Ebenen des Unternehmens fördert das Sicherheitsgefühl und ist damit auch ein Glücksfaktor.

Als Mitarbeiter selbst die Haltung inne zu haben, dass Jobglück möglich ist, ist ein Glücksfaktor, so wie wir weiter oben schon gesehen haben, es ein Unglücksfaktor ist, falls man noch die Vorstellung von seinem eigenen Jobglück ablehnt. Erwartungen realistisch einzuschätzen, als immer zu viel zu erwarten, ist ein Glücksfaktor. Genauso im Privaten eine zufriedenstellende Lebenssituation zu erreichen, bedeutet Rückenwind für die Zufriedenheit im Arbeitsalltag.

Auch dies ist eine Aufzählung, die nicht abgeschlossen ist. Es gibt noch viel mehr Glücksfaktoren. Aber Freds Bauch ist schon jetzt so voll, dass

Abb. 4.3 Ein mit Glücksfaktoren euphorisierter Fred. (© Achim Pothmann 2021. All Rights Reserved)

nicht noch mehr Glücksfaktoren in ihn hineingezeichnet werden können (Abb. 4.3).

Bei der Vielzahl der Möglichkeiten sind es die Details mit großer Wirkung
Wie bei den Unglücksfaktoren haben Sie hier wahrscheinlich keinen Faktor gelesen, von dem Sie zuvor noch nichts wussten. Aber die Vielzahl der Glücksfaktoren macht das Glück. Machen Sie sich täglich bewusst, wie viele Möglichkeiten Sie haben, die Zufriedenheit Ihres Mitarbeiters zu beflügeln?

Auch hier geht es mal wieder nicht um die großen Meilensteine Ihres Führungs-Verhaltens, sondern um das tägliche kleine Detail. Um die Achtsamkeit, die Sie ihm zukommen lassen. Kleine Aufmerksamkeiten wie ein nettes Lächeln, ein herzliches Dankeschön oder eine freundliche Bitte anstelle einer Aufforderung im Charakter eines Befehls. Wir Menschen fiebern vor allen Dingen im beruflichen Kontext nach Wertschätzung und Anerkennung, insbesondere von unseren Führungskräften. Das ist zum

Glück nicht kompliziert: Es ist einfach, Ihrem Mitarbeiter so eine Glücksdosis zu geben.

Sich etwa zu erkundigen, ob er mit der Arbeit gut klarkommt, noch Informationen benötigt oder ob das private Problem, von dem er Ihnen vor einigen Wochen erzählt hat, gelöst ist, sind alles Beweise für Ihr Interesse an ihm. Wie gesagt: Ganz häufig sind es nur Kleinigkeiten, beiläufige Kommentare und nicht das große Jahresgespräch.

> Es gibt unendlich viele Möglichkeiten, die Zufriedenheit Ihres Mitarbeiters zu pushen.

Dem Mitarbeiter so viel Aufmerksamkeit zu geben, dass er sich tatsächlich gesehen und verstanden fühlt, wenn seine Bedürfnisse, auch wenn sie nicht alle erfüllt werden, trotzdem beachtet werden – all das sind alles kleine Verhaltensweisen, an denen der Mitarbeiter Ihre Haltung abliest. Durch Ihr konkretes Verhalten erhalten dann die Glücksfaktoren ihre Wirkungskraft.

Wenn Glücksfaktoren Mangelware sind
Schon das Ausbleiben von Glücksfaktoren, die dringend angebracht wären, führt zur Unzufriedenheit und Verweigerung der Leistungsbereitschaft. Da muss ein Chef nicht einmal gemeckert haben und die Karte des Unglücksfaktors gezogen haben, dennoch sind seine Mitarbeiter schlecht drauf. Sie erinnern sich vielleicht in diesem Zusammenhang an das Beispiel der Maler, die mit mir in der Inseleisenbahn fuhren. Sie hatten nicht die verdienten und erhofften Glücksfaktoren der Anerkennung und Wertschätzung für ihren besonderen Einsatz erhalten. Sie werden ihre Arbeit in Zukunft eher auf die veranschlagten drei Tage verteilen, als dass sie sie wieder in zwei erledigen, wie es möglich wäre. Durch die ausgebliebene Anerkennung haben sie dazu keine Bereitschaft mehr. Und der Chef weiß von all dem nichts. Ihm kamen anerkennende Worte und Dank nicht in den Sinn. Und nun hat er den Erfolgsschaden, ohne etwas davon zu ahnen. Wie heißt es so schön?»Wertschätzung schafft Wertschöpfung.« Wie wir allein an diesem Bespiel sehen können, gilt es auch umgekehrt.

> Fehlende Wertschätzung vernichtet Wertschöpfung

Wir können es auch allgemeiner sagen:

Abb. 4.4 Fred mit einer Auswahl an Glücks- und Unglücksfaktoren, die seine Zufriedenheit beeinflussen. (© Achim Pothmann 2021. All Rights Reserved)

> Unglücksfaktoren und das Ausbleiben von Glücksfaktoren verringern Leistungsbereitschaft.

4.4 Wie eine Führungskraft mit vielen Bällen jongliert – und Zufriedenheit begünstigt

Wenn wir all die Glücks- und Unglücksfaktoren, über die Sie gerade gelesen haben, in den Bauch von Fred hineinzeichnen (siehe Abb. 4.4) und uns darüber hinaus bewusst machen, dass es sicherlich noch eine Vielzahl weiterer Faktoren gibt, die auf die Zufriedenheit Einfluss nehmen, dann können Sie wahrscheinlich Folgendes ahnen: Es muss ein komplexer Prozess sein, um darüber zu entscheiden, ob man als Mitarbeiter zufrieden ist oder nicht.

In der Tat ist der Entscheidungsprozess über seine eigene Zufriedenheit so komplex, dass sogar absurd erscheinende Ergebnisse dabei herauskommen können: So konnte ich im Rahmen meiner Recherchen erleben, wie nicht wenige Mitarbeiter in ihrem Job glücklich waren, obwohl offensichtlich objektive Unglücksfaktoren dagegensprachen. Genauso habe ich umgekehrt Menschen kennengelernt, die nach meinem Empfinden unter schlaraffenlandartigen Bedingungen arbeiten durften, aber dennoch maximal frustriert waren. Offensichtlich erhielten die einen etwas, das ihnen, besser gesagt ihrem Bauch, so wichtig war, dass er die ungünstigen Faktoren weniger gewichtete und sie dadurch dennoch zufrieden wurden. Die anderen kränkelten hingegen durch einen oder mehrere Faktoren, die wiederum so gewichtig gewesen sein mussten, dass die Vielzahl der erfüllten Glücksfaktoren nicht ausreichte, sie in den Zustand der Zufriedenheit zu versetzen.

Vielleicht ahnen Sie schon, dass die Entscheidung über die eigene Zufriedenheit oder Unzufriedenheit tatsächlich so komplex ist, dass niemand in der Lage ist, die riesige Anzahl an Glücks- und Unglücksfaktoren bewusst zu skalieren und nach Priorität zu gewichten, um zu einer Entscheidung zu kommen.

> Kein Mitarbeiter sagt: »Ich bin zu 67 % zufrieden.«

Eine objektive Entscheidung über seine Zufriedenheit im Rahmen eines Entscheidungsprozesses ist ihm nicht möglich. Zufrieden zu sein ist eine hoch emotionale Entscheidung, die keinesfalls bewusst getroffen wird beziehungsweise bewusst getroffen werden kann. Nein, es ist ein Gefühl. Fred kann nur das Ergebnis seines Entscheidungsprozesses in Form eines Gefühls herausbringen. Wie ich zu Beginn dieses Kapitels schon lapidar behauptete, ist der Mensch ein Bauchentscheider. Deshalb ist Freds Bauch symbolisch auch so dick. Ein Bauch mit viel Platz für schier unendlich viele Faktoren, die in ihm herumwabern und im Unterbewusstsein verarbeitet werden, sodass ein Gefühl entsteht. Und er kennt in diesem Entscheidungsfall nur drei Gefühls- und damit Ergebnis-Zustände (vgl. Pothmann 2019, S. 96):

1. Zufrieden = »Fühlt sich gut an, ich bin zufrieden«,
2. Neutral = »Geht so, fühlt sich neutral an, habe keine Meinung, kein konkretes Gefühl« oder
3. Unzufrieden = »Fühlt sich blöd an, ich bin nicht zufrieden.«

Vor diesem Hintergrund müsste nun klar sein, warum es, wie im ersten Kapitel angesprochen, nicht um die Maximierung des Jobglücks gehen muss. Es ist nicht notwendig, als Führungskraft und als Unternehmen alle Ressourcen dafür auszugeben, damit Mitarbeiter ihr Jobglück maximieren können. Zufriedenheit ist die Zielgröße für die Führungskraft, und das ist schon Herausforderung genug.

> Glücklich-erfolgreiche Führung strebt die Zufriedenheit des Mitarbeiters an, nicht die Maximierung seines Jobglücks.

Zudem müssen wir noch Folgendes bedenken: Die Priorisierung und Skalierung aller Faktoren, das Abwägen aller Einflussgrößen findet bei jedem Menschen bedingt durch seine individuellen Erfahrungen und auf Grundlage der jeweiligen persönlichen Prägung unterschiedlich statt. Es ist nicht nur der Entscheidungsprozess komplex, sondern auch noch von Menschen zu Menschen unterschiedlich. Jobglück ist deshalb höchst individuell.

Sind dennoch einige Faktoren relevanter als andere?
Um es vorweg zu sagen: Ja, aber das Gehalt ist es nicht. Alle Studien der vergangenen Jahre, die ich kenne, zeigen eindrucksvoll, wie wichtig den Menschen die weichen Faktoren wie etwa Wertschätzung, Anerkennung, Spaß an der Arbeit, nette Kollegen und nicht zuletzt freundlicher Umgang sind. Im Verhältnis dazu erscheinen die Hard Facts wie zum Beispiel das Gehalt und die Anzahl der Urlaubstage, die im Arbeitsvertrag vereinbart werden, in einer Prioritätenliste auf den hinteren Rängen (vgl. etwa Köcher und Raffelhüschen 2011, S. 164–165).

Wertschätzung und Anerkennung sind die Spitzenkandidaten, wenn es um die Zufriedenheit eines Mitarbeiters geht. Die vielen Studien bestätigen all das, was Sie schon im ersten Kapitel lesen konnten und anhand der Maslowschen Bedürfnishierarchie deutlich wurde: die Menschen suchen bei der Arbeit mehr als nur eine Gehaltszahlung, optimale Arbeitszeiten und die maximale Anzahl an Urlaubstagen. Interessanterweise ist zu beobachten, dass Sie aber im Rahmen der Verhandlungen zu einer neuen Arbeitsstelle gerade auf diese Punkte besonders achten. Sie haben genau diese Aspekte auf ihrem Radar und versuchen, genau diese bei der Jobsuche zu optimieren.

Vor diesem Hintergrund gilt für glücklich-erfolgreiche Führung Folgendes:

1. Geben Sie Ihrem zukünftigen Mitarbeiter eine Tätigkeit, die zu ihm passt und die er gerne macht (das hatten wir ja schon).
2. Sorgen Sie dafür, dass die typischen arbeitsvertraglichen Rahmenbedingungen im grünen Bereich sind, also für den Mitarbeiter passen. Was das auch immer exakt bedeutet, das wissen wir, ist höchst individuell. Aber es sollte für die Mitarbeiter in jedem Fall zufriedenstellend sein, sonst wird er irgendwann doch über diesen Punkt stolpern.
3. Und jetzt, nachdem Sie diese Hausaufgaben gemacht haben, beginnt die eigentliche Führungs-Arbeit. Die Arbeit, die dazu beiträgt, die Zufriedenheit des Mitarbeiters zu unterstützen. Ab jetzt ist Ihr Blick auf Freds Bauch und sein Jobglück gerichtet.

Jetzt ist es Ihre Aufgabe, alle Faktoren auf Ihrem Radar zu haben und entsprechend darauf einzuwirken, dass der Bauch Ihres Mitarbeiters die Entscheidung fällt, dass er zufrieden ist. Fred können wir uns also in Zukunft so vorstellen: Er möchte eine zu ihm passende Tätigkeit und die arbeitsvertraglich relevanten Faktoren befriedigt wissen. Dann erst entscheidet der Bauch minütlich, täglich, wöchentlich, also praktisch permanent über die Zufriedenheit und gibt dem Mitarbeiter das Gefühl von Zufriedenheit, Unzufriedenheit oder Indifferenz. Vor diesem Hintergrund bitte ich Sie, Fred wie im Abb. 4.5 abgebildet abzuspeichern.

Und wie schaffe ich das?
Wie sollen Sie nun als Führungskraft rational alle Glücks- und Unglücksfaktoren Ihres Mitarbeiters abwägen? Der kann das ja, wie wir sehen konnten, nicht mal selbst. Eben das ohne Beziehungsnähe und ohne Verbindung zu ihm zu meistern ist schwierig. Weil viele Führungskräfte wenig mit ihrem Mitarbeiter verbunden sind, bekommen Sie auch nicht mit, was für ihn wichtig ist. Sie können kein Gefühl dafür entwickeln, wo ihr Mitarbeiter steht, was ihn bewegt und bestimmt. Sie haben die Faktoren nicht auf ihrem Radar und schießen deshalb so oft am Zufriedenheits-Ziel vorbei, sofern sie es überhaupt anvisieren.

Er-kennen ist die Voraussetzung für die Lösung! Und dies bedingte, wie Sie weiter oben lesen konnten, eine gute Beziehung und eine vertrauensvolle Verbindung. Erst diese Nähe ermöglicht es Ihnen, besser gesagt Ihrem Unterbewusstsein, dieser Vielzahl von Einflussfaktoren Herr zu werden.

Und was ist noch einmal gleich die Voraussetzung für eine vertrauensvolle Beziehung? Ihre Führungs-Haltung! Durch sie ist es Ihnen ein Bedürfnis, sich um das Jobglück Ihres Mitarbeiters zu kümmern. Durch sie ist es Ihnen ein Anliegen, eine vertrauensvolle Beziehung zu Ihm aufzubauen. Durch sie

Abb. 4.5 Fred mit den Faktoren, die er bei der Jobsuche bewusst auf seinem Radar hat, und einer Auswahl an Glücks- und Unglücksfaktoren, die seine Zufriedenheit beeinflussen. (© Achim Pothmann 2021. All Rights Reserved)

ist es Ihnen möglich, Ihr Radar auf die unzähligen Faktoren einzustellen. In diesem Zusammenhang entsteht dann auch bei Ihnen ein Gefühl. Die Nähe zu Ihrem Mitarbeiter ermöglicht dies. Ja, auch Sie können nicht intellektuell das lösen, was Ihr Mitarbeiter schon nicht kann. Aber durch die Nähe erhalten Sie Informationen, die Ihnen ein Gefühl entstehen lässt und einen Eindruck für ihn ermöglicht. Im Ergebnis bewirkt diese Haltung ein auf Ihren Mitarbeiter abgestimmtes intuitives Führungs-Verhalten, mit dem Sie Ihn bei seinem Jobglück unterstützen können. Viel einfacher, als mit einer Haltung, bei der das Jobglück kein relevantes Thema ist und bei der keine vertrauensvolle Verbindung als notwendig erachtet wird.

Ihre Haltung hilft Ihnen dabei, diese Aufgabe zu bewältigen. Mit einer glücklich-erfolgreichen Führungs-Haltung und einer vertrauensvollen Verbindung ist es eher ein intuitiver Prozess, der eben nicht bewusst bearbeitet werden muss, sondern mit Leichtigkeit und Selbstverständlichkeit von alleine funktioniert. Ohne diese Haltung mag es auch möglich sein, das Jobglück zu unterstützen. Es ist aber sicherlich aufwendiger und fühlt sich eher nach Arbeit an, als dass es ein gelebtes Selbstverständnis ist und von daher leichtfällt.

Sie entwickeln ein Gefühl dafür, welcher individuelle Glücksmix für Ihren Mitarbeiter gut ist und welche Unglücksfaktoren Gift für seine Zufriedenheit sind. Dann verhalten Sie sich entsprechend. Wie gesagt, es geht nicht um die Maximierung des Glücks, sondern darum, dem Mitarbeiter die Glücksfaktoren zukommen zu lassen, die er verdient hat, die ihm guttun. Und es geht darum, die Unglücksfaktoren zu vermeiden und von ihm fernzuhalten, die sein gutes Gefühl stören. So können Sie als Führungskraft mit den vielen Glücks- und Unglücks-Bällen jonglieren und die Zufriedenheit Ihres Mitarbeiters begünstigen.

> Mit einer glücklich-erfolgreichen Führungs-Haltung fällt es leicht, die Vielzahl der Zufriedenheits-Faktoren seines Mitarbeiters im Blick zu behalten.

Zum Anfang dieses vierten Kapitels hatte ich Ihnen gesagt, dass ich mich freuen würde, wenn in Zukunft beim Gedanken an Ihren Mitarbeiter das Bild von Fred vor Ihrem inneren Auge erscheint. Fred soll das Symbol eines Menschen sein, der bei der Arbeit zufrieden sein möchte, so wie es im ersten Kapitel beschrieben wurde. Das Bild von Fred soll ihnen dabei helfen, sich dies immer wieder vor Augen zu führen. Er ist ein emotionales Wesen. Er entscheidet aus seinem Bauch heraus. Deshalb halten Sie Fred mit seinem dicken Bauch bitte in Ihrem Kopf und in Ihrem Herzen.

Literatur

Köcher, R., & Raffelhüschen, B. (2011). *Glücks-Atlas Deutschland 2011*. München: Knaus.

Pothmann, A. (2019). *Jobglück – Wie du den Montag leiben lernst*. Hannover: Humboldt.

Pothmann, A. (2021). Die GlücksPyramide der Unternehmen: Glückliche Unternehmen durch glücklich-erfolgreiche Führung. In A. Fischer & C. Prizelius (Hrsg.), *Viele Wege führen zum Glück* (S. 87–97). Heidelberg: Springer.

5

Einstiegsphase – Jobglück schon vor der Einstellung vorbereiten

Nun haben Sie sämtliche Vorarbeit auf dem Weg zum Jobglück Ihres Mitarbeiters geleistet: Sie haben sich bewusst gemacht, wie wichtig die Zufriedenheit Ihres Mitarbeiters als Zielgröße für Ihre Führung ist. Gleichfalls konnten Sie vielleicht schon eine glücklich-erfolgreiche Führungs-Haltung entwickeln, die in Ihnen die Bereitschaft entstehen lässt, sich für die Zufriedenheit Ihrer Mitarbeiter wirklich einzusetzen. Es ist ihnen nun vielleicht noch mehr als vor dem Lesen dieses Buches ein Anliegen, eine vertrauensvolle Verbindung mit dem Mitarbeiter aufzubauen und mithilfe des Bildes von Fred eine Sensibilität für all seine Glücks- und Unglücksfaktoren zu entwickeln.

Mit dieser Bereitschaft und dieser Sensorik ist eine gute Grundlage geschaffen, nun die praktische Anwendung glücklich-erfolgreicher Führung kennenzulernen. Hierzu legen wir unser Augenmerk auf die Besonderheit glücklich-erfolgreicher Führung. Sie werden feststellen, dass vieles von dem, was Sie lesen werden, sich für Sie mittlerweile schon selbstverständlich anhört. Letztendlich dürfte es für Sie auch nicht mehr überraschend sein, dass eine glücklich-erfolgreiche Haltung, wie wir sehen konnten, intuitiv zu einem entsprechenden Führungs-Verhalten führt.

Deshalb erhalten Sie im Praxisteil (den Kap. 5 bis 8), auch kein Trainingsprogramm, sondern vielmehr Inspiration. Sie erhalten praktische Beispiele, Ideen, Tipps, bis hin zu konkreten Formulierungsvorschlägen und Argumentationsketten, die Sie für die Praxis gut gebrauchen können. Darüber hinaus erhalten Sie viele Anregungen für die Realisierung Ihrer neuen Führungs-Haltung in Form ganz konkreter Vorschläge für Ihr

Führungs-Verhalten. Mit diesen sind Sie nach der Lektüre dieses Buches für glücklich-erfolgreiche Führung gut vorbereitet und können damit loslegen.

Im Praxisteil ist der Fokus dabei ausschließlich auf die besonderen Aspekte glücklich-erfolgreicher Führung gerichtet. Die Verbesserung klassischer Führungs-Kompetenzen, wie beispielsweise Kommunikations-, Team- oder Zeitmanagement-Kompetenzen, um nur drei zu nennen, sind hier nicht Thema. Dafür gibt es genügend klassische Führungs-Ratgeber. Auch konzentrieren wir uns zunächst auf die Führung eines Mitarbeiters. Später heißt es dann, den Blick auf Ihr ganzes Team auszuweiten.

Ein Überblick über die Praxiskapitel
Zur besseren Orientierung über die Vielzahl an Handlungsideen, die Sie erhalten werden, hangeln wir uns durch die Lebensphasen eines Mitarbeiters in einem Unternehmen. Ich hatte sie Ihnen im Zusammenhang mit der Erfolgskurve eines Mitarbeiters im dritten Kapitel vorgestellt. In diesem fünften Kapitel, dem ersten Praxiskapitel, starten wir allerdings schon zeitlich früher, also vor dem Start der Erfolgskurve, die ja mit dem ersten Arbeitstag beginnt. Denn glücklich-erfolgreiche Führung sollte schon vor der Unterzeichnung des Arbeitsvertrages starten. Sie beginnt mit der Einstiegsphase. In dieser Phase wird der Mitarbeiter rekrutiert oder wie es heutzutage auch heißt, „im Rahmen des Invitingprogramms gewonnen". Zu dieser Phase zähle ich die Schritte bis zur Einstellung und alle Gespräche und Kontakte, die vor dem ersten Arbeitstag stattfinden, sowie die ersten Arbeitstage, das sogenannte Onboarding. Im sechsten Kapitel betrachten wir die Aufstiegsphase, also die Phase, in der die Erfolgskurve stark ansteigt. In dieser Zeit unterstützen Sie Ihren Mitarbeiter dabei, in seinen Job hineinzuwachsen und erfolgreich zu werden. Gleichfalls helfen Sie ihm, die Besonderheiten glücklich-erfolgreicher Zusammenarbeit näher kennenzulernen und gewinnen ihn dafür, mitzumachen und diese Werte zu leben. Welches Führungs-Verhalten günstig ist und welche Aspekte Sie während der Hochphase der Erfolgskurve Ihres Mitarbeiters auf dem Radar haben sollten, erfahren Sie im siebten Kapitel. Schließlich erfahren Sie im achten und letzten Praxiskapitel, in der Abstiegs- und Ausstiegsphase, was Sie im Rahmen glücklich-erfolgreicher Führung beachten sollten und tun können, wenn bei Ihrem Mitarbeiter das Jobglück endgültig ausbleibt und das Auseinandergehen unausweichlich ist.

Starten wir nun mit der Einstiegsphase. In dieser Zeit ist es Ihr Ziel als Führungskraft, Ihren zukünftigen Mitarbeiter möglichst schon vor seiner Einstellung für Ihre Art glücklich-erfolgreicher Zusammenarbeit zu faszinieren. Ihn in dieser Phase so für Ihre Welt zu begeistern, dass er schon

5 Einstiegsphase – Jobglück schon vor der Einstellung vorbereiten

vor seinem ersten Arbeitstag für Sie und seine neue Tätigkeit brennt, voll hinter dem besonderen Deal mit Ihnen steht und für eine gute Beziehung zu allen Beteiligten offen ist. Kurz gesagt: Es ist Ihr Ziel, ihn schon vor seinem ersten Arbeitstag für sein Jobglück vorzubereiten. Als Leser sollten Sie erkennen, durch welches Verhalten Sie dies erreichen können.

5.1 Vor dem Bewerbungsgespräch

Je größer ein Unternehmen ist, desto weniger haben Sie als Führungskraft in der Regel Einfluss auf das Recruiting. Auch wenn wir uns in den Praxiskapiteln auf Ihr Führungs-Verhalten konzentrieren wollen und Sie, bevor es zum Bewerbungsgespräch kommt, vielleicht noch gar keinen Kontakt zu Ihrem potenziellen neuen Mitarbeiter haben, möchte ich Ihnen dennoch ein paar Gedanken zu dieser Phase mitgeben: Natürlich ist es für Ihre Art der Führung günstig, wenn die Internetseite Ihres Unternehmens vor lauter guter Laune und gutem Betriebsklima nur so strahlt. Wunderbar wäre es, wenn die Botschaft in großen Lettern zu lesen ist: „Werde glücklich bei uns – wir sind es auch!" Einige Unternehmen haben für ihre Bewerber Tools entwickelt, mit denen sie prüfen können, ob sie zur (tollen) Kultur des Unternehmens passen. Auch dies ist ein Signal und ein Stück weit Beleg dafür, dass dieser Aspekt Ihrem Unternehmen wichtig ist.

Natürlich dürfen wir uns nichts vormachen. Im Rahmen der onlinebasierten Schritte des Einstellungsverfahrens generieren Sie bei Bewerbern damit höchstens Aufmerksamkeit, Interesse und Neugierde über das, was Sie an gutem Klima propagieren. Der Bewerber wird hier noch skeptisch sein und es als Sprüche einer Hochglanzbroschüre abspeichern. Mehr Glaubwürdigkeit erlangt man, wenn man bei Arbeitgeber-Bewertungsportalen wie beispielsweise bei kununu.de oder ähnlichen tatsächlich gute Bewertungen erhalten hat und (Ex-)Mitarbeiter vom Unternehmen begeistert berichten.

Sie dürfen sicher sein, dass der Mitarbeiter bei sämtlichen Schritten, die jetzt folgen, eine besondere Antenne ausfahren wird. Deshalb sollte all das, was vielleicht noch online basiert folgt, hinsichtlich Wording und Darstellung Ihre kulturellen Werte herausstellen.

In den Unternehmen, in denen eine Einstellung etwas weniger formal oder weniger online basiert läuft, kommt es früher zum persönlichen Kontakt. In diesem Fall sollten Sie es erreichen, dass der Bewerber sich vor dem ersten intensiveren Gespräch, dem Bewerbungsgespräch, tatsächlich übers Unternehmen informiert hat und Ihre begeisternde Internetseite studiert hat. Eigentlich sollte das für Bewerber eine Selbstverständlichkeit sein. Aber in einigen Branchen ist es das leider eben nicht. In Zeiten des Fachkräftemangels geht es in einigen Unternehmen sogar so weit, dass sie die Bewerbungshemmschwelle ganz niedrig setzen mussten, um überhaupt Bewerber dazu zu bewegen, sich zu melden. Sie können sich einfach ohne Unterlagen einzureichen per WhatsApp melden. Aber auch bei diesem stark verkürzten Vorgehen können Sie schon mit einer kurzen Antwort per WhatsApp Ihre Freude über die Bewerbung zum Ausdruck bringen und ihn motivieren, sich Ihre Homepage anzuschauen und sich über Ihr tolles Unternehmensklima in den sozialen Medien zu überzeugen.

5.2 Das Bewerbungsgespräch

In Abschn. 3.2 haben Sie schon einen Einblick in das Bewerbungsverfahren von glücklich-erfolgreichen Unternehmen erhalten. Wenn Sie darauf achten, ob der potenzielle Mitarbeiter beim Bericht über seine Eindrücke von Ihrer Internetseite strahlende Augen hat, achten Sie bitte möglichst auch auf Ihr eigenes Verhalten.

Meine Führungskräfte hatten bei Bewerbungsgesprächen als Erstes zu lernen, dass sie niemanden für etwas begeistern können, wenn sie selbst nicht dafür brennen. Auch Ihre Augen müssen strahlen, und mit diesem Eindruck gewinnen Sie Ihre Bewerber. Es kann ja sein, dass Sie nie ein Problem mit Ihrer Einstellung hatten, doch das Tagesgeschäft raubt auch dem energiegeladensten Menschen schnell die Strahlkraft. Im Arbeitsalltag kommt auch mal Hektik auf, und es entsteht Stress. Vollkommen gehetzt in ein Bewerbungsgespräch hineinzuspringen und es angespannt abzuarbeiten, geht am Ziel völlig vorbei. Bitte machen Sie sich bewusst, dass Botschaften viel mehr über das vermittelt werden, wie Sie es rüberbringen, als darüber, was Sie genau sagen. Sie können stundenlang von gutem Klima sprechen – aber gestresst und nur halb anwesend wird Ihre Message beim Bewerber nicht ankommen.

Nein, es muss ein Funke überspringen. Strahlende Augen müssen auf strahlende Augen treffen. Schon auf dieser Ebene entsteht eine Bindung in den ersten Sekunden und Minuten des ersten Gesprächs. Ihr gesamtes Verhalten steht im Analysefokus des Bewerbers. Jetzt haben Sie Gelegenheit, für all das Belege abzuliefern, was Ihr Unternehmen im Internet und in den sozialen Medien an Eindruck zu vermitteln versucht.

Schon jetzt arbeiten Sie an der Grundlage für die Beziehungsqualität, die Sie später, wenn Sie den Bewerber wirklich einstellen, auch erreichen wollen.

Aufgrund Ihrer Haltung dürfte das für Sie ein Leichtes sein. Und sollten Sie die Person nicht einstellen, haben Sie zumindest eine riesige Werbekampagne für sich und Ihr Unternehmen gestartet. Auch das spricht sich rum, und auch das inspiriert Menschen, sich bei Ihnen zu bewerben.

Natürlich nutzen Sie das Gespräch, um viel über das zu sprechen, wie bei Ihnen (zusammen-)gearbeitet wird. Sie besprechen explizit, was der Bewerber vielleicht schon von ihnen gehört oder an Eindruck gewinnen konnte. Sie berichten davon, wie Zusammenarbeit bei Ihnen funktioniert und wie wichtig Ihnen das Jobglück Ihrer Mitarbeiter ist. Und weil Ihnen das so wichtig ist, sprechen Sie auch über die beiden Aufgaben, die der Bewerber im nächsten Schritt des Bewerbungsverfahrens, beim Schnuppern, für sich selbst zu klären hat. Auch der Deal ist schon Thema. Alles, was für Ihre Zusammenarbeit in Zukunft wichtig ist, wird jetzt schon als Grundlage installiert. Damit wird schon jetzt das zukünftige Level der Zusammenarbeit definiert. Der potenzielle Neue erhält also lange, bevor er Mitarbeiter ist, ein klares Bild von dem, was ihn erwartet, und Sie können sehen, wie er darauf reagiert. Schnell zeigt sich in diesem Gespräch, ob ein Mensch darauf anspringt oder nicht. Und sie ahnen, es ist eine Freude mit den Menschen zusammenzuarbeiten, die schon im Bewerbungsgespräch mit jeder Faser Ihres Körpers Zustimmung zu dieser Art der Zusammenarbeit ausgestrahlt haben.

5.3 Schnuppern

Wie das Einstellungsverfahren auch immer in Ihrem Unternehmen gestaltet ist, wenn es Ihnen irgendwie möglich ist, lassen Sie Ihren Mitarbeiter in Ihrer Abteilung, Filiale oder Geschäftseinheit mal schnuppern. Egal ob eine Stunde, einen Tag oder eine Woche, es ist ein ziemlich preisgünstiger Schritt, der Ihnen und dem Bewerber große Sicherheit über die Entscheidung der Zusammenarbeit gibt und alle Beteiligten vor teuren und enttäuschenden Fehlentscheidungen bewahrt. In einigen Unternehmen wird die Entscheidung zum Schnuppern schon am Ende des Bewerbungsgesprächs getroffen. Dann ist ja alles besprochen, und es sind nur noch Ort, Termin und Dauer zu klären. Sollten Sie die Einladung zum Schnuppern erst zeitverzögert aussprechen, empfiehlt es sich, in diesem Gespräch oder in der Mail noch einmal zu wiederholen, wie wichtig ihnen das Jobglück Ihrer Mitarbeiter ist. Deshalb erinnern Sie ihn noch einmal an seine beiden Aufgaben während des Schnupperns und an das gemeinsame Ziel dieses

Termins. Natürlich sollte auch hier das Wording das vermitteln, was sonst ihre Augen, ihr Gesicht und ihre gesamte Haltung zum Ausdruck bringen.

Seine Mitarbeiter über das Kommen eines Bewerbers zu informieren und den Kollegen den Sinn des Termins zu erklären, hört sich vielleicht trivial an. Ich musste allerdings erleben, dass das nicht in jedem Unternehmen üblich ist. Manchmal wird es auch einfach nur vergessen, und dann taucht an einem Tag eine fremde Person auf, mit der niemand etwas anfangen kann. Peinlich. Das hat mit Kümmern und sich auf jemanden freuen, nichts zu tun. Wenn Sie also ein Bild entstehen lassen wollen, das Ihrer Einstellung entspricht, dann bleiben Sie achtsam für diesen Bewerbungsprozess.

Was Sie beim Schnuppern zu prüfen haben, hatte ich Ihnen schon im Abschn. 3.2 beschrieben. Gleichzeitig stehen jetzt Sie mit Ihren Mitarbeitern auf dem Prüfstand. Sich bewusst zu machen, dass Sie nun beäugt werden, ist eine andere Thematik. Authentisch zu sein ist die Devise. Und es reicht nicht, wenn Sie es sind, sondern gerade Ihre Mitarbeiter müssen es sein. Sie sind viel mehr ehrliche Orientierungsgröße für den Bewerber als Sie als potenzieller Vorgesetzter. Das Engagement bei der Arbeit und das Verhalten der Mitarbeiter untereinander sowie Ihnen gegenüber, insbesondere hinter Ihrem Rücken, geben dem Bewerber ein klares Bild. Hier erfährt er weitere Beweise für das, wofür Sie zu stehen scheinen.

Jetzt haben Sie die Gelegenheit, die Skepsis gegenüber Hochglanzprospekt-Formulierungen und sich fantastisch anhörenden Ankündigungen von Ihnen, über ein tolles Klima, zu bearbeiten. Durch den Schnuppertag kann beim Bewerber die Überzeugung wachsen, dass das, was Ihnen wichtig zu sein scheint, auch tatsächlich wichtig ist. Skepsis schwindet, und die Begeisterung wächst.

Geben Sie Ihren Leuten ein Vetorecht
Und noch ein Gedanke ist im Zusammenhang mit Schnuppern wichtig, er wird aber in Unternehmen ganz unterschiedlich gehandhabt: Jeder Mitarbeiter, der an diesem Tag dabei ist und den Bewerber erlebt, entwickelt auch einen Eindruck von ihm. Soll er dann mitentscheiden dürfen? Darf er den Neuen ablehnen? Erhält er von Ihnen ein Vetorecht?

Ja, natürlich! Und warum ist das so wichtig? Stellen Sie sich bitte mal vor, beim Schnuppern stellt sich heraus, dass einer Ihrer Mitarbeiter den Bewerber schon früher aus der Grundschule oder aus anderen Lebensphasen kennt und ihn schon immer grauenvoll fand. Dass es ihm bei der bloßen Vorstellung, mit ihm arbeiten zu müssen, die gute Laune verhagelt. Können Sie ihn dann einstellen? Nein, nicht wenn Sie nicht nur das Jobglück des Bewerbers, sondern auch das Ihres Mitarbeiters im Blick haben.

Natürlich ist es der Idealfall, wenn alle zukünftigen Kollegen sich von dem Neuen ein Bild machen können und sich für oder gegen ihn entscheiden können. In manchen Unternehmen lässt es sich organisatorisch so nicht abbilden, und in manchen haben Vorgesetzte und ihre Mitarbeiter vielleicht gar nicht die dazu notwendige Entscheidungsmacht. In jedem Fall ist es aber für alle Beteiligten grandios, wenn der Neue schon vor Einstellung von allen abgesegnet wurde und er dies auch erfährt. Der Mitarbeiter darf mitentscheiden, mitgestalten. Dies ist ein typischer Glücksfaktor. Gleichzeitig schwindet einer seiner Unglücksfaktoren, nämlich die Angst, dass man ihm irgendeinen „Idioten" als neuen Kollegen an seine Seite stellt. Ein echter Sorgenfaktor, den man als Führungskraft nicht unterschätzen sollte. Und umgekehrt erfährt der Neue schon vor Einstellung das gute und sichere Gefühl, von allen angenommen zu sein, und verliert seinerseits einen Unglücksfaktor, nämlich die Sorge, nicht mit den Kollegen zurechtzukommen oder nicht von ihnen angenommen zu werden. Mit diesem Gefühl wird der erste Arbeitstag, sollte er denn stattfinden, ein besserer sein, als wenn der Sorgenfaktor noch aktiv auf die Zufriedenheit hemmend einwirkt und erst später seine negative Kraft verliert.

Das Vetorecht ist ein typischer Aspekt glücklich-erfolgreicher Führung. Wenn Sie es so mit Ihren Mitarbeitern handhaben dürfen und können, sollten Sie es als Beleg für das anbringen, das Sie in den bisherigen Gesprächen an außergewöhnlicher Zusammenarbeit dem Bewerber gegenüber propagiert haben. Es ist ein Beweis dafür, dass Ihnen die Meinung Ihrer Mitarbeiter wichtig ist. Das gibt es nicht in jedem Unternehmen. Genauso sollten Sie es auch Ihren Mitarbeitern immer wieder mal aufzeigen. Dann vergessen diese nicht, es wertzuschätzen, was sie an Möglichkeiten zum Mitgestalten haben. Als Vorgesetzter richten Sie deren Aufmerksamkeit auf einen ihrer Glücksfaktoren, der erfüllt ist. Denn auch Ihre Mitarbeiter benötigen immer wieder Beweise für die besondere Art und die Vorteile dieser Zusammenarbeit. Auch Sie brauchen Belege dafür, dass Ihre Zusammenarbeit etwas Besonderes ist und Sie großen Nutzen dadurch haben.

> Halten Sie das Bewusstsein über die Besonderheiten und den Wert glücklich-erfolgreicher Zusammenarbeit aufrecht.

Von der Notwendigkeit, die glücklich-erfolgreiche Zusammenarbeit für alle besser sicht- und bewusst fühlbar zu machen, werden Sie in diesen Praxiskapiteln noch häufiger lesen. Es ist ein wichtiger Teil Ihres Führungs-Verhaltens.

5.4 Einführungskurs in glücklich-erfolgreiche Zusammenarbeit – Teil 1

In vielen Unternehmen geschieht nicht viel zwischen der Entscheidung im Anschluss ans Schnuppern, sofern dies überhaupt stattfindet, sowie dem ersten Arbeitstag. Es werden im Wesentlichen nur der Arbeitsvertrag geschlossen und einige organisatorische Absprachen getroffen.

Wenn die Vertragsparteien sich einig sind, ist es im Rahmen glücklich-erfolgreicher Führung aber sehr empfehlenswert, schon vor oder zumindest beim gemeinsamen Unterschreiben des Arbeitsvertrages, aber in jedem Fall vor dem ersten Arbeitstag, einen Schritt einzubauen: nämlich ein zusätzliches Gespräch zwischen Ihnen und Ihrem neuen Mitarbeiter, in dem Sie all das näher erläutern, was sich für den Bewerber zu Beginn vielleicht nur nach Werbesprüche angehört hat.

In diesem Gesprächstermin vermitteln Sie ihm den ersten Teil Ihres Einführungskurses in Ihre Art der Zusammenarbeit, was sie ausmacht, wie es zu so einem guten Klima kommt, was wer dazu beiträgt und an welchen Werten sich dabei alle orientieren. Mit diesem Gespräch starten Sie die nächste Zündstufe der Begeisterung. Gleichzeitig bauen Sie damit weiter die weit verbreitete Skepsis gegenüber glücklich-erfolgreicher Zusammenarbeit ab, von der ich Ihnen im Vorwort dieses Buches berichtet habe.

Der Einführungskurs Teil 1
Meines Erachtens ist dies einer der wichtigsten Schritte, um Ihren Mitarbeiter in Ihrer Abteilungs- oder Filialwelt einzuführen. Wir haben es immer als „Einweisung null" bezeichnet. „Null" bedeutet: vor allen anderen, meist inhaltlichen Einweisungen und vor dem Start. Diese Einweisung ist grundlegend für all das, was in den anderen Einweisungen und bei der Zusammenarbeit wesentlich ist. Hier wird essenzielles Verständnis geschaffen und das Level für die zukünftige Zusammenarbeit und Jobglück definiert. Und weil es so wichtig ist und Sie an dieser Stelle sehr konkrete und praxisnahe Beispiele erhalten sollen, berichte ich Ihnen, wie wir es gemacht haben. Dabei kann ich schon vorwegsagen, dass Sie es natürlich für Ihren Geschäfts- oder Verantwortungsbereich entsprechend adaptieren müssen.

Suchen Sie sich Ihre Beispiele und Ihre Geschichten heraus, an denen Sie, wie auch wir, unseren Neuen unsere Welt nähergebracht haben. Ja, Sie haben richtig gelesen. Wir haben es an Geschichten festgemacht. Storytelling war die Lösung. Möglichst fern von jeglicher Abstraktion und vollkommen authentisch, lebens-, praxis- und abteilungsnah. So konnten wir unsere Message transportieren und die Menschen für uns begeistern.

Vertrauen – eine abstrakte Größe, die zum Leben erweckt werden muss
Um zum Beispiel dem angehenden Mitarbeiter das Thema Vertrauen, das uns ja, wie Sie wissen, außerordentlich wichtig ist, nahezubringen, habe ich ihm zunächst den Unterschied zwischen der Druckwelt und einer Vertrauenswelt erklärt.[1] Die Druckwelt kannten die meisten Neuen schon aus Erfahrungen bei vorherigen Arbeitgebern. Dort hatten sie zu funktionieren. Dort kam meist der Dreiste besser durch als der ehrliche Fleißige. Auf meine Frage, was denn üblicherweise in ihren bisherigen Unternehmen passierte, wenn etwas kaputt ging, erhielt ich häufig dieselbe Antwort: „Dann war's keiner. Alle hatten Angst, einen drauf zu kriegen, und deshalb hatte niemand den Mut, sich selbst zu verraten."

Daraufhin erzählte ich im Kontrast dazu eine Geschichte aus meiner Vertrauenswelt, nämlich von Chris aus unserer Filiale in Recklinghausen: Sie rief mich eines Abends an und berichtete mir, dass sie einen Spiegel zerstört hätte. Ich bedankte mich daraufhin bei ihr. Das überraschte sie, und sie fragte mich irritiert, warum ich mich denn bei ihr bedanken würde. Ich erklärte ihr daraufhin, dass ich mich keinesfalls darüber freuen würde, dass etwas beschädigt wurde, sondern mich viel mehr über ihre Ehrlichkeit freue. Dass sie Ver-trauen zu mir hat und sich deshalb ge-traut hat, es zu offenbaren. Das sei großartig, wie ich ihr versicherte. Denn nun konnte ich sie fragen, was denn genau geschehen ist. Denn dann konnten wir gemeinsam eine Lösung für das Problem suchen.

Noch deutlicher wurde das mit dem Vertrauen an einem anderen Beispiel: Der Mitarbeiter sollte sich vorstellen, er wäre samstagmorgens alleine in seiner Filiale eingeteilt, um sie um 10:00 Uhr zu öffnen. Er wäre frühzeitig mit dem Bus losgefahren, aber dieser wäre auf halber Strecke wegen eines Motorschadens liegen geblieben. Ein Ersatzbus würde erst viel zu spät kommen. Auch mit einem Taxi oder anderen Hilfsmitteln würde er nicht

---

[1]Mehr zu den unterschiedlichen Arbeitswelten, inwieweit sie sich unterscheiden und was das für Konsequenzen für die Zusammenarbeit bedeuten, finden Sie in Pothmann (2019, S. 104–159) und Pothmann (2021, S. 90–94).

pünktlich den Laden öffnen können. Nun stellte ich ihm die Frage, wie er sich denn nun verhalten würde? Würde er A) in der Zentrale anrufen, um sich selbst zu beschuldigen, dass er sein Geschäft nicht pünktlich öffnet oder würde er B) nichts sagen, weil es an der zu späten Öffnung ja auch nichts ändern würde?

Nie hat ein Mitarbeiter Variante B gewählt. Kein Wunder. Ich habe es auch nicht erwartet, wollte ich doch auf einen anderen Aspekt hinaus. Und so fragte ich ihn, warum er sich denn melden würde, es würde doch nichts an der zu späten Öffnung ändern? Die meisten reagierten, in dem sie herausstellten, dass sich das doch so gehören würde.

Auch diese Reaktion überraschte mich nicht, sie gab mir aber die Möglichkeit, ihm einen weiteren Gedanken nahezubringen: Ich betone, dass in beiden Fällen der Schaden zunächst derselbe ist. Nur wenn wir weiterdenken, erkennen wir im Geheimhaltungsfall noch einen zweiten, viel größeren Schaden als den potenziellen Umsatzverlust durch die verspätete Geschäftseröffnung. Denn wenn es rauskommt, und es kommt immer irgendwie heraus, dann stellen wir uns die Frage, was der Mitarbeiter noch alles nicht macht und es uns nicht sagt. Und dann können wir das Vertrauen zu ihm schon abhaken.

Denn Vertrauen ist wie ein kleines, sensibles Blümchen. Hat man einmal draufgetrampelt, ist es zerstört. Man kann danach gießen, wie man will, es richtet sich nicht wieder auf. Und dann können wir an unsere gemeinsame Arbeit auch einen Haken machen. In unserer Welt ist das der Totalschaden für die Zusammenarbeit. Und das sollte uns allen klar sein. Vertrauen hängt bei uns viel höher, als in so manchem anderen Unternehmen und in jedem Fall höher als in Unternehmen der Druckwelt, in denen der Ehrliche häufig für seine Ehrlichkeit bestraft wird, bis er damit aufhört, ehrlich zu sein.

> Ihre Botschaft ist: In einer Vertrauenswelt hat das gegenseitige Vertrauen existenzielle Bedeutung.

Ein reines Gewissen propagieren

Um einen anderen Aspekt, der uns im Zusammenhang mit glücklich-erfolgreicher Arbeit wichtig war, zu erläutern, erzählten wir noch eine dritte Geschichte: In unseren Filialen war es selbstverständlich, dass die Mitarbeiter abends den Laden so verlassen, dass er für den folgenden Tag gut aussieht und vorbereitet ist. Der neue Mitarbeiter sollte sich nun vorstellen, dass er morgens ins Geschäft kommt und Chaos vorfindet. Ich fragte dann, wie er sich dann fühlen würde, und er erwiderte natürlich reflexartig: „Schlecht." Die Geschichte ging noch weiter, und ich fragte ihn, was denn wäre, wenn er am Folgetag wieder morgens den Laden im Chaos vorfinden würde und dieselbe Person am Vortag in der Spätschicht war. Wie würde er sich denn nun fühlen? Und wieder erwiderten fast alle bei dieser Frage, dass sie sich schlecht fühlen würden, dass das ungerecht wäre und sie irgendwann auf den Kollegen sauer wären.

„Zu Recht", bestätige ich und betonte, dass er ja auch nun die doppelte Arbeit von dem leisten müsste, was geplant war. Und dann fragte ich ihn, warum denn der Kollege das an den beiden Vortagen so machen konnte? Eigentlich war es eine triviale Frage aber die meisten waren dennoch erst mal etwas sprachlos. Viele von ihnen kannten nämlich dieses Phänomen. Sie hatten sich teilweise schon über Jahre in anderen Arbeitsstellen über so ein unkollegiales Verhalten geärgert. Dort kamen Einige damit durch, und die anderen waren die Gehörnten.

Ich erläuterte dann, dass der Kollege am Vortag nicht nur seine Arbeit nicht gemacht hat und sie ihm damit aufgehalst hat, sondern er hat auch keinerlei Signal gesendet, dass es ihm leidtut und dies nicht noch einmal vorkommen wird. Ihm war es offensichtlich nicht nur vollkommen egal, dass der neue Mitarbeiter nun seine Arbeit machen musste, sondern auch noch egal, wie dieser sich dabei fühlt. Ihm war der Ärger über die Situation vollkommen egal. Offensichtlich hatte er sein Gewissen ausgestellt. Wenn das Gewissen aktiv gewesen wäre, hätte er das Geschäft niemals so verlassen. Denn dann wäre ihm der Gedanke hochgepoppt, dass er das seinem Kollegen nicht antun kann, dass das nicht in Ordnung ist. So möchte er ja auch nicht morgens ins Messer laufen. So etwas kann er doch nicht bringen! Und wenn doch, dann muss er erstens seinen Kollegen vorwarnen, sich zweitens bei ihm entschuldigen und drittens muss dieser sich darauf verlassen können, dass ihm das nicht noch einmal geschieht.

Die Botschaft dieser Geschichte, die Sie als Führungskraft vermitteln wollen, ist einfach: Stellt euer Gewissen an. Haut euch nicht gegenseitig in die Pfanne und zerstört die Laune des anderen und dadurch die Beziehung zu ihm. Geht achtsam und respektvoll miteinander um. Dann bleibt auch eure Zufriedenheit bestehen. Als zukünftiger Vorgesetzter senden Sie schon jetzt an Ihren potenziellen neuen Mitarbeiter eine klare Botschaft, die sein zukünftiges Verhalten beeinflussen soll:

> Denk darüber nach, was dein Verhalten aber auch dein Unterlassen für den anderen bedeutet.

Abschließend ergänzte ich, dass wenn der Mitarbeiter in Zukunft mit den Kollegen seiner Filiale in einem harmonischen Klima arbeiten möchte, dann müsste er es so machen, wie es alle Mitarbeiter im Rahmen der Einarbeitung gelernt haben. Alle müssten mit angeschaltetem Gewissen arbeiten. Ich machte deutlich: Dann behält jeder die Freude an dem, was er gerne macht. So einfach ist unsere Welt. Es müssen eben nur alle mitmachen.

Um die Besonderheit unserer Zusammenarbeit noch einmal herauszustellen, erhielt der Bewerber noch einen weiteren wichtigen Gedanken vermittelt: Wenn so zu denken und zusammenzuarbeiten üblich wäre, wenn er dies als Selbstverständnis schon überall erlebt hätte und es auch von Freunden und Bekannten so hören würde, dann müssten wir diese Aspekte nicht besprechen. Leider ist es aber ganz im Gegenteil. Von vielen unserer Bewerber hörten wir, dass wir mit unserer Art der Zusammenarbeit Exoten sind. Sich das zwar alles ziemlich genial anhört, aber gleichzeitig kaum vorstellbar ist.

Deshalb mussten wir unseren Neuen in unsere außergewöhnliche Welt einführen. Wir mussten ihm seine Brille putzen, durch die er Arbeit bisher betrachtet hat. Wir mussten die Skepsis gegenüber seinem eigenen Jobglück und glücklich-erfolgreicher Zusammenarbeit, die leider sehr verbreiteten ist, abbauen. Sie spannte sich bildlich gesprochen wie ein Grauschleier über seine Brillengläser. Sie mussten wir mit diesem Einführungskurs zuerst abwischen. Damit der Bewerber hinsichtlich unserer Zusammenarbeit das Besondere, das für viele zunächst wenig Vorstellbare, sehen konnte, schraubten wir ihm dann eine Lupe auf seine Gläser. Erst dann erkannte er, wie außergewöhnlich und wie wertvoll diese Art des Umgangs für alle Beteiligten ist.

Können Sie es nun auch sehen? Verlieren Sie Ihre Skepsis, und es wächst in Ihnen die Begeisterung für eine glücklich-erfolgreiche Zusammenarbeit?

Einweisung – Das Können liegt im Wollen, und sprechen ist echt wichtig

Auf meine Frage, ob sie sich im Team von Anfang an als gleichwertiges Mitglied fühlen würden, stutzten einige Bewerber. Zu Recht, denn die meisten stolperten darüber, dass sie in dem Moment nicht einschätzen konnten, ob ich gleichberechtigt oder menschlich beziehungsweise arbeitstechnisch gleichwertig meinte. Ich erklärte dem Bewerber daraufhin, dass wir menschlich natürlich alle gleichwertig sind, aber er fachlich noch nicht alles weiß und kann – und dass deshalb beim Neuen immer ein unsicheres Gefühl entsteht. Unsicherheit ist schlecht für die Zufriedenheit. Es ist ein Unglücksfaktor. Insofern waren wir hoch motiviert, dem Mitarbeiter dabei zu helfen, diese Unsicherheit schnellstmöglich loszuwerden. Deshalb haben wir als Unternehmen ein standardisiertes Einarbeitungsprogramm entwickelt. Dabei wurde dem Mitarbeiter systematisch in mehreren Wiederholungsrunden all das beigebracht, was er an speziellem Know-how für seine Tätigkeit benötigt. Er lernte alles, was seine Kollegen auch gelernt haben, sodass alle es gleich machen konnten. Sodass sich jeder darauf verlassen konnte, dass der andere es genauso macht.

Gleichwertig bedeutet in diesem Zusammenhang, dass der Mitarbeiter alles kann, was die anderen können, es ihm routiniert leichtfällt und er keinen anderen mehr als Backup benötigt. Das gibt ihm schnell das Gefühl der Sicherheit, und dieser Glücksfaktor steigert wiederum seine Zufriedenheit.

Mit dieser fachlichen Einweisung erreichen wir noch einen weiteren Effekt: Wenn alle diese Einarbeitungsrunden durchlaufen sind und es dann jemand nicht wie besprochen macht, dann liegt es nicht an seinem Können, sondern am Wollen oder an von außen einwirkenden Faktoren. Hierfür haben wir eine einfache und glasklare Regel: Wir machen es wie besprochen. Das ist Plan A. Wenn sich herausstellt, dass es nicht wie geplant geht, kommt Plan B: so frühzeitig wie möglich Bescheid sagen, dass Plan A nicht greift, damit der Rest der Zeit reicht, einen Plan B zu entwickeln. Einen Plan C wie etwa nichts zu sagen, das Problem zu verschleppen, zu verschleiern oder es einfach irgendwie zu machen, gibt es nicht: nur A oder B. So gesehen ist unsere Welt klar, transparent und einfach. Wir müssen uns nur fragen, ob sich etwas von außen verändert hat, dass die Aufgabe nicht mehr so erfüllt werden kann. Wenn dies nicht der Grund ist, sprechen wir über sein Wollen. Und dann sind wir wieder bei seiner Zufriedenheit mit seiner Tätigkeit und bei seiner Arbeit, die er ja in Zukunft besonders im Blick haben soll. Sein Jobglück ist uns wichtig, ihm hoffentlich auch, soll die Botschaft sein. Also, wenn irgendetwas quer läuft, soll er es ansprechen, bevor sein Wollen verloren geht.

Zwei weitere Herausforderungen in diesem Einführungskurs
Das, was die meisten Bewerber von ihren Unternehmen berichteten, machte mich manchmal sprachlos. Es gab einfach unheimlich viele Unternehmen, die noch tief in der Druck-, Macht- und Funktionieren-Welt verhaftet waren. Und mit diesen Erfahrungen kamen die Bewerber nun zu uns. Mit ihren Erlebnissen, wie Führungskräfte mitunter täglich auf ihren Nerven herumgetrampelt sind und, ob unbewusst oder mit Kalkül, ihre Zufriedenheit zerstört haben. Natürlich waren die Bewerber mehrheitlich der Auffassung, dass die Vorgesetzten und ihre Kollegen an ihrer Unzufriedenheit

schuld waren. Und so hatten wir noch zwei weitere Aufgaben im Rahmen unserer Einweisung null zu bearbeiten: Zum einen mussten wir dem Bewerber helfen zu erkennen, dass seine bisherigen Erfahrungen in einer eher auf Druck, Macht und Sanktionen basierenden Führungswelt entstanden sind, wir uns aber in einer auf Vertrauen basierenden Welt bewegen. Zum anderen mussten wir ihn für den Gedanken gewinnen, dass nicht ausschließlich die Kollegen und Führungskräfte an seiner Unzufriedenheit schuld sind, sondern dass uns sein Jobglück zwar wichtig ist, aber sowohl wir, als auch er selbst darauf großen Einfluss haben. Sein Jobglück sollte unser beider Interesse sein, zu dem wir einen Beitrag leisten wollen. Aber auch er trage Verantwortung dafür und hätte einen Beitrag zu leisten. Im Folgenden beschreibe ich Ihnen, wie wir diese beiden Aspekte unseren Neuen vermittelt haben:

Der Vergleich der Führungswelten macht den Wert glücklich-erfolgreicher Zusammenarbeit deutlich
Um dem neuen Mitarbeiter aufzuzeigen, wie diametral die Arten der Zusammenarbeit bei seinen alten Arbeitgebern und in unserem Unternehmen entgegengesetzt sind, mussten wir nur die Unglücksfaktoren, von denen uns der Bewerber aus seinem bisherigen Unternehmen berichtete, aufgreifen. An ihnen zeigten wir, wie sich diese Aspekte in einer Vertrauenswelt, wie der unseren, darstellen und welche Vorteile daraus für ihn entstehen.

Nachdem klar war, wie sehr die Bewerber in ihren alten Stellen etwa unter dem Machtgehabe ihrer Vorgesetzten gelitten hatten, erzählte ich ihnen etwas von Fürsorge, meinem Anliegen, eine gute Beziehung zum Mitarbeiter aufzubauen, mit ihm in Verbindung zu kommen, sodass wir beide ein gutes Gefühl dabei haben. Die Bewerber ärgerten sich über willkürliches Führungs-Verhalten, fehlende Transparenz, Ungleichbehandlungen und Ungerechtigkeiten. Und bei uns hörten sie etwas von Transparenz, Klarheit, Wertschätzung, wohlwollender Fürsorge und Schutz durch den Vorgesetzten. Dann regten sie sich darüber auf, dass in anderen Unternehmen keiner keinem vertraute, man sich gegenseitig nicht die Butter auf dem Brot gönnte, jeder jeden verriet und Führungskräfte dies nutzten, um wiederum Druck auszuüben.

Mit unserer Haltung, erklärte ich den Bewerbern, ist Petzen etwas ganz anderes. Wir verstanden darin vielmehr einen Hilferuf. Denn wenn etwa zwei Mitarbeiter nicht mehr miteinander klarkommen und durch Petzen diesen Krieg austragen, dann hat es der sich beim Vorgesetzten Beklagende offensichtlich nicht geschafft, das Beziehungsproblem mit seinem Kollegen selbst zu lösen. Dann wurde klar, dass er hilflos ist und Unterstützung benötigt, um wieder die Beziehung herzustellen und seinen Unglücksfaktor „Ärger mit dem Kollegen" loszuwerden. Uns stellte sich dann nicht die Schuldfrage, sondern die Frage, wie man die beiden wieder zusammenbringt, sodass ein harmonisches Zusammenarbeiten wieder möglich wird.

Und so brachten wir noch eine Vielzahl an weiteren Beispielen, an denen jeder Bewerber eindrucksvoll erkennen konnte, dass das, wie es bei uns abging, offensichtlich vollständig anders und für ihn viel besser sein muss, als er es bisher in anderen Unternehmen erlebt hatte.

Den Bewerber für sein eigenes Jobglück begeistern – nicht immer eine leichte Aufgabe
Genauso wie einige Führungskräfte sich nicht vorstellen können, dass sie mit zufriedenen Mitarbeitern selbst glücklicher und erfolgreicher werden können, glauben einige Menschen immer noch, dass ihre Zufriedenheit ausschließlich von dem Verhalten anderer abhängt und diese schuld an ihrer Unzufriedenheit sind. Sie sehen sich schnell in der Rolle des Opfers und sind nicht davon überzeugt, auf ihre eigene Zufriedenheit selbst Einfluss zu haben. Diese Haltung ist problematisch für ein friedvolles und engagiertes Zusammenarbeiten. Denn dann tendieren sie eher zu Schuldzuweisungen, als dass sie sich die Frage stellen, welchen Anteil sie selbst an einer unbefriedigenden Situation haben.

Um zu vermeiden, dass wir einen Bewerber einstellen, der schon deshalb seine Zufriedenheit nicht erreicht, weil er davon überzeugt ist, dass das mit seinem Jobglück sowieso nicht funktionieren kann oder dass für seine Unzufriedenheit immer nur andere verantwortlich sind, hatten wir diesbezüglich unsere Antennen schon ab dem ersten persönlichen Kontakt auf besondere Empfangsstärke gestellt. Nun gaben wir ihm in dieser Phase des Einstellungsverfahrens zudem eine kleine Einführung in das Thema Jobglück. An seiner Reaktion darauf konnten wir viel ablesen, insbesondere, ob wir ihn dahin gehend richtig eingeschätzt hatten, dass er von seiner Haltung zu seinem eignen Jobglück zu uns passt.

Den Kurs kann man wie folgt kurz zusammenfassen: Im ersten Schritt haben wir dem Bewerber noch einmal verdeutlicht, wie wichtig uns sein Jobglück ist, und im zweiten Schritt wurde er mit der Tatsache konfrontiert, dass wir ihn aber nicht glücklich machen können.

Einige Bewerber nickten verständnisvoll. Für die war das keine wirklich neue Erkenntnis. Für diese konnten wir den Kurs direkt abbrechen. Es blieb bei einer Randnotiz, die nicht weiter ausgeführt werden musste. Für andere wiederum war es eine echte Überraschung. Sie vermuteten an dieser Stelle die Offenbarung einer riesigen Mogelpackung. Diese Gruppe der Bewerber mussten wir hingegen noch näher prüfen, wie es um ihre Haltung genau bestimmt ist.

Und so erklärten wir, dass das Jobglück der Mitarbeiter uns ein Anliegen ist, aber dass wir alle einen Einfluss, sowohl negativ als auch positiv, auf die eigene Zufriedenheit haben. Eine Führungskraft kann nur die Rahmenbedingungen definieren und Menschen finden, die diese Werte teilen, die ihrer Tätigkeit gerne nachgehen und die Art der Zusammenarbeit genauso schätzen wie wir. Aber glücklich machen können wir ihn nicht. Denn wenn er zum Beispiel davon überzeugt ist, dass seine Zufriedenheit bei der Arbeit sowieso nicht möglich ist, werden wir ihn auch nicht in einen zufriedenen Zustand versetzen können. Denn niemand wird glücklicher, als er sich selbst vorstellen kann. Wenn jemand von der eignen Unzufriedenheit bei der Arbeit überzeugt war, dann konnte das mit seinem Jobglück auch bei uns nichts werden. Da konnten wir uns anstrengen, wie wir wollten.

Während dieser Erläuterung konnte man bei den Bewerbern unterschiedliche Reaktionen wahrnehmen. Es gab die einen, bei denen man ein wachsendes Interesse ablesen konnte, und die anderen, die emotionsfrei die Erläuterungen zur Kenntnis nahmen. Für uns interessant waren natürlich nur die erstgenannte, neugierige Gruppe von Bewerbern. Die konnten wir dafür gewinnen, zukünftig einen eigenen Beitrag zu ihrem Jobglück zu leisten. Ihnen erläutere ich, wie wichtig für ihr Jobglück ihre eigene Haltung ist und wie viel Einfluss jeder selbst darauf hat. Dass sie sogar ihre eigene Jobglücks-Kompetenz[2] verbessern können und dass es eine geniale Investition in ihr eigenes Leben ist, diese auszubauen. Schon aus egoistischen Gründen sollte jeder Berufstätige seine eigene Jobglücks-Kompetenz erhöhen wollen. Denn der größte Gewinner in diesem Kursus wäre er selbst.

Wir haben erlebt, wie für diese Bewerber dieser Gedanke sich zwar noch ungewohnt anfühlte, wie er aber auf sie wirkte. Wir konnten sie für ihr Jobglück begeistern und deshalb mit gutem Gefühl einstellen – die Bewerber der anderen Gruppe nicht.

> Stellen Sie nur Mitarbeitende ein, die ihr eigenes Jobglück für möglich halten.

---

[2]Mehr zur Jobglücks-Kompetenz in Pothmann (2019, S. 60–65). Warum und wie man Glück auch als eine Kompetenz ansehen kann, beschreibt auch Tho (2018, S. 61, 96 und 165).

Mit diesem Gedanken drücken Sie den Turboschalter für das zukünftige Jobglück Ihres Bewerbers. Nun wird er mit in die Verantwortung genommen, die andere wiederum ablehnen und für ihren Frust lieber Schuldige suchen und in der Führungskraft häufig finden. Dieser neue Mitarbeiter wird in Zukunft einen Blick dafür haben, ob seine Tätigkeit noch zu ihm passt oder wodurch er seine Zufriedenheit verliert. Er kann dies besser und früher erkennen als der Vorgesetzte, der es meist erst zeitverzögert an den schlechten Leistungen oder an der dauerhaft schlechteren Laune seines Mitarbeiters ablesen kann. Ihn dazu zu bewegen, diese Verantwortung zu übernehmen und ihn darin zu bestärken, selbst einen Beitrag zu seinem Jobglück zu leisten, ist ein großer Gewinn für ihre zukünftige gemeinsame Arbeit. Sie werden in der Hochphase, die im siebten Kapitel beschrieben wird, sehen, wie wichtig es ist, diesen Gedanken schon jetzt zu installieren.

Sie begeistern Ihren Mitarbeiter für eine hohe Messlatte
Sie ahnen, dass dieser Einführungskurs nicht in einer Viertelstunde zu absolvieren ist, oder? Nein, ein Stündchen sollten Sie sich dafür schon einplanen. Immerhin haben Sie sich für diesen Bewerber entschieden und wollen mit Ihm nun ein stabiles Fundament für ihre Zusammenarbeit schaffen. Und dies ist nun gegossen. Es ist ein Bild, eine Vision von der zukünftigen (Zusammen-)Arbeit. Wenn Menschen sich für so eine Vision begeistern lassen, dann wird tatsächlich Dopamin produziert. Wir kennen es als Glückshormon. Welch ein im wahrsten Sinne des Wortes glücklicher Prozess (vgl. Horx 2020, S. 142–143).

Sicherlich hat Ihr neuer Mitarbeiter bei diesem Treffen den Geist Ihrer Abteilung einatmen können. So ein Abteilungs-, Filial- oder noch viel besser, einen Unternehmensgeist vereinigt Menschen und lässt sie in dieselbe Richtung denken und handeln. So entstehen erfolgreiche Ruderachter. Letztendlich haben Sie schon jetzt das Niveau für all das definiert, was ab dem ersten Arbeitstag an Qualität, Motivation und Zufriedenheit wichtig ist.

Nehmen wir das Beispiel mit der morgendlichen Geschäftsöffnung. Dass Ihre Mitarbeiter das Geschäft morgens im Chaos vorfinden werden, ist nach diesem Einführungskurs eher unwahrscheinlich. Und wenn, würde es von dem Mitarbeiter sofort einen Alarm geben, und die Problematik, die diesem Phänomen zugrunde liegt, würde bearbeitet werden.

In einem Unternehmen ohne diese Einführung in die Unternehmenskultur würde ein Mitarbeiter dieses Phänomen vielleicht zunächst als Ärgernis abstempeln. Es würde sich wiederholen, die Kollegen würden sich weiter ärgern und irgendwann entscheiden, es auch so zu handhaben. Irgendwann würde es in der Filiale zur Regel ausarten, und noch später würde die Führungskraft über diesen schlechten Standard stolpern. Diese würde sich darüber empören, was ihre Leute alles nicht machen und was nicht so funktioniert, wie sie es erwartet. Dann müsste sie anfangen, mühselig diese Gesamtproblematik, die sich mittlerweile auch auf andere Aufgabenbereiche ausgeweitet hat, zu bearbeiten. Was für ein Aufwand!

Aber so ist das, wenn eine Führungskraft ohne die vorherige Definition und Faszination für ein gemeinsames Verständnis von Zusammenarbeit, ihre Mitarbeiter irgendwie mit- oder gegeneinander arbeiten lässt. Sie wundert sich, dass es nicht so funktioniert, wie sie es sich wünscht. Mit diesem Einführungskurs installieren Sie im Kopf Ihres neuen Mitstreiters das hohe Level an Vertrauen, Zuverlässigkeit, Gewissenhaftigkeit und Leistungsbereitschaft, das Ihnen im Alltag Ihre Führungs-Arbeit erleichtert. Schon deshalb werden Sie weniger Führungs-Probleme haben, weniger Zeit damit verlieren, welche zu lösen und sich mehr über engagierte und zuverlässige Mitarbeit freuen können.

Der mentale Zustand des Mitarbeiters
Wie ist nun der mentale Zustand des neuen Mitarbeiters nach diesem Gespräch? Wie hoch ist die Wahrscheinlichkeit, dass er noch viel mehr Teil dieser Gemeinschaft sein möchte als vor dem Einführungskurs? Viele sind begeistert über das, was sie da hören, und sind froh, so einen Vorgesetzten zu bekommen. Natürlich wird der Mitarbeiter dazugehören wollen, deshalb auch schnell fit sein wollen, um gleichwertig zu werden. Er wird sich mehr einbringen wollen, als wenn er einfach nur bei einem neuen Arbeitgeber mit einer neuen Tätigkeit beginnt. Durch dieses Treffen machen Sie aus einem zuvor noch skeptischen Bewerber vielleicht einen Fan von Ihnen und Ihrer Abteilung. Und wenn Sie ihn jetzt fragen, ob er immer noch bei Ihnen anfangen möchte, was glauben Sie, wird er sagen? Er wird mit noch viel größerer Überzeugung Ja sagen, als er es schon vor dem Einführungskurs gemacht hätte. Jetzt erst ist der perfekte Zeitpunkt, den Vertrag gemeinsam zu unterschreiben.

Und nun stellen Sie sich bitte vor, Sie überreichen ihm auch noch zum Abschluss der Einführung ein Geschenk wie ein Buch mit dem Titel

"Jobglück".[3] Ein Geschenk! Um ihm zu zeigen, dass Ihnen sein Jobglück wirklich wichtig ist. Noch ein echter Glücksfaktor.

Wenn wir jetzt in Freds Bauch mal genauer hineinschauen, was stellen wir dann fest? Er hat in dieser Stunde reihenweise Glücksfaktoren wie Sicherheit, Zugehörigkeit, Identifikation und noch viele mehr von Ihnen erhalten. Erkenntnisse sind gereift, Klarheit und Transparenz sind entstanden. Gleichzeitig haben Sie ihn um so manchen Unglücksfaktor erleichtert. Lebensnahe, konkrete, authentische Bespielgeschichten haben den Eindruck entstehen lassen, dass Sie das mit seinem Jobglück wirklich ernst meinen – und das entsprechende Gefühl der Unsicherheit ist weiter abgebaut.

Welche Entscheidung trifft der Bauch jetzt, wenn es um seine Zufriedenheit geht? Welche Überzeugung festigt sich im Gehirn? Was erzählt der Mitarbeiter nach dem Gespräch überall herum? Welche Wirklichkeit erwartet er am ersten Tag? Was wird er ab dem ersten Tag mehr wahrnehmen? Da entsteht mehr als nur Vorfreude, vielleicht sogar eine Priese Faszination. Da ist Begeisterung wahrscheinlich. Und die Begeisterung ist nun mal der mentale Zustand, der ab dem Start schon eine höhere Geschwindigkeit ermöglicht.

Ich kann Ihnen zusichern, dass diese Begeisterung sich sogar noch verstärkt. Denn all die Gedanken, die auf den Mitarbeiter im Rahmen dieses Gesprächs einwirken, wirken weiter. Sie wirken nach. Sie lassen Überzeugung reifen. Eine, die dem Bewerber vielleicht zuvor nicht vorstellbar war. Eine Überzeugung, dass Jobglück in Ihrer Abteilung und durch Sie als Vorgesetzten möglich ist. Dieser Reifeprozess ist wichtig, und deshalb kann ich Ihnen nur dringend empfehlen, dieses Gespräch nicht am ersten Arbeitstag zu halten. Dann wäre es nur eine nette Veranstaltung, die typischerweise im Rahmen des Onboardings stattfindet. Sie wird lange nicht so wirkungsvoll sein, als wenn Sie mit ihm vor Vertragsunterzeichnung sprechen.

Eine gute Investition
Wie das Einstellungsverfahren in Ihrem Unternehmen auch immer strukturiert ist, wenn Sie die Möglichkeit haben, das Gespräch deutlich vor dem ersten Arbeitstag zu halten, nutzen Sie bitte diese Gelegenheit. Es ist ein besonders wirkungsvolles Führungselement und das beste Investment

---

[3]Der Ratgeber „Jobglück – wie du den Montag lieben lernst" (Pothmann 2019) richtet sich an alle Beschäftigten, die ihr Jobglück finden wollen, aber auch an alle Führungskräfte, die verstehen wollen, wie sie selbst und ihre Mitarbeitenden bei der Arbeit glücklich werden können. Er ist so konzipiert, dass es einen Beschäftigten für sein eigenes Jobglück begeistert und ihn unterstützt zu erkennen, wie viel Einfluss er selbst auf seine eigene Zufriedenheit hat. Das Buch dient als Grundausbildung für Mitarbeiter für glücklich-erfolgreiche Zusammenarbeit.

in die Leistungsbereitschaft und das Jobglück Ihres neuen Mitarbeiters. Deshalb habe ich diesem Schritt in diesem Buch so viel Raum geben. Sie sollen möglichst viele Eindrücke darüber erhalten, was so einen Einführungskurs ausmacht, wie Sie argumentieren können, welche Aspekte wichtig sind und vor allem welche immense Wirkungskraft dieser Schritt auf Ihren zukünftigen Mitarbeiter haben kann. Sie können auch Teile dieses Einführungskurses in Ihrem Einstellungsverfahren durch onlinebasierte Formate schon vor diesem Gespräch abbilden. Webbinare oder YouTube-Videos könnten dies leisten, in denen Mitarbeiter glaubhaft und mit strahlenden Augen einige Inhalte vermitteln. Aber ein Gespräch mit Ihnen ersetzen können sie nicht.

Letztendlich, wenn wir es rein betriebswirtschaftlich sehen, haben Sie, wenn Sie so eine Einführung mal konzipiert haben, nur eine Stunde eingesetzt, die sich garantiert in kürzester Zeit wieder auszahlen wird. Diese Stunde reduziert sicherlich die Anzahl der Probleme, um die Sie sich sonst in Zukunft kümmern müssten, sie spart Ihnen viel Zeit und ermöglicht Ihnen sicherlich schon ab dem ersten Tag größeren Erfolg. Apropos Erfolg. Würde dieses Gespräch eine Führungskraft halten, deren Auffassung es ist, dass ihr Mitarbeiter zu funktionieren hat? Nein, sicherlich nicht. Sie wird aber auch nicht erahnen können, wie viel Potenzial dieses Gespräch bezüglich Leistungsbereitschaft, Bindungsqualität und Zufriedenheit der Beteiligten freisetzen kann und wie viele Vorteile sie selbst dadurch haben wird.

Wenn Sie übrigens Ihrem Mitarbeiter das besagte Buch schenken, lesen Sie es bitte auch selbst. Nicht nur, damit Sie wissen, was er dann weiß, sondern vielmehr damit auch Sie Ihre Potenziale hinsichtlich Ihrer eigenen Zufriedenheit im Job lernen auszuschöpfen. Ja, Sie haben viel mehr Einfluss auf Ihr Jobglück, als die meisten Menschen glauben. Und wenn Sie Ihr Team glücklich-erfolgreich führen, sind Sie schon mit Ihrer Zufriedenheit auf der Überholspur. Aber den Turbo zu Ihrem eigenen Jobglück starten sie erst, wenn Sie auch noch die Möglichkeiten nutzen, die unabhängig von Ihren Mitarbeitern und dem Umgang mit Ihnen bestehen. Deshalb möchte ich es Ihnen ans Herz legen.

5.5 Vor dem ersten Arbeitstag

Die Vertrauenswelt ist im Kopf des Mitarbeiters nun gedanklich installiert. Einige Neue sind vielleicht noch etwas skeptisch. Deshalb bedarf es weiterer Beweise. Und diese bringen Sie am besten noch vor dem ersten Arbeitstag.

Sie versorgen ihn mit Glücksfaktoren und bauen einige Unglücksfaktoren ab. Wie? Indem Sie Kontakt mit ihm halten. Ein Anruf oder eine Mail von Ihnen oder einer anderen dafür zuständigen Person.

So erhalten beispielsweise alle neuen Mitarbeiter eines Dienstleistungsunternehmens vier Wochen vor dem Antritt eine Mail mit folgenden Inhalten: Sie schreiben, dass es ja bald so weit ist und dass sich alle auf ihn freuen. Dann erhält er noch ein paar allgemeine organisatorische Infos. Darüber hinaus bitten sie ihn, ein kleines Formular, einen liebevoll gestalteten Steckbrief über sich auszufüllen. Dieser würde dann im Intranet des Unternehmens in der Rubrik „neue Mitarbeiter" gespeichert. Dann könnten sich alle seine Kollegen schon mal ein Bild von ihm machen. Gleichzeitig erhält auch er einen Zugangscode und kann sich die Steckbriefe seiner Kollegen anschauen. In manchen Unternehmen erhalten die Neuen vor ihrem ersten Arbeitstag ein kleines Erklärvideo über das Onboarding. Manche Teams laden ihn schon in die Abteilungs- oder Funktions-WhatsApp-Gruppe ein oder die unmittelbar mit ihm zusammenarbeitenden Kollegen nehmen schon einmal Kontakt zu ihm auf.

Das alles ist nichts Weltbewegendes, aber es zeigt, dass es hier nicht nur um Arbeit geht, sondern um Menschen, die miteinander umgehen wollen und dies mit möglichst gutem Gefühl. Deshalb wird allen schon vor dem ersten Arbeitstag des Neuen die Möglichkeit geboten, sich einen Eindruck vom Neuen zu machen, wie auch er die Chance erhält sich einzuschwingen. Das schafft früher Nähe und baut Skepsis bei allen Beteiligten ab.

Einige Unternehmen senden wenige Tage vor dem Start eine weitere Mail. Wieder wird die Freude über den baldigen Start zum Ausdruck gebracht, und nun gibt es eine ganze Reihe an kleinen weiteren organisatorischen Hinweisen. Wann geht es genau los? Wo werden Sie zur Begrüßung sich mit ihm treffen? Wer ist sein Ansprechpartner, Mentor und wer wird ihn in der Einarbeitungszeit oder darüber hinaus als Pate begleiten? Auch erfährt der Neue hier, wo er parken kann und etwas über die Möglichkeiten, sich in der Mittagspause mit Essen zu versorgen. Er erhält Antworten auf viele weitere Fragen, die man sich typischerweise stellt, wenn man vor seinem ersten Arbeitstag steht. Viele dieser Fragen zu beantworten, bedeutet, aus einem Unglücksfaktor, wie der Unsicherheit, einen Glücksfaktor zu machen. Durch das Einfühlen in die Nöte und Sorgen des Neuen und durch das Bearbeiten dieser Themen entsteht ein gutes Gefühl. Es sind viele kleine Beweise für Ihre Art des Umgangs mit Mitarbeitern, viele kleine Signale der Fürsorge.

Wenn Sie in Zukunft solche Mails verfassen, orientieren Sie sich an einem einfachen Gedanken: Welche Unglücksfaktoren bremsen vielleicht noch die

Euphorie des Neuen? Welche stören sein gutes Bauchgefühl? Diese sollten Sie bearbeiten. Meistens sind es wirklich nur Punkte, die etwas mit der Organisation zu tun haben oder der Unsicherheit darüber, kein genaues Bild zu haben, was in den ersten Tagen alles geschieht. Je klarer das Bild für ihn wird, desto größer ist sein Gefühl der Sicherheit und desto größer ist seine Zufriedenheit.

Ob Sie dies mit einem Anruf erledigen oder ob Sie oder Ihre Personalabteilung eine oder mehrere Mails versendet, wird höchst unterschiedlich gehandhabt. Wichtig ist nur, dass Ihr Mitarbeiter diese kleinen lieb gemeinten Glückspritzen als weitere Beweise für die Ernsthaftigkeit Ihres Anliegens erhält, sich willkommen fühlt und mit Begeisterung und voller Vorfreude dem ersten Tag entgegenfiebert.

5.6 Onboarding – die ersten Arbeitstage

Aus Sicht glücklich-erfolgreicher Führung sind die ersten Arbeitstage eine leichte Übung. Selbst denjenigen, die sich mit Führung bisher wenig beschäftigt haben, ist klar, dass ein herzliches Willkommenheißen und eine freundliche Aufnahme in die Gemeinschaft selbstverständlich sind. Nutzen wir deshalb lieber diese Phase, um glücklich-erfolgreiches Denken und Handeln zu trainieren. Dabei ist das Denkmuster immer gleich: Sie haben Fred vor Augen. Seine Glücks- und Unglücksfaktoren. Mit ihnen zu jonglieren ist Ihre Aufgabe. Ziel ist, dass sein Bauch zu einem zufriedenstellenden Ergebnis kommt. Ein gutes Gefühl produziert. Das ist Ihre Messlatte. Die Faktoren sind Ihre Checkliste für Ihr Handeln.

Ist es für den Bauch von Fred wichtig, herzlich willkommen zu werden? Ja, natürlich. Ist es für sein Gefühl gut, seinen Kollegen vorgestellt zu werden? Ja, natürlich. Sollte er einen kleinen Rundgang erhalten, um die Örtlichkeiten kennenzulernen? Ja. Soll Ihr Mitarbeiter, wenn er in der Verwaltung arbeitet, schon einen Computer mit Zugangsberechtigungen haben? Ja, selbstverständlich. Sie sehen: Onboarding ist trivial.

Machen wir auch kurz noch den Check der Unglücksfaktoren. Sollte der neue Mitarbeiter heute all das lernen, was man normalerweise nur in einer Woche lernen kann? Nein, natürlich nicht, das wäre eine klassische Überforderung und damit ein Unglücksfaktor. Sollte er mit seiner Arbeit schon am ersten Tag ins kalte Wasser geworfen werden, ohne eingearbeitet zu sein? Nein, natürlich nicht.

Über die Glücks- und Unglücksfaktoren denken Sie sich in Ihren Mitarbeiter hinein und basteln ihm ein passendes Programm für seine ersten

Tage. Ein Programm, dass ihn gut in die Arbeit einleitet und gleichzeitig bei ihm ein Gefühl entstehen lässt, dass es ein guter Tag war und all das, was ihm zuvor lang und breit an Zusammenarbeit vermittelt wurde, sich tatsächlich so in der Realität zeigt. Auch wenn all diese Gedanken trivial erscheinen, sollte letztendlich immer eine Sache klar sein: Der neue Mitarbeiter braucht Beweise. Die Skepsis, die vielleicht noch in ihm steckt, müssen Sie auf Ihrem Radar haben.

Bestandsmitarbeiter sind die wahre Referenz
Es ist für mich manchmal kaum zu glauben, aber so selbstverständlich, wie ich glaube, dass es das ist – und wahrscheinlich wie auch Sie so manches beim Onboarding als normal ansehen würden –, ist es nicht überall. Ja, ich habe es wirklich erlebt, dass ein neuer Mitarbeiter wie verabredet, aber leider bei seinen Kollegen unangekündigt in der Abteilung auftaucht, wie sich keiner verantwortlich für ihn fühlt, wie keine Zugangsberechtigungen für die Nutzung eines Computers vorbereitet waren und nicht einmal ein Rechner für ihn zur Verfügung stand. Selbst wie ein Schreibtischstuhl für ihn fehlte. Peinlich. Genauso unglücklich ist es aber auch, wenn Sie Ihren Neuen mit einem Kollegen zusammensetzen, der zurzeit so gar nicht das lebt und mit Ihnen in guter Beziehung steht, wie das eigentlich Ihr Bestreben ist. Wie gesagt. Sie erreichen nicht immer alle zu 100 %. Welche Version der Wahrheit wird dieser unzufriedene Mitarbeiter wohl Ihrem neuen Angestellten vermitteln? Wer erscheint aus Sicht des Neuen glaubwürdiger, Sie oder er? Wer ist eher Messlatte für den Eindruck? Sie ahnen: Es macht keinen Sinn, sich nur um einen grandiosen Einstieg zu kümmern. Alle in Ihrem Team müssen glücklich-erfolgreiches Zusammenarbeiten leben, damit ein neuer Mitarbeiter sich darin bestärkt fühlt, sich voll einzusetzen. Wie Sie auch mit Ihren Bestandsmitarbeitern dieses hohe Level dauerhaft hochhalten und wie die dadurch alle eine gute Referenz für den Neuen sein können, erfahren Sie im siebten und achten Kapitel.

Ergebnis der Einstiegsphase
Stellen sie sich bitte mal vor, ein Bewerber würde sich in einem Unternehmen bewerben und Folgendes erleben: Auf der Webseite des Unternehmens liest er etwas von „Fühl dich wohl bei uns, wir tun's auch". Er hat vielleicht auch den auf dieser Seite installierten Kulturcheck genutzt, um herauszufinden, dass er mit seiner Haltung zu diesem Unternehmen gut passt. Auch liest er viel über gutes Klima und eine tolle Zusammenarbeit. Das hat ihn neugierig gemacht. Im Bewerbungsgespräch wurde auffällig

viel über seine Zufriedenheit bei der Arbeit gesprochen. Dass es dem Vorgesetzten ein Bedürfnis ist, ihn bei seinem Jobglück zu unterstützen.

Das hat ihn auf der einen Seite schwer beeindruckt, aber dennoch skeptisch bleiben lassen. Dass er das Schnuppern nutzen soll, um das Unternehmen auf den Prüfstand zu stellen und sich zu vergewissern, dass all das, was im Bewerbungsgespräch propagiert wurde, auch tatsächlich so ist, hat ein bisschen die Skepsis schwinden und die Begeisterung wachsen lassen. Er soll zuhören, wie die Mitarbeiter hinter dem Rücken ihrer Vorgesetzten reden. Komischer Arbeitsauftrag, denkt er sich. Aber letztendlich haben die natürlich Recht. Genau daran kann man vieles festmachen. Beim Schnuppern erlebt er tatsächlich ein friedvolles und harmonisches Miteinander-Umgehen. „Die arbeiten da tatsächlich zusammen und sind sogar gut drauf. Obwohl es da arbeitstechnisch auch ganz schön zur Sache ging", denkt er sich. Und wieder schwindet ihm ein bisschen Skepsis. Gleichzeitig wächst seine Überzeugung, dass das tatsächlich keine Mogelpackung zu sein scheint. Nach dem Schnuppern wird man sich einig, dass er in dem Unternehmen starten kann.

Der Vertrag ist noch nicht unterschrieben, aber der Vorgesetzte vereinbart mit ihm schon ein Gespräch, für das er sich ein Stündchen Zeit nehmen soll. Es soll um Grundlegendes über die Zusammenarbeit und sein eigenes Jobglück gehen. „Okay", sagt er sich, „warten wir's mal ab." Und in der Tat: Noch vor Unterzeichnung des Vertrages hört er etwas von Vertrauen, Transparenz und Klarheit. Nicht so abstrakt, wie man es in Hochglanzbroschüren lesen kann, sondern konkret. Tatsächlich sind es alles Beispiele aus dem Arbeitsbereich, in dem er später arbeiten wird. Ziemlich plausibel und überzeugend. Das scheint wirklich so bei denen abzugehen, ist sein Eindruck. „Großartig", denkt er. Er will es aber immer noch nicht ganz glauben. Eine Restskepsis bleibt, aber gleichzeitig entsteht eine gehörige Portion Begeisterung und Faszination für das, was die da machen.

Und dann hat er noch ein Buch geschenkt bekommen, mit dem er angeblich sein eigenes Jobglück pushen können soll. So etwas hat er auch noch nie erlebt oder davon gehört, dass jemand noch vor Vertragsunterzeichnung von seinem zukünftigen Vorgesetzten ein Geschenk erhält. „Da bin ich mal neugierig, was denn da zu meinem Jobglück so alles steht", geht es ihm durch den Kopf. Danach wurde der Vertrag unterzeichnet und er dachte, der nächste Kontakt würde am ersten Arbeitstag sein. Aber nein. Mit netten informativen Mails wurde er überrascht. Sie gaben ihm die Sicherheit, die ihm noch für seinen Starttag fehlte. Und wieder bestätigen diese glücksförderlichen Details seinen mittlerweile gewonnenen Eindruck: „Klasse Unternehmen, was für eine Abteilung! Und dieser Vorgesetzte, ein klasse

Typ! Die meinen das alles wirklich ernst. Die machen sich wirklich einen Kopf über mein Wohlergehen." Und dann kommt der erste Arbeitstag, und der neue Mitarbeiter erlebt einen herzlichen Empfang. Er wird an die Hand genommen und erhält die beste Startposition für seinen Job, die er sich vorstellen konnte.

Na, was glauben Sie, wie sich das alles für Ihren neuen Mitarbeiter anfühlt? Natürlich ist dieser jetzt höchst motiviert und bereit, sich für Tätigkeit, Team und Sie einzusetzen. Natürlich möchte er jetzt performen, sich beweisen und Ihnen zeigen, dass es richtig war, ihn in Ihr Team aufzunehmen. Natürlich wird er sich das Buch vornehmen und lesen, wie er selbst seine Jobglücks-Kompetenz und sein eigenes Jobglück, unabhängig von seiner Führungskraft, steigern kann.

Natürlich startet er sowohl motivations-, arbeits-, als auch umgangstechnisch auf einem viel höheren Niveau, als das in vielen Unternehmen üblich ist. Und natürlich beginnt seine Erfolgskurve an einem höheren Punkt, und steigt steiler an. Denn er will nicht nur machen, sondern macht auch noch gerne und will auch noch gut performen. Er möchte schnell gleichwertiges Teammitglied werden. Um dies zu erreichen, ist er hoch motiviert, sich Wissen und Fähigkeiten anzueignen. Er ist bereit, sich auf die Strukturen einzulassen und Beziehungen zu seinen Kollegen aufzubauen. Er ist offen für alles, was dazugehört. Auch offen für Menschen, die anders sind als er. Denn die Vision von glücklich-erfolgreicher Zusammenarbeit, die alle vereint, bewirkt Offenheit für Andersartigkeit und verbindet.

Literatur

Tho, H. V. (2018). *Grundrecht auf Glück. Bhutans Vorbild für eine gelingendes Miteinander.* Stuttgart: Nymphenburger.
Horx, M. (2020). *15 1/2 Regeln für die Zukunft. Anleitung zum visionären Leben.* Bonn: Econ.
Pothmann, A. (2019). *Jobglück – Wie du den Montag leiben lernst.* Hannover: Humboldt.
Pothmann, A. (2021). Die GlücksPyramide der Unternehmen: Glückliche Unternehmen durch glücklich-erfolgreiche Führung. In A. Fischer & C. Prizelius (Hrsg.), *Viele Wege führen zum Glück* (S. 87–97). Heidelberg: Springer.

6

Aufstiegsphase – Jobglück düngen

Nach dem Onboarding beginnt die Aufstiegsphase. Hierbei ist nicht der Karriereaufstieg gemeint, sondern der Aufstieg von einem neuen Mitarbeiter zu einem gleichwertigen Teammitglied, entlang seiner Erfolgskurve bis zu dem Zeitpunkt, ab dem er auf einem hohen Niveau selbstständig arbeitet.

6.1 Durchstarten zum hohen Glücks- und Erfolgsniveau

Bei Führungskräften, die wenig im Sinne glücklich-erfolgreicher Führung denken, besteht die Gefahr, schon nach wenigen Tagen ihren neuen Mitarbeiter vom Radar zu verlieren. Sie kommen schneller zu der Auffassung, dass sie dem Neuen doch einen guten Start bereitet hätten, und entwickeln die Erwartungshaltung, dass er nun liefern soll. Sie formulieren ihre Erwartungen und verschwinden dann in ihrem Tagesgeschäft. Leider vergessen einige von ihnen sicherzustellen, ob der Neue ihre Erwartungen von seinen Fähigkeiten und von seinem Wissensstand her erfüllen kann. Wenn dem nicht so ist, kann der Start schon mal zum echten Fehlstart werden. So läuft es bei glücklich-erfolgreicher Führung natürlich nicht. Nein, es geschieht das Gegenteil. Die Führungskraft sorgt dafür, dass der Mitarbeiter durch sie selbst oder durch einen oder mehrere Beauftragte an die Hand genommen wird und dass er beim Wachsen Unterstützung erhält.

Meines Erachtens wäre es ja auch verrückt, die große Motivation, Euphorie und Bereitschaft, sich einzuarbeiten, um gut zu werden, die in der

Startphase beim neuen Mitarbeiter entstanden ist, verpuffen zu lassen. Die Bereitschaft und Offenheit zum Lernen sind zum Start immer am größten. Die Zeit des Wachstums ist jetzt am besten. Diese Motivation zum Höhenflug nutzen Sie natürlich, um ihn auf ein besonders hohes Niveau seiner Erfolgskurve zu katapultieren. Die Botschaft, die Sie und Ihre Mitarbeiter für diese Phase ausstrahlen, ist ganz einfach: Fühl dich wohl bei uns und lass dir helfen, noch besser zu werden.

Das Ziel dieser Phase ist fachliches sowie menschliches Wachstum. Zudem ist es das Ziel, zwischen den Beteiligten gute Beziehungen zu etablieren und wertschätzende Verbindungen zu schaffen. Beweise für den Wert dieser besonderen Art der Zusammenarbeit, sollen ihm Erfahrungen ermöglichen, die Vertrauen entstehen lassen. Alles zielt darauf ab, dass seine große Begeisterung als gerechtfertigt Bestätigung erfährt und bestenfalls noch wächst und sein Gerne-machen sich sogar zum „Gerne-und-noch-besser-machen-Wollen" steigert. Die Aufstiegsphase ist also in jeder Hinsicht von Wachstum geprägt. Dass Sie dabei und dazu an ihm dranbleiben müssen, dass er auf Ihrem Radar bleiben muss, auch wenn Sie nicht täglich mit ihm arbeiten, müsste klar sein. Mit Ihrer glücklich-erfolgreichen Führungs-Haltung ergibt sich das von selbst. Es ist ja Ihr Anliegen, dass es ihm gut geht und er die Unterstützung erfährt, die er benötigt. Und welche benötigt er jetzt? Hilfe beim Wachsen auf allen Ebenen. Seine Tätigkeit gerne nachzugehen ist das eine. Dabei aber Unterstützung zu erfahren, sowohl fachlich als auch menschlich wachsen zu können und in seiner Aufgabe brillant werden zu können, ist der Turbo für seine Zufriedenheit und Motivation.

6.2 Fit machen für die Tätigkeit

Einen Mitarbeiter für seine Tätigkeit, für die er eingestellt wurde, fit zu machen, kann je nach Art der Tätigkeit ganz unterschiedlich verlaufen. Das Ziel im Rahmen glücklich-erfolgreicher Führung sollte aber immer gleich sein: nach der Einweisung sollte der Mitarbeiter seine Aufgaben verlässlich beherrschen. Er sollte es genauso gut, ähnlich schnell und sicher erledigen können wie die Kollegen, die die gleichen Aufgaben haben. Deshalb ist nach meiner Erfahrung ein standardisiertes Verfahren, das nach einem konkreten Zeitplan und mit Wiederholungsrunden konzipiert ist, sinnvoll.

In unserem Unternehmen wurde es zudem so gehandhabt, dass wer auch immer die Einarbeitung durchgeführt hat, der neue Mitarbeiter am Ende einer Einweisungsrunde noch mal von der Führungskraft entsprechend geprüft wurde. Erst danach wurde diese Phase offiziell abgeschlossen, und alle konnten darin sicher sein, dass von nun an der Mitarbeiter diese Tätigkeiten auch verlässlich beherrscht. Ab dann galt diese Messlatte.

Das war für einige unserer Neuen etwas unangenehm. So eine Prüfung kannten sie nicht. Es war auch nicht wirklich eine Prüfung, sondern eher ein gemeinsames Durchgehen der einzelnen Punkte, mit dem Ziel, dass die Führungskraft sich vergewissern konnte, dass die entsprechenden Inhalte beherrscht werden.

Manchmal wurden Kollegen von einem Neuen gefragt, was denn wäre, wenn er bei einem dieser Abfragegespräche einiges nicht könnte. Auf diese Frage hatten wir unsere Mitarbeiter vorbereitet. Sie mussten in der Lage sein, auf sie adäquat zu antworten. Hier das Signal zu senden, dass das völlig okay sei, wenn er Manches nicht beherrscht, nur um ihn zu beruhigen, hätte im Zweifel die Rechtfertigung bedeuten können, dass er damit durchkommt. Und das kam nicht infrage, nicht bei uns und schon gar nicht vor dem Hintergrund, wie wir Zusammenarbeit verstehen und gemeinsam leben. Und so hatten wir folgende Reaktion mit unseren Mitarbeitern trainiert: „Oh, das wäre blöd. Denn damit zeigst du uns, dass es dir wohl doch nicht so wichtig ist, gleichwertiges Teammitglied zu werden. Das würde bedeuten, dass du nicht fit sein würdest, und dann müssten wir für dich weiter mitdenken und mitarbeiten. Was glaubst du, wie ich mich fühle, wenn ich dich auch in Zukunft auf meinen Schultern sitzend durch die Gegend tragen muss, nur weil du es nicht für nötig hältst, es zu lernen? Was glaubst du, würde XY (unser Vorgesetzter) von dir dann halten? Er wird wohl kaum denken, dass du deinen Job in Zukunft zuverlässig, engagiert und vertrauenswürdig machen wirst. Das wäre schon ein echt trauriges Signal, oder?"

Diese klaren Worte überraschten unsere Neuen. Sie hatten nämlich in einer so netten, wohlwollenden Welt mit einem so klaren Fokus aufs Jobglück, wie bei uns, so eine Reaktion nicht erwartet. Aber meine Mitarbeiter beruhigten sie dann mit den folgenden Worten:

„Aber um dich zu beruhigen, wenn es daran liegt, dass du nur nervös bist, erkennen wir das und du musst dir keine Sorgen machen. Für uns ist nur wichtig, dass wir sehen, dass wir mit dir jemand eingestellt haben, der diesen Job wirklich gerne macht und den Anspruch hat, ihn gut zu machen."

Machen wir uns nichts vor, natürlich kam die Frage irgendwann. Aber der Grund war in der Regel nicht Faulheit, sondern Unsicherheit. Die Neuen wollten ja brillieren, und dieser eigene Anspruch verursachte ihnen Stress. Aber selbst bei der Unsicherheit, und Sie erinnern sich, das ist ein Unglücksfaktor, haben unsere Mitarbeiter ein klares Signal gesendet. Schon aus egoistischen Gründen. Denn nur weil der Neue nett ist, kann es ja nicht sein, dass man die nächsten Jahre für ihn all das machen muss, was er immer noch nicht kann oder dass man seine Fehler ausbaden muss, weil er es immer noch nicht richtig macht.

Unseren Mitarbeitern beizubringen, wie wichtig es auch in ihrem Sinne ist, die Neuen gut auszubilden und die oben genannte Argumentation zu beherrschen, ist die typische Aufgabe eines Vorgesetzten, der seine Leute glücklich-erfolgreich führt. Er bildet sie zu Hütern glücklich-erfolgreicher Zusammenarbeit aus, einer schützenswerten Kultur. Er hilft ihnen zu erkennen, wie viel Einfluss sie auf den Neuen und sein Level haben, auf dem er in Zukunft mitarbeiten wird. Die Verantwortung dafür sollte im Sinne aller bei allen liegen. Aber diesen Gedanken in seinem Team zu installieren ist die Aufgabe der Führungskraft.

Nehmen wir den weitaus häufigsten Fall, dass dieses Abfragegespräch gut gelaufen ist. Was bedeutet das? Wenn eine Einweisung so eine Wichtigkeit erfährt und so intensiv von allen betrieben wird, wie gerade beschrieben, wird es unweigerlich dazu führen, dass der neue Mitarbeiter glänzen kann. Er kann vor seinen Kollegen glänzen und auch vor der Führungskraft. Und was machen die dann alle? Sie verabreichen ihm Glücksfaktoren. Sie überschüttet ihn mit Lob und Anerkennung. Welch ein schönes Gefühl für den Neuen, der sich natürlich dafür wiederum bei seinen Helfern bedanken wird. Auch die erhalten dadurch Glücksfaktoren. Und welche Beziehungen bekommen dadurch Rückenwind? Welche Verbindungen werden dadurch gestärkt? Welche Erfahrungen hat der Neue gemacht? Welche Beweise erhalten? Welches Gefühl gefestigt? Und dann kommt noch der Vorgesetzte, der sich über diese gute Leistung aller mitfreut und auch noch eine Runde Glücksfaktoren stiftet. Wie großartig! Alle gewinnen. Und glauben Sie, dass Sie sich als Vorgesetzter für diese anerkennenden Worte anstrengen müssen? Dass Sie mit der Führungs-Haltung, die Sie mittlerweile vielleicht gewonnen haben, dafür noch Kompetenzen entwickeln müssen? Glauben Sie, Sie hätten keine Zeit, sich mit Ihren Leuten über diese gute Entwicklung zu freuen?

Vorbilder sind die Messlatte
Einweisung hin oder her, vieles passiert durch Nachahmung. Die wirkliche Messlatte wird nicht durch den Einweisungsplan definiert, sondern durch die Kollegen. An deren Verhalten kann der Neue sehen, mit welchem Engagement er bei Ihnen durchkommt und mit welchem nicht.

Dies zeigt mal wieder, wie wichtig es ist, dass bei allen die Stimmung gut ist und die Motivation hoch hängt. Denn sonst würde sich der Neue im

Zweifel irgendwann doch den Mitarbeiter zur Orientierung wählen, der seit Langem und intensiv unter der Messlatte herläuft und damit bei Ihnen auch durchkommt. Die Führungskraft aber, und noch viel mehr die Kollegen, legen das Level für Qualität, Arbeitsgeschwindigkeit und Freundlichkeit untereinander und insbesondere gegenüber Kunden fest.

Im Ergebnis geht es nach der Einarbeitung nicht mehr um die Frage, ob es der Mitarbeiter kann. Er kann es! Er hat brilliert. Jetzt zählt nur noch das Wollen. Und diesen Zustand zu erreichen war auch das Ziel dieser fachlichen Einweisung. In dieser Zeit erhalten Sie darüber hinaus eine Vielzahl an Hinweisen, inwieweit Ihr Mitarbeiter wirklich voll bei der Sache ist, ihm diese Tätigkeit tatsächlich leichtfällt und er ihr gerne nachgeht. Für den Fall, dass das nicht so ist, werden Sie in Abschn. 8.2 eine Lösung finden. Ab jetzt können Sie und alle anderen an seiner Arbeitsleistung genau ablesen, wie es um sein Wollen bestellt ist.

6.3 Einführungskurs in glücklich-erfolgreiche Zusammenarbeit – Teil 2

Man könnte denken, dass der neue Mitarbeiter während der Startphase im Rahmen des Einführungskurses Teil 1 genug über glücklich-erfolgreiche Zusammenarbeit und ihren Grundlagen gehört hat. Aber nein, so ist es nicht. Nach unserer Erfahrung weckt dieser erste Teil, der vor der Vertragsunterzeichnung stattfindet, zwar Interesse und Offenheit und lässt Begeisterung entstehen. Aber wie diese Form der Zusammenarbeit nun konkret gelebt wird, bleibt vielen im Endeffekt dann doch noch unklar. Das mussten wir in den Anfangsjahren unseres Unternehmensaufbaus lernen. Viel zu viele Neue hatten viel zu viele schlechte Erfahrungen mit ihren vorherigen Arbeitgebern gemacht und waren viel zu kritisch programmiert, um nach gerade einmal einer Stunde Einführungskurs schon neue Verhaltensmuster für unsere Welt zu etablieren.

Und so haben wir über Jahre getestet, welche Themen denn noch explizit im Rahmen eines zweiten Teils unseres Einführungskurses in unsere glücklich-erfolgreiche Kultur der Zusammenarbeit notwendig sind. In diesem Teil der Einführung erhalten Sie einen Einblick in die Themenbereiche, die wir im Rahmen der Aufstiegsphase mit unseren Neuen behandelt haben. Die Herausforderung bestand seinerzeit darin, sie so aufzubereiten, dass alle Aspekte lebensnah und möglichst auch in deren Privatleben umsetzbar sind. Denn dann erhalten Sie noch größere Bedeutung und werden noch überzeugter und nachhaltiger angewendet. Ziel war es also, dem Mitarbeiter zu helfen, ein entsprechendes Bewusstsein zu entwickeln, Sensibilität und Kompetenzen dahin gehend auszubauen und den Wert dieser Kultur zu erkennen.

Die Inhalte brauchen Sie dazu keinesfalls immer im Vier-Augen-Gespräch zu präsentieren. Einige von den Themen waren Dauerthemen, die immer in irgendeiner Weise wieder aufgenommen wurden oder in Teamsitzungen auf der Tagesordnung standen. Manches können Sie auch für mehrere neue Mitarbeiter in Form von Workshops oder mittels Schulungsfilmen nahebringen. Welche Organisationsform Sie auch immer wählen, Hauptsache Sie schwören Ihre Neuen als auch Ihre Bestandsmitarbeiter auf diese Aspekte ein und etablieren dadurch die Standards Ihrer Zusammenarbeit.

Kommen wir nun zu einigen dieser konkreten Inhalte:

Lebensprinzipien
„Dreistigkeit siegt." Diesen Spruch kennen Sie vielleicht. Leider wird diese Losung in vielen Unternehmen von viel zu vielen Mitarbeitern gelebt. Und wenn wir den Spruch mal weiterdenken, heißt das auch, dass derjenige, der nicht dreist ist, sondern vom Dreisten dominiert wird, immer der Verlierer ist. In einem Team mit zwei Personen, indem der eine dreist ist, wird der andere also automatisch und unweigerlich zum Verlierer. Ihnen ist sicherlich klar, dass das mit glücklich-erfolgreicher Zusammenarbeit gar nichts zu tun hat. So ist Ihre Aufgabe im Rahmen des zweiten Teils des Einführungskurses, Ihrem neuen Mitarbeiter genau diesen Sachverhalt zu verdeutlichen und dann darauf zu achten, dass kein Mitarbeiter sich so etwas herausnimmt. Dreistigkeit hat in Ihrer Abteilung keinen Raum, und es ist Ihre Pflicht, dafür zu sorgen, dass kein Mitarbeiter damit durchkommt. An dieser Stelle haben Sie Verantwortung für die Schutzbedürftigen, und die müssen sich wiederum Ihrer Fürsorge sicher sein können. In Unternehmen mit glücklich-erfolgreicher Zusammenarbeit wird es für gewöhnlich etwas allgemeiner in einem Satz formuliert, den ich Ihnen schon im ersten Teil der Einführung vorgestellt habe. Bitte bringen Sie Ihrem Mitarbeiter diesen wesentlichen Grundsatz der Zusammenarbeit nahe:

> Denk darüber nach, was dein Verhalten und auch dein Unterlassen für den anderen bedeutet.

Das zweite Lebensprinzip, das in glücklich-erfolgreichen Unternehmen keinen Platz finden darf, ist dieses: „Der Ehrliche ist der Dumme." Auch diesen Gedanken können wir weiterdenken. Wie lange will der Ehrliche ehrlich sein, wenn er durch seine Ehrlichkeit dauernd zum Dummen wird, also Schaden nimmt? Der Ehrliche ist nur so lange ehrlich, bis er nicht mehr der Dumme sein möchte. Das sollte uns klar sein. Dieses Szenario heißt es dringend zu vermeiden. Deshalb sollte für Sie und in Ihrem Verantwortungsbereich folgendes Selbstverständnis gelten:

> Der Ehrliche darf ehrlich sein, ohne in die Gefahr zu geraten, dadurch der Dumme zu werden.

Für Ehrlichkeit darf ein Mitarbeiter nicht bestraft werden. Ja, das ist für einige Führungskräfte vielleicht schwere Kost, aber denken wir auch diesen Gedanken mal weiter: Was geschieht denn, wenn jemand für seine Ehrlichkeit dauernd bestraft wird? Er wird lernen, dass sich Ehrlichkeit für ihn nicht lohnt, sondern im Gegenteil, für ihn zum Nachteil führt. Dann wird er das mit der Ehrlichkeit irgendwann drangeben.

Bei der Kindserziehung ist es gleich. Bestrafen wir Kinder für ihre Ehrlichkeit, dürfen wir uns nicht wundern, wenn sie irgendwann zu uns Eltern nicht mehr ehrlich sind – ein einfacher Wirkungszusammenhang. Ein Beispiel dazu hatte ich Ihnen schon weiter oben geschildert, als eine Mitarbeiterin in einer meiner Geschäftsstellen einen Spiegel zerstörte, sie mich diesbezüglich anrief und ich mich bei ihr bedankte. Wissen sie noch, weshalb ich mich bedankte? Für ihre Ehrlichkeit!

Skala der Ehrlichkeit
Apropos Ehrlichkeit, haben Sie schon mal Ehrlichkeit skaliert? Haben Sie schon mal Ehrlichkeit in unterschiedliche Grade unterteilt? Wir mussten im Unternehmen auch in diesem Thema etwas tiefer einsteigen, da wir feststellen mussten, dass selbst Ehrlichkeit unter tendenziell ehrlichen Menschen unterschiedlich ausgelegt wird. Um dahin gehend in unserem Unternehmen eine größere Sensibilität zu etablieren, habe ich die Skala der Ehrlichkeit entwickelt. Anhand eines Beispiels stelle ich Sie Ihnen kurz vor: Frank leiht sich von Andreas ein Gerät, und dies geht bei ihm kaputt. Das zunächst zum Kontext. Wie geht Frank nun mit dieser Situation um? Wie unterschiedlich verhalten sich die Menschen in so einer Situation?

Welche Verhaltensvariationen sind denkbar? Wie weit kann er Ehrlichkeit strapazieren? Schauen wir uns mal die acht Ebenen der Ehrlichkeit an:

Ebenen der Ehrlichkeit
1. Frank kauft vor Rückgabe selbstverständlich ein neues Gerät.
2. Er sagt bei der Übergabe, dass es ihm kaputt gegangen sei und schlägt eine Neuanschaffung durch ihn vor.

Ebenen verantwortungsloser Raffiniertheit
3. Frank sagt bei der Übergabe, dass es ihm kaputt gegangen sei, fragt, was nun getan werden soll und hofft darauf, nicht bezahlen zu müssen.
4. Er sagt bei der Übergabe nichts. Wenn es Andreas auffällt und er es anspricht, gibt Frank es zu und hofft, das Gerät nicht neu kaufen zu müssen.
5. Er sagt bei der Übergabe nichts. Wenn es Andreas auffällt und dieser es anspricht, tut Frank so, als wenn es ihn überrascht und hofft, nicht bezahlen zu müssen.

Ebenen der Unehrlichkeit
6. Frank sagt bei der Übergabe nichts. Wenn es Andreas auffällt und er es anspricht, behauptet Frank, das wäre schon gewesen, lässt sich aber nach langen Diskussionen zähneknirschend auf einen Neukauf ein.
7. Er sagt bei der Übergabe nichts. Wenn es Andreas auffällt und er es anspricht, behauptet Frank, das wäre schon gewesen und lehnt jede Verantwortung ab.
8. Er lehnt nicht nur wie im vorherigen Fall jegliche Verantwortung ab, sondern zeigt sich auch noch empört über die angeblich böse Unterstellung von Andreas, dass er das Gerät kaputt gemacht haben soll.

Klar ist: Der grundehrliche Mensch (Skalenwert eins und zwei, siehe Abb. 6.1) nimmt in Kauf, dass Ehrlichkeit auch zu seinen Lasten gehen kann. Er kauft natürlich ein neues Gerät. Dieses Verhalten ist ohne Einschränkung ein ehrliches. Diese beiden Ebenen nenne ich die der Ehrlichkeit. Die Skalenwerte drei bis fünf sind typisch für Menschen, die sich versuchen, durch geschickte Formulierungen doch irgendwie aus der Affäre ziehen zu können. „Vielleicht klappt's ja", ist die Devise. Oder etwas kritischer ausgedrückt: „Vielleicht ist er, der andere, ja so doof und lässt mich damit durchkommen." Ihr Verhalten nötigt den anderen zu einem Verhalten, wenn er nicht zum Dummen gemacht werden möchte. Man kann es beschreiben als raffinierte Strategie mit dem Ziel, für sein

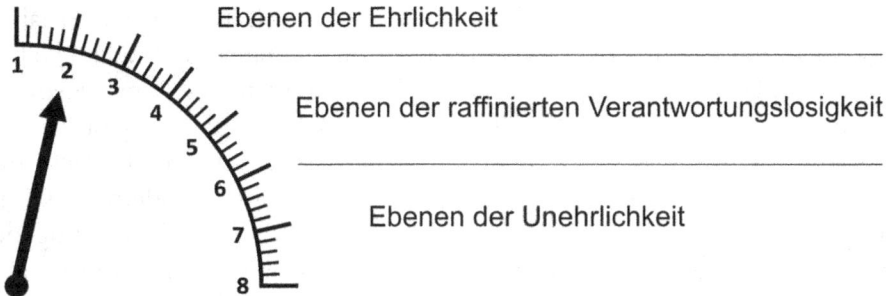

Abb. 6.1 Skala der Ehrlichkeit. (© Achim Pothmann 2021. All Rights Reserved)

Verhalten keine Verantwortung übernehmen zu müssen. Deshalb bezeichne ich diese Verhaltensvariationen auch als *raffinierte Verantwortungslosigkeit*. Spätestens die Verhaltensweisen bei den Skalenwerten 6 bis 8 machen eine gänzlich andere Haltung deutlich. Hier heißt die Devise: Wenn Ehrlichkeit zu meinem Nachteil wird, ziehe ich lieber die Unehrlichkeit vor. Hier dominieren Dreistigkeit und Egoismus. Das Gewissen ist ausgestellt, und die Übernahme von Verantwortung wird kategorisch abgelehnt. Das kann man nur noch höchst unehrlich bezeichnen.

Welche Wirkung haben die verschiedenen Verhaltensweisen? In den ersten beiden Ebenen der Skala der Ehrlichkeit wird Verantwortung gelebt, das Gewissen funktioniert und es herrscht ein respektvoller Umgang mit dem anderen Menschen und seinem Eigentum. Dieses Verhalten zeigt menschliche Größe und hat einen positiven Einfluss auf die Beziehung zwischen den Beteiligten. Dem raffinierten Verantwortungslosen ist schon bewusst, dass er für den Schaden geradestehen müsste, versucht sich aber eben raffiniert aus der Nummer herauszustehlen. Er hofft auf die Großzügigkeit oder die Unfähigkeit des anderen, die Reparatur einzufordern. Natürlich kann dies zur Enttäuschung des Geschädigten und zu einem Beziehungsschaden führen. Dem Unehrlichen ist wiederum noch viel mehr egal, wie sich der Geschädigte fühlt und dass dieser auf dem Schaden hängen bleibt. Gewinn oder das Abwenden von eigenem Schaden ist wichtiger als der Beziehungserhalt und die Übernahme von Verantwortung. Natürlich beschädigt diese Haltung die Beziehung nachhaltig. So ein Verhalten zerstört jegliche gute Verbindung und Vertrauen.

Wenn Sie die Menschen fragen, ob sie ehrlich sind, behaupten alle, dass sie es wären. Aber scannen Sie doch mal Ihre Arbeitskollegen, Mitarbeiter oder Ihren Freundeskreis und Sie werden feststellen, dass Ehrlichkeit tatsächlich höchst unterschiedlich interpretiert wird. Auch Sie haben vielleicht schon Situationen erlebt, in denen Ihr Gegenüber sich in einer Art verhalten hat, wie es im Fall drei bis acht beschrieben ist. Enttäuschend, oder? Haben Sie das einfach so wegstecken können? Hat das Vertrauen ihm gegenüber einen Schaden genommen und hat es die Beziehung zu ihm gestört oder sogar zerstört? Bitte machen Sie sich bewusst, dass der Unehrliche nicht nur in der Sache keine Verantwortung übernehmen wollte, sondern dass ihm zudem auch offensichtlich der Vertrauensverlust und die Schädigung der Beziehung egal gewesen sein müssen. Andersfalls hätte er sich anders, also ehrlicher verhalten. Der Zusammenhang zwischen der Ehrlichkeit und der Wirkung auf das Vertrauen und auf die Beziehung zwischen den Beteiligten, ist in Abb. 6.2 dargestellt.

Und nun stellen Sie sich bitte einmal vor, Ihr Neuer hat vielleicht in einem Unternehmen gearbeitet, in dem alle gelernt haben, besser keine Fehler zuzugeben. Wo es günstiger schien, Ehrlichkeit eher etwas zu verbiegen, als durch sie Prügel zu kriegen. Nehmen wir an, dass das Verhalten der Stufe drei bis acht der Normalzustand im Unternehmen war und Ihr Neuer diesen als Normalität verinnerlicht hat. Jetzt kommt er mit dieser Prägung zu Ihnen. Wie ehrlich wird er sich verhalten, wenn er von dieser Prägung selbst gar nichts mitbekommen hat? Wenn es aufgrund seiner Erfahrungen in dem Unternehmen über Jahre zu seinem normalen Verhalten wurde? Wenn er diese raffinierte Verantwortungslosigkeit oder sogar Unehrlichkeit gar nicht mehr als kritisch, sondern als sinnvoll und selbstverständlich ansieht?

Dann wird er dieses Verhalten wahrscheinlich auch in Ihrer Abteilung wählen und dadurch sogar ohne schlechtes Gewissen Vertrauen und Beziehungen zerstören oder zumindest belasten. Das darf nicht geschehen.

Skalenwerte	Ebenen der …	Wie beeinflusst das Verhalten das Vertrauen zwischen den Beteiligten?	Wie beeinflusst das Verhalten die Beziehung zwischen den Beteiligten?
1			
2	Ehrlichkeit	bestätigt Vertrauen	stärkt Beziehung
3			
4	raffinierten		
5	Verantwortungslosigkeit	lässt Skepsis wachsen	belastet Beziehung
6			
7			zerstört auf Dauer die
8	Unehrlichkeit	zerstört Vertrauen	Beziehung

Abb. 6.2 Skala der Ehrlichkeit mit den Auswirkungen auf das Vertrauen und die Beziehung der Beteiligten. (© Achim Pothmann 2021. All Rights Reserved)

Deshalb ist dieser Einführungskurs so unheimlich wichtig. Schon am Anfang seiner Tätigkeit bei Ihnen müssen Sie ihm klar machen, dass Ehrlichkeit in Ihrer Abteilung in der höchsten Liga gespielt wird. Sie müssen ihm helfen zu erkennen, wie sein Selbstverständnis in seinem anderen Unternehmen war, wie es Vertrauen und die Beziehung zwischen den Beteiligten belastet oder sogar zerstört und dass so ein Verhalten in Ihrer Abteilung nichts zu suchen hat. Das Ehrlichkeit bei Ihnen kein verhandelbarer Punkt ist.

Ehrlichkeit ist eine Grundvoraussetzung für Vertrauen, und wie schon angesprochen ist Vertrauen eine wesentliche Grundlage für glücklich-erfolgreiche Zusammenarbeit. Wir mussten lernen, dass dieser Punkt mit unseren Neuen behandelt werden muss. Wie gesagt, nicht zwingend in einem Vortrag, sondern manchmal reicht auch die kurze Erläuterung nebenbei oder ein kleiner Exkurs bei einer Teamsitzung. Vielleicht gibt auch eine Situation Anlass, diesen Aspekt anzusprechen. Das Wissen und die Sensibilität gegenüber diesem Thema, sollte aber auf jeden Fall zum Standard Ihrer Abteilung gehören. Sie definieren ein Selbstverständnis, durch das so manches potenzielle Problem im Keim erstickt wird und die Beziehungsqualität und Zufriedenheit aller erhalten bleibt.

Das Klorollenprinzip
Manchmal besteht das Problem nicht darin, dass jemand etwas falsch macht, sondern dass er etwas versäumt oder unterlässt, was (für einen Kollegen) zum Problem führt. Damit unsere Neuen auch über ihr Unterlassen nachdenken, was es für den anderen bedeuten kann, haben wir ihnen im Rahmen dieses zweiten Teils des Einführungskurses ein einprägsames und bewusst heikles Erinnerungsbild gegeben. Sie sollten sich in folgende Situation hineinversetzen: „Stell dir vor, du bist irgendwo zu Besuch und musst mal. Nach deiner Geschäftstätigkeit wendest du deinen Blick auf den Klorollenhalter und erblickst voller Erschrecken ein kleines leeres Papierröllchen. Daraufhin schwenken deine Augen panisch umher und stellen fest, dass nirgendwo eine Ersatzrolle zu finden ist. Na, kannst du das echt blöde Gefühl der Erschütterung und Panik spüren? Und so fühlt sich dein Kollege, wenn du irgendetwas nimmst und nichts für die Arbeit deines Kollegen übrigbleibt, wenn du ihn also vor die Wand laufen lässt."

Bei uns bezog sich das Beispielen unter anderem auf den Verbrauch von Materialien, wie Druckerrollen, Tüten und alle Dinge, die für den Verkaufsprozess wesentlich waren. Beim Fehlen dieser Dinge landeten die Kollegen in einer sehr uncharmanten Situation. In Ihren Abteilungen geht es vielleicht nicht um Verbrauchsmaterialien, aber sicher um andere Dinge, die mit der Verlässlichkeit der Aufgabenerfüllung zusammenhängen. Überall kommt es darauf an, dass ein Kollege die Aufgabe weiterbearbeiten kann. Vielleicht ist die Termineinhaltung bei Ihnen wichtig. Auch für solche Prozesse können Sie das Klorollenprinzip anwenden. Das Gefühl, durch das unzuverlässige Verhalten eines Kollegen reingerissen worden zu sein, ist stets ganz ähnlich wie im Klorollenbeispiel. Die Haltung „Nach mir die Sintflut" hat in Ihrer Welt nichts verloren, und das muss jeder Mitarbeiter verinnerlichen. Ganz im Gegenteil wird er durch solche banalen Bilder darin bestärkt, die Fähigkeit und Bereitschaft zu entwickeln, sich in den anderen hineinzuversetzen und Mitgefühl zu trainieren. Diese Art des Denkens und Verhaltens ist das Ziel.

Nicht, dass aktuell beim Neuen die Gefahr bestünde, sich so zu verhalten, befindet er sich doch hochmotiviert im Wachstumsprozess. Aber Sie installieren es schon jetzt als Grundhaltung für die Hochphase, in der auch mal Motivationslöcher zur Realität gehören. Dann ist es gut, ein Selbstverständnis zu leben, auf das sich bei Abweichung alle beziehen können, anstelle über Ärgernisse zu stolpern und nicht zu erkennen, was für eine unglückliche Haltung der momentanen Entwicklung (und dem eigenen Verhalten) zugrunde liegt.

Mut und Offenheit für Kritisches
An das Thema Unzuverlässigkeit knüpft auch der nächste Aspekt an. Zu glauben, in guten Beziehungen nichts Kritisches sagen zu dürfen, ist falsch. Einige haben Angst davor, Menschen etwas Problematisches zu sagen, weil sie befürchten, die Beziehung könnte dadurch Schaden nehmen. Um also einen konstruktiv-kritischen Umgang zu ermöglichen, indem tatsächlich auch heikle Dinge angesprochen werden können, sollten Sie Ihre Neuen dazu ermutigen. Hierzu machen glücklich-erfolgreich führende Vorgesetzte vier Punkte zu ihrem Team-Credo:

1. Wenn ein Mitarbeiter mit einem anderen ein Problem hat, dann muss er erstens den Mut aufbringen, ihm seinen Unmut mitzuteilen. Wobei natürlich hierbei der Ton die Musik macht.
2. Zweitens sollte der andere die Offenheit haben, sich das anzuhören.
3. Er sollte drittens auch das Vertrauen haben, dass das Kritische nicht böse gemeint ist, sondern dass er sich zuvor ernsthaft darüber Gedanken gemacht hat und es ihm wichtig ist. Sonst hätte er nicht den Mut aufbringen müssen, es ihm zu sagen.
4. Der Kritisierende muss wiederum viertens darauf vertrauen können, dass der andere das Gesagte wirklich offen auf- und ernst nimmt.

Mit so einem gegenseitigen Vertrauen, das es in Ihrer Abteilung zu installieren heißt, erreichen Sie, dass die Beteiligten den Mut aufbringen, heikle Dinge früh und freundlich anzusprechen, bevor der Ärger und die Wut darüber wachsen und zur Eskalation führen. So ist es möglich, dass Krisen erst gar nicht entstehen. Und wenn sie doch noch entstehen, bleiben sie klein und lassen sich vielleicht von Ihren Mitarbeitern ohne Ihr Dazutun untereinander regeln. Aber Sie müssen dieses Selbstverständnis erst schaffen. Also müssen es alle, auch die Neuen, erfahren und darin bestärkt werden, es auch so zu leben. Dies zu installieren ist natürlich wieder Ihre Aufgabe.

Alle haben eine Meise
Sie wollen es vielleicht nicht hören, und es steht mir auch eigentlich nicht zu, es zu sagen, aber es gilt nun mal für uns alle: Wir alle haben eine Meise – auch Sie! Wenn wir uns wirklich ehrlich und selbstkritisch bewusst machen, dass wir Verhaltensweisen an den Tag legen, die andere, insbesondere unsere Mitarbeiter, nerven oder belasten, so fällt es uns leichter, etwas großzügiger mit den Eigenarten der anderen umzugehen. Natürlich müssen Sie als Führungskraft darauf achten, dass Ihre Großzügigkeit nicht ausgenutzt wird oder dadurch Grenzen überschritten werden. Den Gedanken mit den Meisen Ihrem Neuen nahezubringen ist wichtig, damit er mehr Wohlwollen und Großzügigkeit gegenüber den Eigenarten und der Andersartigkeit der Kollegen und Ihnen entwickelt. Damit alle dazu tendieren, auch mal fünf gerade sein zu lassen und leichter über die ein oder andere Unachtsamkeit geschmeidiger hinwegzusehen, sie wegzuatmen. Ja, Sie dürfen gegenüber Ihrem Mitarbeiter gerne zugeben, dass Sie auch nur ein Mensch sind. Dass Sie sich auch mal, ohne bösen Gedanken, nicht so einfühlsam verhalten, wie sich das der Mitarbeiter wünscht. Oder dass auch mal Ihre Meise durchschlägt. Das macht Sie menschlicher und gibt Ihrem Neuen die Chance, seine Erwartungshaltung Ihnen gegenüber besser einzustellen. Das generiert auch bei ihm mehr Wohlwollen und Offenheit Ihnen gegenüber.

Denken in Anteilen
Ein weiterer Aspekt, der von Ihnen bei den Neuen gedanklich wortwörtlich installiert werden sollte, um reibungslos und konfliktfreier arbeiten zu können, ist Folgender: Genauso wie einige Menschen Unehrlichkeit bevorzugen, können Menschen dazu tendieren, anderen für alles Mögliche die Schuld zu geben. Schuldzuweisungen sind einfach. Sie belasten den anderen, entlasten (zumindest vermeintlich) einen selbst und geben einem sogar die Gelegenheit, sich selbst als Opfer darzustellen. Leider helfen sie sachlich nie weiter, sondern vergrößern ein schon bestehendes Problem.

Deshalb ist es im Rahmen glücklich-erfolgreicher Zusammenarbeit wichtig, dass alle Beteiligten in Ihrer Abteilung oder Ihrem Geschäftsbereich erkennen, dass nicht nur jeder eine Meise hat und man mit ihr großzügig umgehen sollte, sondern dass viele Probleme dadurch entstehen, dass mehrere Personen an deren Entwicklung beteiligt waren. Diese unterschiedlichen Beiträge zur Problemeskalation zu betrachten und darüber offen zu kommunizieren, ohne Schuldzuweisungen, führt zu zweierlei: Zum einen wird das Problem nicht größer. Zum anderen kann durch das Betrachten der Anteile die Entwicklung verstanden werden und für die Zukunft neue Strukturen oder Verhaltensweisen entwickelt werden, damit es nicht mehr entsteht. Im Modus der Schuldzuweisungen geschieht dies nicht, sondern Vorwürfe, Scheinargumente und wilde Diskussionen, die natürlich die Beziehung belasten, sind die Folge. Der Schaden ist danach in der Regel für alle größer. Installieren Sie also bei Ihrem neuen Mitstreiter die Fähigkeit des Denkens in Anteilen. Die Frage ist dabei immer gleich: Welchen Anteil habe ich an der Entwicklung, sodass dieses Problem so entstehen konnte? Hierbei ist stets mein Beitrag im Fokus und nicht die Schuldzuweisung an einen anderen. Diese Art zu denken macht Zusammenarbeit weniger konfrontativ und konstruktiver. Beziehungen werden weniger belastet. Das Klima bleibt dann selbst in Problemsituationen besser.

Für Sie als Führungskraft ist das Denken in Anteilen besonders wichtig, da Ihr Verhalten große Wirkung auf Ihre Abteilung hat. Nehmen wir beispielsweise die Situation, dass Sie einen Mitarbeiter zwar einstellen, herzlich begrüßen, aber nach kurzer Zeit ohne vernünftige Einarbeitung von ihm eine professionelle Aufgabenerfüllung erwarten. Wahrscheinlich wird das mit dem Erfolg nichts. Passt hier ein Vorwurf gegen den Mitarbeiter, und haben Sie das Recht, von ihm enttäuscht zu sein? Leider habe ich im Rahmen meiner Beratungstätigkeit viel zu viele Führungskräfte kennengelernt, die in diese selbst gestellte Falle hineingetreten sind. Denken Sie daran, welchen Anteil Sie an seinem Scheitern haben, dann kommen Sie eher darauf, Ihre Enttäuschung beiseitezuschieben und festzustellen, dass Sie nicht die Voraussetzungen für ihn geschaffen haben, sodass er das leisten konnte, was Sie erwarteten.

> Wer sich die Frage nach seinem Anteil an einer unbefriedigenden Situation stellt, kommt weiter. Derjenige, der Schuld verteilt, nicht.

Diese Art zu denken, diese Methode, Selbstverantwortung als Selbstverständnis in Ihrem Geschäftsbereich zu installieren, hilft Ihnen und allen Mitarbeitern in vielen Situationen des Arbeitsalltags. Unsere Erfahrung war in diesem Zusammenhang folgende: Wenn jemand bei der Analyse seiner Anteile erkannte, dass er doch irgendwie mit seinem Verhalten danebengelegen hat, hängte er an die Abteilungspinnwand ein kleines Zettelchen mit einer Entschuldigung und einem daran klebenden Schokoriegel als kleine Wiedergutmachung. Durch diese kleine Geste konnten wir erleben, wie die Beziehung wieder entlastet wurde, beide unverkrampft, ohne Restgräuel und mit guter Laune wieder zusammenarbeiten konnten. So einfach kann es sein. Sie müssen es nur allen Beteiligten zuvor beibringen, alle in diesem Verhalten bestärken und es vorleben.

Sprechen ist besser, als im Arbeitsvertrag nachzulesen
Wir haben im Zusammenhang mit glücklich-erfolgreicher Führung schon so manches Mal über die Relevanz einer guten Beziehung und einer starken Verbindung zum Mitarbeiter gesprochen. Wichtig ist, dass auch Ihr Mitarbeiter sich dieser Relevanz bewusst wird und weiß, wie wichtig es auch für ihn ist, im guten Kontakt zu bleiben. Sich viel auszutauschen ist äußerst wichtig und gehört zu einem guten Selbstverständnis dazu. Kurz gesagt ist nahe beieinanderbleiben und sprechen viel besser, als im Arbeitsvertrag die Regeln der Zusammenarbeit nachzulesen. Fordern Sie Ihren neuen Mitstreiter auf, die Dinge, die ihm bei seinem Jobglück im Weg stehen oder ihn in anderer Weise stören, offen anzusprechen. Weiter oben haben wir beschrieben, dass sich Ihr Mitarbeiter auf Ihre Offenheit verlassen können muss und dass er das Vertrauen haben darf, dass Sie seinen Mut und seine Ehrlichkeit nicht zu seinen Lasten missbrauchen. Fordern Sie ihn auf, offen zu sprechen und beweisen Sie ihm, dass das besser ist, als Dinge zu verschweigen und durch Unterlassung und Unzufriedenheit Probleme wachsen zu lassen. Es ist nun mal wichtig, dass Sie mit Ihrem Mitarbeiter im Zusammenhang mit dem Deal, den Sie mit ihm getroffen haben, im Gespräch bleiben. Fordern Sie ihn auf, Sie daran teilhaben zu lassen, ob es nach wie vor die richtige Tätigkeit für ihn ist und ob Sie ihm leichtfällt und Freude bereitet. Und ermutigen Sie ihn auch darin, über die Dinge zu sprechen, die seine Zufriedenheit belasten.

6.4 Hüter glücklich-erfolgreicher Zusammenarbeit

Im Zusammenhang mit dem Vorleben von Arbeitsqualität und Professionalität hatten wir schon über die Vorbildfunktion von Mitarbeitern gesprochen. Diese Rolle gilt natürlich auch, wenn es um den Umgang und um die Art der Zusammenarbeit geht. Ihre Bestandsmitarbeiter legen nicht nur das Level für die Geschwindigkeiten und die Arbeitsqualität vor, sondern sie sind auch die Messlatte in allen Aspekten der Zusammenarbeit, von denen Sie gerade gelesen haben. Ihre Mitarbeiter sind die Messlatte, danach erst Sie. Es sei denn, Sie laufen eindrucksvoll unter der von Ihnen selbst installierten Messlatte drunter her. Dann folgen Ihnen in kürzester Zeit nicht nur die Neuen auf Ihr Niveau, sondern ziemlich sicher auch die anderen. Für Mitarbeiter gibt es keine bessere Ausrede für schlechte Arbeit, wenn ihr Vorgesetzter es ihnen schlecht vormacht. Sie als Vorgesetzter sind also das Maß aller Dinge, aber Ihre Bestandsmitarbeiter sind die tatsächliche Referenz für ihren neuen Kollegen.

Und damit kommen wir zu folgenden wichtigen Fragen: Wessen Interesse ist es, dass der neue Kollege ein guter wird? Wer sind eigentlich die wahren Hüter glücklich-erfolgreicher Zusammenarbeit in Ihrer Abteilung?

Wie Sie in diesem Buch schon an mehreren Stellen sehen konnten, gewinnen bei glücklich-erfolgreicher Zusammenarbeit und einer entsprechenden Führung alle. Dann sollte es auch das Interesse aller sein, diese Art des gemeinsamen Wirkens aufrechtzuerhalten und zu schützen. Wenn also ein Neuer in Ihre Welt kommt, ist es das Interesse aller, ihn dabei zu unterstützen, das gemeinsame Niveau zu erreichen. Alle gewinnen, wenn es gelingt.

Ihre besondere Aufgabe als Vorgesetzter ist es, all Ihren Mitarbeitern diese besondere Rolle im Rahmen der Einarbeitung, wie auch schon beim Schnuppern, immer wieder bewusst zu machen. Alle Beteiligten sorgen dafür, dass der Neue ein guter wird. Eine Bereicherung wird. Einer, der das mitmacht, was Ihnen und Ihrer Mannschaft so wichtig ist. Denn nur dann ist das weiterhin selbstverständlich, was Ihnen und Ihrer Mannschaft so viele Vorteile bringt: hoher Glücksertrag und Erfolg. All Ihre Mitarbeiter sind die Hüter Ihrer Kultur, Ihrer gemeinsamen Kultur. Alle stellen sich die Frage, ob und wie sie ihn, den Neuen, zum gleichwertigen Teammitglied entwickeln können, ob er auf dem richtigen Weg ist, welche Impulse er noch benötigt oder ob es ein hoffnungsloses Unterfangen ist. Alle leben vor, unterstützen ihn in seiner Entwicklung und beobachten, wie er auf dem Weg ist. Es ist eine Gemeinschaftsleistung. Alle senden die Botschaft: „Wir leben das alle so. Das ist unser Selbstverständnis. Da stehen wir hinter. Das ist uns wichtig."

> Alle Beteiligten sind die Hüter glücklich-erfolgreicher Zusammenarbeit, weil alle dadurch gewinnen.

Als Vorgesetzter suchen Sie das Gespräch mit Ihren Bestandsmitarbeitern und erkundigen sich, ob auch sie der Auffassung sind, dass der Neue auf dem Weg ist. Sie fragen, wo man noch unterstützen kann und ob sie der Auffassung sind, dass er eine gute Unterstützung im Team werden wird. In diesem Zusammenhang vermitteln Sie außerdem Ihren Mitarbeitern, dass sie zwischen dem Gerne-machen des Neuen und der Beziehung zu ihm trennen müssen. Er muss in beiden Kategorien passen. Wenn sich ein neuer Mitarbeiter in Ihrer Abteilung nur pudelwohl fühlt und er mit allen gut klarkommt aber in seiner Tätigkeit nicht, dann müssen Ihre Mitarbeiter in der Lage sein, dies zu differenzieren. Sie müssen lernen, dass sie mit einer Person, mit der sie sich zwar schon super verstehen, die aber nicht den Job beherrschen wird, keine gemeinsame Zukunft begründen können. Mitarbeiter die sich in der Wachstumsphase schon mit ihrem neuen Kollegen verbunden hatten, fiel diese Trennung in der Regel schwer.

Deshalb ist es so wichtig, diese Differenzierung zu kommunizieren und den besonderen Deal allen in Erinnerung zu rufen. Es wird kein Mitarbeiter gesucht, den alle toll finden, der aber immer getragen werden muss, sondern einer, der zu Ihnen und Ihrem Team passt und dem darüber hinaus auch der Job leichtfällt. Insofern konnte ich es früher gar nicht häufig genug sagen. Es ist eine Und- und keine Oder-Anforderung. Wir wollen, dass er glücklich-erfolgreich wird und dass wir es dadurch auch bleiben können. Und das sollten wir als Hüter unserer (Abteilungs-)Welt alle im Blick haben. Den Neuen nach erfolgreichem Durchlaufen der Einweisungsrunden feierlich als gleichwertiges Mitglied im Team aufzunehmen, war dann immer ein für alle besonders erfreulicher Akt.

6.5 Das Ergebnis eines glücklich-erfolgreichen Starts

Zum Start der Praxiskapitel hatte ich Ihnen gesagt, dass Sie kein Trainingsprogramm erhalten, sondern Inspiration und Anregungen. All Ihre und meine Führungs-Situationen sind so spezifisch, dass niemand behaupten kann, Sie müssen es genau so machen, wie hier beschreiben wird, um erfolgreich-glücklich führen zu können. Nein, ich kann nur versuchen, Sie für diese Art der Zusammenarbeit zu gewinnen und Ihnen dann Impulse und Ideen zu geben, anhand derer Sie Ihr eigenes Modell glücklich-erfolgreicher Führung in Ihrer Abteilung installieren können. Einige Bilder oder Begrifflichkeiten, die Sie hier lesen konnten, passen Ihnen vielleicht gut, andere nicht, aber das Bewusstsein, dass ihnen zugrunde liegt, ist für die Etablierung Ihrer neuen Arbeitswelt wichtig: Selbstverantwortung, Mitgefühl, Wohlwollen, gegenseitige Wertschätzung, Offenheit für Andersartigkeit und mutige Worte, um nur einige zu nennen.

All dies bei Ihren Mitarbeitern zu installieren, ist Ihre Aufgabe – und dies katapultiert alle auf eine höhere Bewusstseinsebene. Denn anhand all dieser Aspekte entwickeln Sie mit Ihren Leuten Umgangskompetenzen und eine Sensibilität, die Ihnen helfen wird, zukünftig auf einem höheren Niveau zusammenzuarbeiten. Gleichfalls helfen Sie dabei, dass Probleme, die typischerweise in Ihrem Verantwortungsbereich entstehen können, weniger wahrscheinlich werden und kleiner ausfallen, weil diese früher und aktiver von allen angegangen werden. Und weil Sie Ihre Mitarbeiter unterstützen, diese Kompetenzen zu entwickeln, sind sie sogar selbst eher in der Lage, einige von den Problemen untereinander und ohne Ihre Beteiligung zu lösen. Welch eine Entlastung für Sie!

Dennoch bedeutet es ein größeres Projekt und eine besondere Gemeinschaftsleistung, einen neuen Mitarbeiter in der Wachstumsphase so zu begleiten. Dass das für Sie zunächst eine größere Investition bedeuten kann, ist keine Frage. Aber es lohnt sich. Das ist auch keine Frage. Denn betrachten wir mal das Ergebnis am Ende der Wachstumsphase für alle Beteiligten, insbesondere für Ihren neuen Mitarbeiter:

Ihr Mitarbeiter betritt eine Welt mit hohem Selbstverständnis an Arbeitsqualität und Professionalität. Er erlebt, wie er von allen Seiten Unterstützung darin erfährt, was er gerne macht, jetzt auch noch viel besser zu machen. Das beflügelt ihn und produziert Glücksfaktoren.

Zudem erfährt er, was hinter glücklich-erfolgreicher Zusammenarbeit alles steckt und welche Lebensprinzipien dem zugrunde liegen. Wie wichtig dabei wahre Ehrlichkeit ist, wie sinnvoll das Denken in Anteilen ist und wie hilfreich Offenheit, die Übernahme von Verantwortung, Hilfsbereitschaft, gegenseitiges Wohlwollen und Großzügigkeit sind. All das lässt ihn auch menschlich wachsen. Er erfährt nicht nur die Hintergründe, sondern erlebt auch, was dies alles mit ihm macht. Er spürt reihenweise Glücksfaktoren in seinem Bauch. Es gibt ihm sogar die Möglichkeit, das ein oder andere an Erkenntnis in sein Privatleben zu transferieren. All das ist Dünger für sein Jobglück.

Wir konnten häufig miterleben, wie Menschen dabei persönlich wuchsen und dies als äußerst bereichernd ansahen. Ihr neues Selbstverständnis wirkte wie eine Depotpille für ihr Glück. Im beruflichen Kontext von Dankbarkeit zu sprechen, kommt zwar den wenigsten Beschäftigten in den Sinn. Wir haben sie aber in dieser Phase immer wieder erlebt. Die Menschen, die zu uns kamen, haben es als Bereicherung für sich selbst empfunden, so etwas erleben zu dürfen. Erfahren zu können, wie durch die Hilfsbereitschaft der Kollegen und die Unterstützung beim Wachsen, Beziehungen in einer Qualität entstehen, die sie sich zuvor im beruflichen Kontext nicht vorstellen konnten. Erleben zu dürfen, wie durch die Beachtung einfacher Lebensprinzipien, simpler Metaphern und der Tatsache, dass sie alle Beteiligten mit Leben füllen, die Sprüche über glücklich-erfolgreiche Zusammenarbeit, die sich für den Bewerber noch in der Startphase als Hochglanzprospekt-Aussagen anfühlten, zur neuen Überzeugung wurden:

> Jobglück ist möglich, und glücklich-erfolgreiche Zusammenarbeit bewirkt tatsächlich, dass alle gewinnen.

Was für eine Erkenntnis! Diese Überzeugung befeuert die Begeisterung. Als Mitarbeiter ein Fan seines Unternehmens, seiner Abteilung oder sogar seiner Führungskraft und seinen Kollegen zu werden, konnten sich viele vorher nicht vorstellen. Aber auf einmal ertappen sie sich dabei, wie sie in ihrem privaten Umfeld begeistert von ihren Erfahrungen berichten. Jetzt fängt Ihre Abteilung – oder je nach Unternehmensgröße und -art vielleicht sogar Ihr ganzes Unternehmen – tatsächlich an, für die Außenwelt zu leuchten. Das schaffen Hochglanzbroschüren nicht. Dass Sie und Ihre Mitarbeiter dabei wahrscheinlich skeptisch beäugt werden, hatte ich Ihnen schon im Vorwort dieses Buches angekündigt. Leider ist diese Art der Zusammenarbeit und Führung noch immer außergewöhnlich. Die skeptischen Kommentare sollten Sie aber nicht davon abhalten, Menschen für diese Art der Zusammenarbeit zu gewinnen.

Na, was glauben Sie, steigt die Erfolgskurve (Abb. 3.3) Ihres neuen Mitstreiters in so einer Wachstumsphase steiler an und springt auf ein höheres Niveau als die Kurve von neuen Mitarbeitern, die keine oder irgendeine halbherzige Einführung erhalten haben? Dass ein Mitarbeiter, der durch diese Start- und Wachstumsphase gesprungen ist, auf einem hören Niveau landet, ist, glaube ich, keine Frage. Wie hoch dieses Niveau sein kann, können die meisten erst glauben, wenn sie es selbst erlebt haben. Wenn mir jemand zu Beginn meiner unternehmerischen Tätigkeit gesagt hätte, welche Sphären an Zufriedenheit und Erfolg man dadurch erreichen kann, hätte ich es ihm auch nicht geglaubt. Mit so einer Art der Zusammenarbeit und Führung kann das logische Endprodukt nur Erfolg sein. Es entsteht sogar glücklicher Erfolg. Und von dem wissen wir ja, dass er viel mehr ist, als dass man einfach nur erfolgreich oder nur glücklich ist.

7

Hochphase – glücklich-erfolgreiche Führung im Tagesgeschäft

Nach der Wachstums- und Aufstiegsphase wird die Betreuung Ihres neuen Mitarbeiters in der Regel zurückgefahren. Paten und Mentoren, die vielleicht eingesetzt wurden, haben ihre Arbeit geleistet. Er steht nicht mehr so im Fokus wie zum Start. Mittlerweile ist er gleichwertiges Teammitglied und kann selbstständig und eigenverantwortlich hoch motiviert arbeiten.

Ihr Ziel ist es nun, dafür zu sorgen, dass er seine Begeisterung für seine Tätigkeit, für seine Kollegen und für Sie bewahrt und dass es ihm dauerhaft gut gehen wird. Dass er seine Arbeit im Laufe der Zeit vielleicht sogar noch besser machen wird, als er sie schon jetzt bewältigt. In der Hochphase ist es deshalb Ihre Aufgabe, ihm Arbeitsflow zu ermöglichen, bei weiterem Wachstum zu helfen, sowie ihn bei seinem Jobglück zu unterstützen und Glücksdosen zu verabreichen.

Wird dabei seine Motivation immer auf so einem hohen Niveau bleiben können? Ist bei glücklich-erfolgreicher Führung die Erfolgskurve eine Linie, die schnurgerade auf konstant hohem oder steigendem Niveau sich über die Monate, Jahre oder sogar Jahrzehnte entwickelt? Nein, natürlich nicht. Das wäre realitätsfern. Motivationshochs und Tiefs gehören zum Leben, so auch bei glücklich-erfolgreicher Führung. Die Erfolgskurve gleicht eher einer Wellenbewegung mit manchmal kleineren oder auch größeren Dellen nach unten und Bergen nach oben (siehe Abb. 3.3).

Wie Sie gewährleisten, dass seine Kurve trotz dieser Wellenbewegung auf einem höheren Niveau verläuft, als die von Mitarbeitern anderer Führungskräfte, die die Zufriedenheit ihrer Leute weniger im Blick haben, zeige ich Ihnen in diesem Kapitel. Wir starten zunächst damit, Ihre Sensorik zu schärfen. Antennen auf Ihren Kopf zu schrauben, damit Sie Ihren Mitarbeiter noch besser er-kennen, sich entsprechend auf ihn einlassen und Ihr Führungs-Verhalten auf ihn abstimmen können. Denn dadurch entsteht die Verbindung, über die Sie im dritten Kapitel lesen konnten und die für das Gelingen erfolgreicher Zusammenarbeit so wichtig ist. Danach erfahren Sie eine ganze Menge darüber, wie Sie das Jobglück Ihres Mitarbeiters im Tagesgeschäft düngen können und Krisen gemeinsam durchstehen, sodass es erstens weniger Turbulenzen gibt und diese zweitens auch noch weniger spektakulär ausfallen. Dann erhält seine Erfolgskurve keine tiefen Dellen.

7.1 Mitarbeiter er-kennen – Sensorik für das Jobglück

Wie Sie im dritten Kapitel lesen konnten, bedeutet, den Mitarbeiter wirklich zu er-kennen, sich auf ihn einzulassen, nah an ihm dran zu sein, eine Verbindung zu ihm aufzubauen und einzugehen. Verbindung ermöglicht Er-kennen. Umgekehrt gilt es allerdings genauso: Je klarer Sie den Mitarbeiter er-kennen, desto besser können Sie die Verbindung aufbauen und stärken.

Deshalb stelle ich Ihnen nun ein paar Instrumente vor, die es Ihnen ermöglichen, Ihren Mitarbeiter schneller einschätzen und verstehen zu können. Hierfür gibt es eine Vielzahl an Tools. Ich beschränke mich dabei auf die Werkzeuge, die Sie im Tagesgeschäft pragmatisch einsetzen können und die sich im Zusammenhang mit glücklich-erfolgreicher Führung in der Praxis als besonders hilfreich erwiesen haben.

A) Drei Mitarbeitertypen
Wir Menschen und viele Führungskräfte tendieren dazu, ihr Gegenüber in Schubladen einzuordnen. Im Zusammenhang mit Führung können das Persönlichkeitstypen sein wie der Choleriker, der Spaßvogel, die Quasselstrippe, der Blender oder der Pedant, um nur einige zu nennen. Wenn es um das Thema Zusammenarbeit geht, kann man auch Typen wie den Oberflächlichen von dem eher Unzuverlässigen, dem Patzigen, dem Dominaten, dem Selbstoptimierer oder dem sich aufopfernden Kümmerer unterscheiden. Alles Kategorien, die abstrakt sind, nie der Person in seiner Gänze gerecht werden, aber Ihnen helfen, ein der Person entsprechendes Führungs-Verhalten an den Tag zu legen. Im Zusammenhang mit glücklich-erfolgreicher Führung und dem Anspruch, dem Mitarbeiter zu seinem Jobglück zu verhelfen, konnten wir drei andere Kategorien von Mitarbeitern identifizieren. Diese verschiedenen Mitarbeitertypen zu kennen ist für Ihre

7 Hochphase – glücklich-erfolgreiche Führung im Tagesgeschäft

tägliche Führungs-Arbeit wichtig, da sie in mancher Hinsicht unterschiedlich behandelt werden müssen.

Als es im Abschn. 3.5 um die Grenzen glücklich-erfolgreicher Führung ging, hatte ich sie Ihnen schon vorgestellt: Mitarbeitertyp I ist der, für den schon sein eigenes Jobglück nicht vorstellbar ist. Er wird kaum für diese Art der Führung und Zusammenarbeit zu gewinnen sein. Sein Pendant ist Typ III. Er lässt sich leicht für sie begeistern, ist hoch motiviert und darüber hinaus bereit, einen eigenen Beitrag zu seinem Jobglück zu leisten. Mitarbeitertyp II ist sich in seiner Haltung noch nicht ganz so klar, er weiß nicht, in welche Richtung er tendiert – eher zu der von Typ I oder doch zu der von Typ III? Typ II und III unterscheiden sich darin, dass Typ II in der Anfangsphase nicht in dem Maße die Begeisterung für glücklich-erfolgreiche Zusammenarbeit entwickeln kann wie Typ III. Dieser brennt schon für die glücklich-erfolgreiche (Arbeits-)Welt. Er ist ihr großer Befürworter und zeigt sich schnell als Verfechter und Multiplikator dieser Philosophie. Er ist derjenige, der im privaten Bereich darüber begeistert berichtet, während Typ II sich dahin gehend noch etwas verhalten zeigt. Typ II müssen Sie also erst für sich und Ihre Welt gewinnen. Er braucht viele Erklärungen und noch viel mehr Beweise, damit seine Skepsis schwindet. Dann wächst in ihm die Haltung, dass glücklich-erfolgreiche Zusammenarbeit auch für ihn gut und wertvoll ist. Dies beflügelt dann seine Bereitschaft, sich für all das einzusetzen.

Die Kenntnis über diese Mitarbeitertypen ermöglicht es Ihnen, schon im Bewerbungsverfahren Typ I auszusortieren. Denn einen Bewerber einzustellen, der sich sein eigenes Jobglück nicht vorstellen kann oder will und auf Ihre Art der Zusammenarbeit nicht positiv anspringt, ist nichts für Sie. Wie sollen Sie jemanden für seine Zufriedenheit begeistern, der diesen Gedanken schon kategorisch ablehnt? Bei ihm wird Arbeit immer etwas mit Anstrengung zu tun haben. Erfolg mit Leichtigkeit kann dieser sich nicht einmal vorstellen, und Sie können ihn auch nicht dazu bewegen. Großartig wäre es, wenn in Ihrer Abteilung ausschließlich Vertreter des gegenteiligen Typs, also Typ III arbeiten würden. Leider ist es aber eher unrealistisch. Sie werden wahrscheinlich einen Mix aus Typ II und Typ III erreichen.

Die drei Mitarbeitertypen möglichst sicher identifizieren zu können ist wichtig. Gerade in der Startphase brauchen Sie diese Sensorik, um nicht Bewerber in Ihre Welt zu lassen, die Sie nur schwer oder gar nicht für glücklich-erfolgreiche Zusammenarbeit gewinnen können. Genauso wichtig ist es, zu wissen, mit Typ II und III umzugehen. Dies gilt für die Start- und Wachstumsphase, aber auch für später, wenn es darum geht, das Jobglück

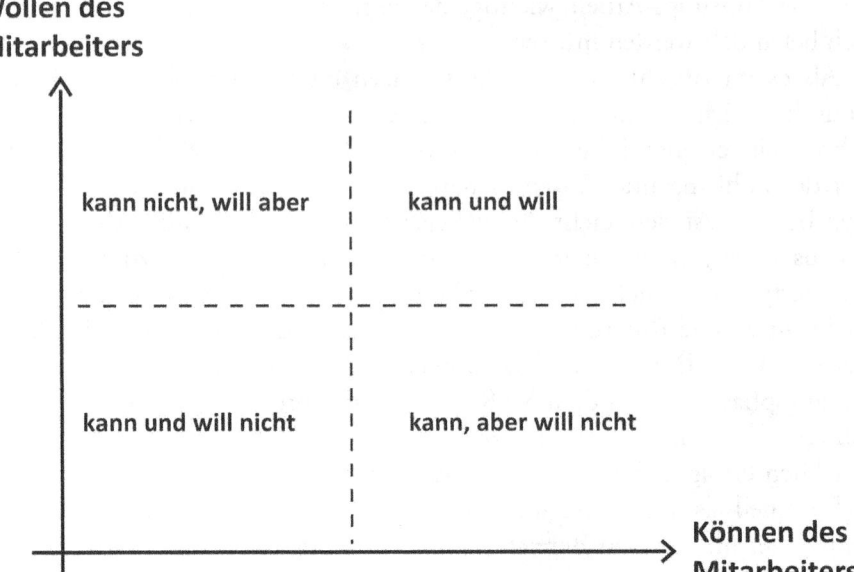

Abb. 7.1 Können-Wollen-Matrix. (© Achim Pothmann 2021. All Rights Reserved)

Ihrer Mitarbeiter zu düngen. Dann sollten Sie etwa Typ II mehr im Blick haben und ihm mehr Beweise liefern als Typ III. Der wird Ihnen im Zweifel sogar dabei helfen.

> Vermeiden Sie, Mitarbeitertyp I einzustellen, freuen Sie sich über Typ III und puschen Sie Typ II.

B) Die Können-Wollen-Matrix

Die Können-Wollen-Matrix ist ein klassisches Instrument bei der Führungs-Arbeit (siehe Abb. 7.1; vgl. etwa Lorenz und Rohrschneider 2014). Da Sie an Ihren Mitarbeitern nah dran sind, dürfte Ihnen die Zuordnung zu jeweils einem dieser Felder leichtfallen. Das Feld unten links, in dem ein Mitarbeiter nicht über die notwendigen Fähigkeiten verfügt und wenig Leistungsbereitschaft bei der Tätigkeit verspürt, müsste in Ihrer Abteilung leer sein.[1]

---

[1]Sollten in Ihre Abteilung Personen versetzt worden sein, die gar nicht in Ihre Abteilung, zu Ihnen und auch nicht zu dieser Tätigkeit kommen wollten, so ist dies hoffentlich eine Ausnahme. Den Umgang

Im Feld oben links sind Ihre Mitarbeiter, die unbedingt wollen, aber noch nicht genügend können. Das trifft im Zweifel zunächst auf Ihre neuen Mitarbeiter zu, die noch in der Wachstumsphase sind oder welche, deren Tätigkeit sich verändert hat und diesbezüglich Weiterqualifizierungen benötigen. Im Feld unten rechts sind die Mitarbeiter, bei denen das Können ausreicht, bei denen es aber am Wollen, an der Einsatzfreude, also unweigerlich auch an der Zufriedenheit hapert. Sollten Sie hier einen Mitarbeiter zuordnen (müssen), sollte für Sie Großalarm sein. Was dann zu tun ist, erfahren Sie in Abschn. 7.3. Um diese Situation aber erkennen zu können, stelle ich Ihnen hier (ausnahmsweise) ein häufig verwendetes, aber nicht für glücklich-erfolgreiche Führung spezifisches Modell vor.

Ich wünsche Ihnen, dass der Großteil Ihrer Mitarbeiter im Feld rechts oben zuzuordnen ist. Hier beherrschen sie ihre Tätigkeiten und haben auch noch Freude daran und dabei. Das ist das erklärte Ziel glücklich-erfolgreicher Führung.

In diesem Modell werden nur zwei Faktoren analysiert. Es sind genau diejenigen, die bei glücklich-erfolgreicher Führung wesentlich sind: die Tätigkeit, die einem leichtfällt, die man beherrscht und gerne macht, sowie die Zufriedenheit, die sich in der Leistungsbereitschaft, also im Wollen zeigt. Die Matrix ist ein wunderbares Instrument für die Identifikation und Besprechung zum Beispiel von Zufriedenheitskrisen. Wir werden es darüber hinaus für den Fall des endgültigen Verlustes des Jobglücks auch im achten Kapitel nutzen. Gleichfalls soll es in Ihrem Kopf bleiben, um sich immer wieder die folgende, entscheidende Frage zu stellen:

> Prüfen Sie: Liegt es am Können oder am Wollen?

C) Die Summe der Kleinigkeiten

Im Rahmen unseres Coachings für Führungskräfte erlebten wir häufig, wie weniger erfahrene Vorgesetzte sich über unbefriedigendes Verhalten irgendeines Mitarbeiters aufregten. Damit diesbezüglich die Führungskraft ihre Unzufriedenheit und die Problemlage loswurde, mussten wir ihr beibringen, aus der Summe der kleinen Phänomene zu erkennen, was denn das

---

mit diesen Zwangsversetzten oder Change-Opfern, wie sie häufig genannt werden, werden wir uns in Kap. 8.3 noch einmal genauer anschauen müssen.

zugrunde liegende Problem beziehungsweise die dazugehörige Haltung des Mitarbeiters ist. Also wegen welcher Verstimmung die vielen kleinen ärgerlichen Symptome sich zeigen. Der Gedanke war, die Gemeinsamkeiten der Ärgernisse zu identifizieren, um zu verstehen, um welches grundlegende Problem es sich handelt.

Stellen Sie sich bitte in diesem Zusammenhang einmal folgende Situation vor: Einer Ihrer Führungskollegen würde sich dauernd bei Ihnen über die verschiedenen ärgerlichen Verhaltensweisen seines Mitarbeiters aufregen. Jeden Tag berichtet er von enttäuschenden Phänomenen, die wie Pilze aus dem Boden sprießen. Irgendwann würden Sie ihn wahrscheinlich fragen, was denn der Nährboden für all diese Giftpilze sein könnte, oder?

Sobald dieses Grundproblem, der Nährboden, identifiziert und benannt ist, kann die Führungskraft den Fokus auf das Grundproblem richten und ihr Führungs-Verhalten darauf ausrichten. Sie muss sich aber nicht mehr über die einzelnen Phänomene ärgern, die sprießenden Pilze, die wir als „Summe der Kleinigkeiten" getauft haben. Die sind ja nur die sichtbaren Symptome der Krankheit. Aus den vielen Kleinigkeiten, die Sie als Führungskraft aufgrund der Nähe zu Ihrem Mitarbeiter erfahren, können Sie Schlussfolgerungen ziehen. Es spricht eben sein Verhalten. Das spricht klarere Worte und ist ehrlicher als so manche beteuernden Worte, wenn sich der Mitarbeiter vielleicht sogar selbst noch etwas vormacht.

Nehmen wir beispielsweise die Summe der Kleinigkeiten, an der Sie das Grundproblem gesunkener Motivation Ihres Mitarbeiters festmachen können. Es ist völlig egal, wie sehr der Mitarbeiter seine große Motivation beteuert, wenn die Summe der Kleinigkeiten, die die Führungskraft und die Kollegen wahrnehmen, das Gegenteil aussagt.

> Erkennen Sie anhand der Summe der Kleinigkeiten das zu bearbeitende Grundproblem.

Mit der Nähe zu Ihrem Mitarbeiter (und dieser Antenne für die Summe der Kleinigkeiten) werden Sie schneller erkennen, wie Ihr Mitarbeiter über seine Arbeit, seine Zufriedenheit, seine Lebensprinzipien, seine Kollegen, das Unternehmen, Ihre Abteilung, Führungskräfte im Allgemeinen und auch über Sie denkt – und Sie werden verstehen, warum er sich so verhält. Mit dieser Erkenntnis können Sie dann wirkungsvoller handeln. Ein konkretes Beispiel für die Anwendung dieses Analysetools erhalten Sie in Abschn. 7.3.

D) Fred mit seinem Bauch als Analysetool

Betrachten Sie Ihren Mitarbeiter als Fred mit seinen Glücks- und Unglücksfaktoren, wie ich ihn im vierten Kapitel vorgestellt habe und er in Abb. 4.5 dargestellt ist. Finden Sie heraus, welche Glücksfaktoren für ihn persönlich höhere Relevanz haben und welche Unglücksfaktoren ihn schnell in die Krise treiben. Versetzen Sie sich in Ihren Mitarbeiter hinein. Machen Sie sich bewusst, welchen Hintergrund er hat, welche Historie, welche Vorerfahrungen, in welcher partnerschaftlichen oder familiären Situation er lebt, welche Hobbys er betreibt und was das wiederum über ihn aussagt. Überlegen Sie sich: Welche Nöte und Zwänge ergeben sich vielleicht aus seiner Lebenssituation, und in welche Richtung möchte er sich sowohl beruflich als auch privat hin entwickeln? Entwickeln Sie ein Gefühl dafür, wie sein Bauch wohl über seine Zufriedenheit und Unzufriedenheit entscheidet. Es geht dabei keinesfalls nur um die allgemeinen Faktoren, sondern insbesondere um seine einflussstarken, ganz individuellen Faktoren. Diese zu erkennen und im Blick zu haben hilft Ihnen, ihn besser zu verstehen und Ihr Verhalten auf ihn konkret anzupassen. Die wichtigste Analysefrage in diesem Zusammenhang ist für Sie:

> Was macht mein Verhalten oder Unterlassen mit Freds Bauch?

Problemsensibel und lösungsaktiv

Die vier gerade beschriebenen Analyseinstrumente zur Förderung Ihrer Sensorik bringen nichts, wenn Sie diese Sensibilität nicht nutzen. Bei der Ausbildung von Führungskräften sollte man in diesem Zusammenhang drei Aspekte im Blick haben: Erstens brauchen sie ein klares Verständnis des Sinns von Kontrollen, wie ich sie beispielhaft schon in Abschn. 3.3 anhand der Geschichte mit der neuen Nachwuchsführungskraft beschrieben habe. Zweitens müssen Sie prüfen, wie sensorisch, also problemsensibel eine Führungskraft ist, und gegebenenfalls müssen Sie herausfinden, wie die Führungskraft ihr Radar durch die hier vorgestellten Instrumente verbessern kann. Drittens müssen Sie prüfen, ob eine Führungskraft, die zwar durch die Nähe zu ihrem Mitarbeiter vieles mitbekommt, aber durch eine ins Freundschaftliche gehende Vertrautheit sich nicht traut, kritische Dinge anzusprechen, ob sie also nicht lösungsaktiv ist. Auch diesen Aspekt, wie Führungskräfte mal ein schwieriges Feedback geben, ohne die gute Beziehung zu gefährden, werden wir weiter unten noch behandeln.

Mit den oben vorgestellten Analysetools, besser gesagt mit diesen Antennen auf dem Kopf, verfügen Sie über ein gutes Radarsystem. Natürlich nutzen Sie diese Sensorik auch schon in der Start- und Wachstumsphase. Aber jetzt erst recht. Jetzt müssten Sie wissen, was Ihr Mitarbeiter genau und konkret braucht. Was ihm wichtig ist, was ihn bewegt, belastet, begeistert, schwerfällt, inspiriert, beflügelt und was ihm Zufriedenheit gibt (aber auch raubt). Jetzt heißt es, aktiv zu sein, das Jobglück zu düngen und Probleme sensorisch und engagiert anzugehen, um Dellen in seiner Erfolgskurve zu vermeiden oder zu beseitigen. Kurz, um Ihr Führungs-Verhalten wirklich wirkungsvoll zu machen.

7.2 Jobglück im Tagesgeschäft düngen

In vielen Führungsseminaren lernen Sie, dass Sie für Klarheit und Eindeutigkeit sorgen müssen, um für ein produktives Klima zu sorgen. Sie sollen mit Ihren Mitarbeitern auf Augenhöhe kommunizieren und Ihnen Anerkennung und Wertschätzung geben. Aber wie funktioniert das mit der Anerkennung und Wertschätzung konkret – und vor allen Dingen vor dem Hintergrund glücklich-erfolgreicher Zusammenarbeit? Allgemeiner gesagt: wie können Sie das Jobglück Ihres Mitarbeiters düngen? Schauen wir uns mal ein paar konkrete Beispiele an. Bitte stellen Sie sich hierzu vor, Sie sind in diesen Situationen nicht die Führungskraft, sondern der Mitarbeiter, dem dieses Führungs-Verhalten widerfährt:

Am Nikolaustag
Sie arbeiten schon einige Jahre in der Abteilung Ihrer Führungskraft. Heute ist der sechste Dezember. Sie betreten morgens Ihr Büro und sehen auf Ihrem Schreibtisch einen kleinen Schoko-Nikolaus stehen. Eine Karte ist angehängt mit lieben Worten von Ihrem Vorgesetzten. Das gab es noch nicht. Sind Sie überrascht? Freuen Sie sich?

Ein Eis im Sommer
Es ist ein herrlicher Sommertag. Die Sonne scheint, und Ihr Vorgesetzter betritt Ihr Büro und überreicht Ihnen freudestrahlend einen Becher Ihres Lieblingseises.

Mit Vollgas arbeiten und Glückspillen ernten
Stellen Sie sich bitte nun vor, Sie haben arbeitstechnisch alles gegeben. Mit Vollgas gearbeitet und mehr erreicht, als man es von Ihnen hätte erwarten

können. So wie die drei Maler in der Inselbahn, von denen ich Ihnen berichtet habe. Nun fühlen Sie sich mal in folgende Situation ein: Sie sind gerade dabei, Ihre Sachen zusammenzupacken. Sie sind echt geschlaucht und platt von dem heutigen Kraftakt und wollen nun nach Hause. Da fängt Sie auf dem Flur Ihr Vorgesetzter ab und spricht Sie auf Ihren heutigen Arbeitstag an. Er hat mitbekommen, was Sie heute alles geleistet haben. Er feiert Sie euphorisch für diese außergewöhnliche Leistung und bedankt sich bei Ihnen überschwänglich.

Den Mitarbeiter wahrzunehmen, seine Leistungen anzusprechen und sich dafür bei ihm zu bedanken sind alles Glückspillen. Sie sind nicht nur wichtig, sondern großartig. Sie sind glücksförderlich und schaffen eine gute Grundlage, dass Sie auch in Zukunft für außergewöhnlichen Einsatz bereit sind. Wenn Sie eine glücklich-erfolgreiche Führungs-Haltung eingenommen haben, ist dieses Verhalten für Sie als Vorgesetzten selbstverständlich. Für andere müsste es zumindest Pflicht sein. Was im Gegensatz dazu geschieht, wenn ein Chef so eine Anstrengung unbeachtet lässt und ihm ein Dankeschön nicht in den Sinn kommt, hatten wir schon bei den Malern gesehen. Sie werden sich nie wieder so einsetzen wie an diesem Tag. Das wurde deren neue Überzeugung. Dieses Gespräch miterleben zu müssen hat mich traurig gemacht. Bedeutet es doch so viel Frust für die Angestellten und unnötigen Schaden für die Firma. So verlieren alle.

„Geht's Dir besser?"
Nehmen mir ein weiteres Beispiel. Stellen Sie sich bitte nun vor, Sie haben Ihrem Vorgesetzten vor einigen Wochen von einem privaten Problem erzählt, das Sie seinerzeit mächtig beschäftigte und belastete. Wochen später und nach diversen Treffen mit Ihm spricht er Sie wieder darauf an und fragt: „Du hast mir doch vor einiger Zeit von deiner Situation erzählt. Da ging es doch um … Hast du es lösen können, oder belastet es dich noch immer so stark wie vor ein paar Wochen?" Sie berichten Ihm, was alles in der Zwischenzeit geschehen ist und dass es Sie glücklicherweise nicht mehr belastet. Und dann sehen Sie seine Freude über diese Nachricht.

Der Wasserkasten
Es ist Sommer und ein außergewöhnlich heißer Tag. Stellen Sie sich bitte vor, Sie arbeiten zusammen mit Kollegen in einer Produktionshalle, in der alle vor stickiger Luft in der Halle förmlich erdrückt werden. Sie schwitzen und fühlen sich kraftlos. Und dann kommt Ihr Vorgesetzter um die Ecke und übergibt Ihnen und Ihren Kollegen einen Kasten Wasser mit den Worten: „Es ist so affenartig heiß, und so anstrengend für euch, da habe ich

mir überlegt, was ich für euch tun kann, damit wir den Tag besser durchstehen können."

Homeoffice
Sie sind Mitarbeiter im Homeoffice. Viel häufiger als sonst sitzen Sie zu Hause und haben keinen persönlichen Kontakt zu Ihren Kollegen und zu Ihrem Vorgesetzten. Irgendwie steigt in Ihnen das Gefühl empor, sich ein Stück weit alleingelassen zu fühlen. Und just in dieser Phase meldet sich Ihr Vorgesetzter per Telefon und erkundigt sich nach Ihnen und Ihrem Befinden. Er spricht Sie konkret auf die größere Dosis der Homeoffice-Arbeit an, wie alleingelassen man sich dabei fühlen kann und trifft damit genau den Punkt, der sie gerade beschäftigt. Sind Sie überrascht? Fühlen Sie sich wahrgenommen und verstanden?

„Schöne Schuhe!"
Sie lieben Schuhe. Zu Hause quillt ihr Schuhschrank über. Heute haben Sie im Büro Ihre Neuen an. Beim Treffen in der Cafeteria kommentiert Ihr Chef dies mit Glückwünschen für Ihr neues Paar.

Jetzt können Sie mir natürlich vorwerfen, wie oberflächlich das ist, wenn ich Ihnen empfehle, Ihre Mitarbeiter auf Ihre neuen Schuhe, ein neues Tattoo oder die neue Frisur anzusprechen. Aber Sie ahnen vielleicht auch, dass es darum nicht geht. Es sind alles Beispielsituationen, die voraussetzen, dass Sie als Vorgesetzter achtsam waren und Ihre Mitarbeiter wahrgenommen haben. Dass Sie sehen wie anstrengend der Tag ist, wie viel Außergewöhnliches er geleistet hat, was sich bei ihm verändert hat, und sogar noch nach Wochen wissen, was ihn seinerzeit belastet hat. Sie haken nach. Das sind alles Signale dafür, dass Ihnen sein Wohlbefinden wichtig ist. Dass er Ihnen wichtig ist. Ob es das Kompliment ist oder ein herzliches Dankeschön. Ihr Mitarbeiter strahlt, und Sie ertappen sich dabei, wie auch Ihnen ein Lächeln ins Gesicht springt. Sie freuen sich mit ihm, wenn er sich über die kleinen von Ihnen verabreichten Glückspillen freut. Letztendlich haben Sie sich diese (Mit-)Freude selbst zugeführt. Durch Ihr glücksorientiertes Verhalten verabreichen Sie sich sogar selbst eine Glücksdosis. Wie gesagt: Alle gewinnen.

Durch die Vielzahl dieser kleinen Verhaltensweisen erhält Ihr Mitarbeiter einen Eindruck und erkennt Ihre Haltung, die Sie Ihm gegenüber haben. Auch hier gibt die Summe der Kleinigkeiten ein klares Bild – nur dieses Mal nicht für Sie, sondern für Ihren Mitarbeiter über Sie. Ihre Botschaft ist: Ich sehe dich. Es schwingt mit: Du liegst mir am Herzen. Sie erinnern sich vielleicht an den zweiten Megatrend, den ich Ihnen im ersten Kapitel vorgestellt habe: Er heißt Ichsein. Mit glücklich-erfolgreichem Führungs-Verhalten zahlen sie täglich auf dieses Konto ein.

Machen Sie sich durch dieses Verhalten zum Untertan Ihres Mitarbeiters? Empfinden Sie das Verhalten, zu dem ich Sie ermutigen möchte, als Schleimerei? Eine Führungskraft, die sich auf das Funktionieren-müssen beschränkt, eine vom Typ I, würde dies so sehen und im Zweifel nichts dergleichen tun. Sie würde das alles eher als unangenehm und unpassend empfinden. Mit einer glücklich-erfolgreichen Führungs-Haltung ist das hingegen anders. Es ist Ihnen ein Selbstverständnis, dass Ihr Mitarbeiter Glückspillen erhält, die er verdient hat. Sie senden mit jeder Kleinigkeit das Signal aus, wie wichtig Ihnen sein Wohlbefinden ist. Sie brauchen darüber nicht groß und schon gar nicht strategisch nachzudenken. Es kommt einfach aus Ihnen heraus. Es ist zu Ihrer Art geworden, Wertschätzung und Mitgefühl auszudrücken. Ohne Anstrengung und ohne Kalkül verteilen Sie Glückdosen und düngen dadurch die Zufriedenheit Ihrer Mitarbeiter. Wie gesagt dienen die Beispiele nicht als Handlungsaufforderung, sondern sollen Sie inspirieren und ermutigen Führung, so zu leben.

> Glücklich-erfolgreiche Führung lebt von den vielen Kleinigkeiten.

Bevor wir zu den großen Signalen kommen, möchte ich Ihnen noch eine Geschichte erzählen, über die wir seinerzeit noch monatelang gelacht haben. Sie ist ein gutes Beispiel für eine Führungs-Kleinigkeit: In einer unserer Filialen hatten wir eine Mitarbeiterin, die während ihres Studiums bei uns jobbte. Sie stand im Examen und musste ihre Abschlussarbeit schreiben. Zu Hause konnte sie sich aber partout nicht konzentrieren. Wie auch immer sie dazu kam, irgendwann traf ich sie in unserem kleinen Personalraum unserer Filiale in Herne und sah, wie sie von Büchern eingerahmt ihre Arbeit verfasste. So etwas hatte ich noch nicht erlebt. Ihre Kolleginnen berichteten mir, dass sie mehr in der Filiale half, als dass sie ihre Arbeit schreiben würde. Nach etwa drei Monaten war die Dauerbesetzung unseres Pausenraums dann doch beendet, und die Arbeit fertiggestellt. Mit dem Team hatten wir uns überlegt, dass wir aus dieser ungewöhnlichen Story noch etwas machen müssen. Dafür müssten wir sie noch mal richtig hochnehmen, waren wir uns alle einig. Ich sollte ihr eine Rechnung schicken, das war die Idee. Eine Rechnung über die Nutzung unseres Personalraums. Rechnungsinhalte sollten sein, die anteiligen Mietkosten, anteiligen Heizungskosten, der erhöhte Verbrauch unserer Teamsüßigkeiten, bis hin zur Abnutzung des Schreibtischstuhls. Diese Rechnung haben wir dann, wie alle Briefe, die intern versendet wurden, an die Pinnwand der Filiale gehängt. Geöffnet hat sie ihn im Beisein zweier Kolleginnen. Die waren natürlich drauf bedacht, das Öffnen des Briefes mitzuerleben. Die Studentin fragte sich beim Öffnen, warum sie wohl Post aus der Verwaltung erhalten würde. Beim Lesen beobachteten die Kolleginnen ihren verdutzten Gesichtsausdruck, der sich von Zeile zu Zeile immer mehr verzerrte. Als sie dann laut die letzte Position mit der Stuhlabnutzung vorlas, konnten die beiden Kolleginnen ihr Lachen nicht mehr unterdrücken und sie erkannte den Schabernack, den wir mit ihr veranstaltet haben. Was haben wir alle gelacht! Im Nachhinein hat es mich dann doch ein bisschen gewundert, dass sie nicht sofort den Scherz erkannt hatte. Hatte sie mir etwa ernsthaft zugetraut, ihr über ihre Mithilfe außerhalb ihrer Arbeitszeit und während ihrer Schreibarbeit, so eine Rechnung aufzumachen? Nein, glücklicherweise nicht, wie sie mir später verriet.

Es war ein kleiner Scherz, eine Kleinigkeit, aber sie blieb uns lange im Gedächtnis und war noch so manches Mal lustiger Tagesordnungspunkt von Teambesprechungen, selbst zu einer Zeit, als die Kollegin schon lange nicht mehr Mitarbeiterin bei uns war.

Manchmal sind die kleinen Verhaltensweisen groß. Sie sind große Kleinigkeiten. Die Summe dieser bewirkt in jedem Fall ein großes Signal.

> Die Summe Ihrer Führungs-Kleinigkeiten hat große Wirkung auf das Jobglück Ihres Mitarbeiters.

Große Signale

Damit Ihr Mitarbeiter Jahre oder vielleicht sogar Jahrzehnte seine Zufriedenheit behält, reicht es nicht, ihn einfach nur nett zu behandeln, ein paar Glücksdosen zu verabreichen, ihn informiert zu halten, miteinzubeziehen oder mal einen Abteilungsausflug oder eine Party zu veranstalten. Wir Menschen sind keine konstanten Wesen. Einstellungen und Präferenzen verändern sich.

Wenn Sie glücklich-erfolgreich führen, sind Sie glücklicherweise mit ihrem Mitarbeiter verbunden und erfahren, wann er neue Herausforderungen braucht oder dass er gerade jetzt keine vertragen kann. Ob ihn die Übernahme einer Paten- oder Mentorenschaft beflügelt oder belastet. Sie haben ein Gefühl dafür, ob er kurzfristig überlastet ist und Unterstützung benötigt oder die Aufgabe, die er seit längerer Zeit stemmt, ihn so energetisch auslaugt, dass Sie mit ihm über Veränderungen sprechen müssen.

Ihre Mitarbeiter erleben Fürsorge. Auch indem Sie sie nach Hause schicken, weil sie trotz Krankheitssymptome zur Arbeit kommen. Ein Phänomen, das in einer Funktionieren-Welt eher unwahrscheinlich ist. Dort fallen Mitarbeiter im Zweifel früher aus und bleiben auch noch länger weg als nötig – streng nach dem Motto: „Wenn der sich nicht für mich interessiert, warum soll ich mich dann für ihn krank zur Arbeit schleppen? Wenn ich ihm egal bin, dann ist mir die Arbeit für ihn auch egal."

Mit dem Mitarbeiter im Zeitverlauf seine veränderten Arbeits- und Zufriedenheits-Präferenzen zu besprechen und seine Arbeitssituation entsprechend anzupassen, sind sicherlich größere Weichenstellungen. Ihr Mitarbeiter sieht, dass Sie ihn offensichtlich umfassend im Blick haben und mit ihm gemeinsam eine für ihn zugeschnittene Weiterentwicklung gestalten. Dadurch werden in der Regel Meilensteine gesetzt, die lange in Erinnerung bleiben. Sie machen nachhaltigen Eindruck. Genauso wie bei der Summe der kleinen Verhaltensweisen erfährt Ihr Mitarbeiter auch anhand der großen Signale Bestätigung des Eindrucks, den er schon durch die Summe der Kleinigkeiten erfahren hat. Sie sind die großen Beweise für den Wert glücklich-erfolgreicher Zusammenarbeit. Sie belegen Ihre Haltung Ihrem Mitarbeiter gegenüber. Er erfährt Ihr Führungs-Verhalten und entwickelt eine Haltung Ihnen gegenüber. Diese steuert sein Verhalten. Sie kennen ja diesen Wirkungszusammenhang.

Eine dieser großen Situationen, an der nicht nur der beteiligte Mitarbeiter den großen Wert glücklich-erfolgreicher Zusammenarbeit für sich festmachen kann, sondern alle, ist etwa der Umgang mit persönlichen Krisen. Mit ihnen umzugehen ist unter anderem das Thema des nächsten Kapitels.

7.3 Krisen miteinander durchstehen

Wenn die Zufriedenheit Ihres Mitarbeiters sinkt, sinkt auch seine Leistungsbereitschaft. Sie können dies unter anderem an der Summe der vielen Kleinigkeiten erkennen. Es läuft mit dem Mitarbeiter einfach nicht mehr so rund wie sonst. Zu dem Zeitpunkt können Sie leider noch nicht wissen, ob es sich um eine Delle in seiner Erfolgskurve handelt oder um den Einstieg in den Abstieg (der mit dem Ausstieg endet).

Die Kriterien, mithilfe derer Sie erkennen können, um was es sich handelt, erläutere ich Ihnen im achten Kapitel. Hier geht es darum, Krisen miteinander durchzustehen. Sie gemeinsam zu meistern. Auch zu lernen zu akzeptieren, dass sie bei der Zusammenarbeit dazugehören und nicht bedrohlich sein müssen. Ganz im Gegenteil kann so manche Krise helfen, nach ihrer Bewältigung eine bessere Situation vorzufinden, als sie es noch vor der Krise war.

Wattebäuschchen-Zeit
Starten wir mit einer ganz konkreten Krise, die wir in unserem Unternehmen, so wie hier dargestellt, mehrfach erlebt haben. Wahrscheinlich gehören solche Erfahrungen auch zu Ihrem Führungsalltag: Silke war eine besonders engagierte Mitarbeiterin. Sie war großer Fan unseres Unternehmens und liebte ihr SchuhHouse in Bochum, wie sie häufig betonte. So kannten wir sie. So war sie in unserem Herzen. Irgendwann aber, und wir konnten gar nicht sagen, wann es genau begann, war sie nicht mehr dieselbe. Sie war nicht mehr wie sonst bei der Sache. Sie machte Fehler. Sie vergaß, wichtige Aufgaben zu erledigen und hinterließ hinter sich eine Schleifspur von Unachtsamkeiten, die ihre Kolleginnen ausbaden mussten. Dies verursachte bei den Kolleginnen Unmut. Zunächst waren es nur kleine Ärgernisse, aber im Laufe der Zeit summierte es sich, sodass sich ihre Kolleginnen bei ihrer Filialleiterin beschwerten: „Silke macht nur noch Fehler und verursacht Chaos", war die Kurzfassung, „wir haben sie auch schon zigmal angesprochen, aber es wird nicht besser."

Ein behutsames Gespräch mit Silke offenbarte dann den Grund. Sie war in einer schweren persönlichen Krise mit ihrem Ehemann. Sie hatte es uns verschwiegen, weil sie uns nicht mit ihren privaten Problemen belasten wollte. Ursache für Ihr Verhalten war also ein Problem, das mit der Können-Wollen-Matrix nicht abzubilden war. Es handelte sich um eine Situation außerhalb der Arbeit, um einen Unglücksfaktor im privaten Lebensbereich. Diese Situation belastete sie offensichtlich so stark, dass sie nicht mehr Herrin ihrer Sinne war.

Silke brauchte jetzt kein Gemecker von den Kollegen und keinen Druck von der Leitung, sondern ganz im Gegenteil Halt und Unterstützung. Und so haben wir sie gefragt, ob sie vielleicht ein bisschen von dem, was sie der Filialleiterin und mir Preis gegeben hatte, auch ihrem Team offenbaren könnte. Oder ob wir es für sie übernehmen sollen. Dann könnten ihre Kollegen verstehen, was los ist, und ihr Verhalten der letzten Zeit einordnen. Sie bat die Filialleiterin dies zu übernehmen.

Es entstand bei allen Beteiligten großes Mitgefühl für ihre liebgewonnene und gerade leidende Kollegin. Das erhöhte die Bereitschaft, sie zu unterstützen, immens. Wir brauchten das gar nicht näher zu erläutern. Der Rückenwind für Silke entstand automatisch. Wir alle haben den Anspruch an sie verringert. Alle haben für sie mehr mitgedacht als sonst und das ein oder andere einfach für sie übernommen. Zudem konnten wir besser über ihre Schleifspur hinwegsehen als noch vor der Offenbarung ihrer Krisensituation. Das fiel nun leichter und war eine Selbstverständlichkeit, nachdem klar war, worum es ging und wie sehr sie die Krise belasten musste. Alle fieberten mit ihr mit und taten, was sie konnten, um sie in dieser Phase irgendwie zu unterstützen. Und dieser Rückenwind bestand nicht nur darin, ihr bei der Arbeit unter die Arme zu greifen. Manchmal half ein offenes Ohr der Kollegin oder der liebevolle Zuspruch durchzuhalten.

Die Messlatte, unser Standard bei der Arbeit, wurde für sie, ohne dass darüber groß gesprochen werden musste, von allen einvernehmlich verringert – und keiner meckerte. Was für eine außergewöhnliche Zeit für alle. Die Kollegin wurde in Watte gepackt. Nicht für immer, aber für diese Phase. Wir nannten diese Zeit deshalb Wattebäuschchen-Zeit.

Wie das mit größeren Krisen ist, dauern solche Ausnahmezeiten meistens länger, aber irgendwann sind sie vorbei. Irgendwann ist die Krise bewältigt, und der Mitarbeiter ist wieder bei der Sache. Nur ist jetzt etwas anders. Silke hatte etwas erlebt, das sie vorher noch nie erfahren oder von so etwas gehört hatte. Sie hatte in ihrer Krise Unterstützung und Halt erfahren, was sie vielleicht von ihrer Familie oder ihren Freunden, aber nicht vom Job und von ihren Kollegen und Vorgesetzten erwartet hätte. Das war für Silke und die vielen anderen Kollegen, die so eine Phase bei uns durchlebten, offensichtlich sehr beeindruckend. Viele von diesen Mitarbeitern haben mir dies später gespiegelt. Sie äußerten, dass sie sich hätten niemals vorstellen können, wie viel Halt man in so einer Lebenskrise durch den Job und durch seine Arbeitskollegen und sogar Vorgesetzten erhalten kann. Der Rückhalt und der Zuspruch, den sie durch alle erfahren haben, haben sie das alles durchstehen lassen.

Dieses Erlebnis bleibt dem Mitarbeiter im Kopf, wie auch allen anderen. Sie erlebten alle, wie ihr Vorgesetzter mit dem Krisen-Mitarbeiter umging, wie er die Wattebäuschchen-Zeit verkündete und alle anderen um Unterstützung und Nachsicht ihr gegenüber bat. Silke hat Fürsorge, Mitgefühl, Unterstützung erfahren und Rückhalt in einem Maße erhalten, wie es für sie zuvor nicht erwartbar war. Das wird sie nicht vergessen. Und das werden auch die anderen nicht vergessen. Sie haben gesehen, was in der Krise passiert, wenn Menschen glücklich-erfolgreich verbunden sind. Wie heißt es so schön:

> In der Krise zeigt sich der wahre Charakter:
> von Führungskräften, Kollegen und Zusammenarbeit.

In Silkes Krise hat sich der wahre Charakter glücklich-erfolgreicher Führung und Zusammenarbeit eindrucksvoll gezeigt. Sie war schon zuvor Fan dieser Art der Zusammenarbeit. Aber erst jetzt wurde es ihr gänzlich klar, von was wir die ganze Zeit im Rahmen unserer Einweisungen gesprochen haben. Jetzt hat sie es in einer besonderen Intensität erfahren, welchen persönlichen Wert diese Art der Zusammenarbeit hat. Einen größeren Beweis konnte es für sie nicht geben, sagte sie mir. Ob als Betroffener oder mitfühlender Unterstützer, wenn Mitarbeiter, insbesondere neue Mitarbeiter, noch eine Restskepsis gegenüber unserer Art der Zusammenarbeit und Führung in sich trugen, verloren Sie sie spätestens nach so einer gemeinsam durchlebten Phase. Jetzt waren sie endgültig Fans unserer Welt und trugen diese Erfahrung und Begeisterung in die Welt. Wir haben die Erfahrung gemacht, dass nach überstandener Krise einige dieser Mitarbeiter wieder so brannten wie in der Wachstumsphase, aber mit mehr Erfahrung. Ihre Erfolgskurve sprang in die Höhe.

> Geben Sie Ihrem Mitarbeiter Schutz, Trost, emotionale Unterstützung in Krisenzeiten und vor allen Dingen Fürsorge.

Manchmal muss auch etwas Heikles auf den Tisch

Mal abgesehen von dieser besonderen Situation bei Silke gibt es häufiger Situationen, in denen ein Mitarbeiter tatsächlich Dinge nicht so macht wie gedacht, vereinbart oder von Ihnen erwartet. Weil Sie mit ihm in guter Beziehung stehen, nehmen Sie dies frühzeitig wahr und erkennen, dass Sie über das Fehlverhalten ab einem bestimmten Punkt nicht mehr wohlwollend hinweggehen dürfen. Sie müssen also wie oben beschrieben lösungsaktiv werden. Dann müssen Sie mit ihm ein kritisches Gespräch führen, das ihm wieder hilft, zu seiner alten Form zurückkehren zu können. Im Folgenden werde ich Ihnen vorstellen, wie Sie vor dem Hintergrund glücklich-erfolgreicher Führung solche kritischen Gespräche führen können und welche dazugehörigen Aspekte Sie im Blick haben sollten.

In den klassischen Führungsratgebern werden Ihnen hierzu diverse Arten von Feedback-Gesprächen vorgestellt. Eine sehr verbreitete Methode ist die des Feedback-Burgers. Kurz gefasst funktioniert sie so: Im Rahmen der unteren Brötchenschicht sprechen Sie zu Gesprächsbeginn etwas Positives an. Dann kommt die Fleischbeilage, in der sie die kritischen Punkte anbringen. Abschließend formulieren Sie im Rahmen der oberen Brötchenlage wieder etwas Positives. So wie ich das wahrnehme, ist die Methode mittlerweile bei vielen Mitarbeitern bekannt und verpönt. Viele fühlen sich dabei für dumm verkauft. Sie nehmen die einrahmenden Nettigkeiten als Farce wahr und regen sich deshalb schon in der ersten Phase darüber auf, bevor es überhaupt um Kritisches geht. Der Gesprächsstart ist dann verpatzt.

Die Gefahr, dass Vorgesetzte den Gefühlen ihres Mitarbeiters nicht genügend Rechnung tragen und dadurch bei ihm keine Bereitschaft zur Veränderung oder Erkenntnis entsteht, besteht natürlich bei allen Feedbackmethoden.

Wie Sie Probleme vergrößern
Grundsätzlich muss uns klar sein, dass im Zusammenhang mit Kritik immer die Gefahr besteht, dass bei Ihrem Mitarbeiter nicht nur keine Veränderung stattfindet, sondern darüber hinaus auch die Beziehung zu ihm gestört werden kann. Deshalb tendieren einige Führungskräfte dazu, diese Gespräche eher zu vermeiden. Natürlich kann dies nicht die Lösung sein, denn dann bleibt das Problem bestehen. Es wird im Zweifel größer und führt in der Regel weiter zur Belastung der anderen. Für deren Schutz sind sie aber zuständig und verantwortlich. Insofern wäre es gegenüber Ihren anderen Mitarbeitern ungerecht, ein kritisches Gespräch zu verschleppen. Mal davon abgesehen geben Sie dem Mitarbeiter, der Kritik nötig hat, dadurch auch das Signal, dass Sie ihn mit seinem Verhalten durchkommen ließen. Damit verteilen Sie einen Freibrief für alle, es ihm nachzuahmen.

Das problematische Verhalten des Mitarbeiters erst gar nicht wahrzunehmen ist natürlich eine genauso schlechte Lösung, wie es wahrzunehmen, aber nicht aktiv anzugehen. Auch hier verursachen Sie früher oder später Reibungsverluste im System. Sie sind dann der Problemvergrößerer, weil Sie für die Multiplikation des Problemverhaltens sorgen.

Eine weitere Möglichkeit für Sie, zur Problemvergrößerung beizutragen, ist, dem Mitarbeiter die Kritik einfach nur unvermittelt, unreflektiert und unsensibel vor den Kopf zu schlagen. In diesem Fall haben sie zwar die Kritik geäußert und ein Signal an alle Mitarbeiter gesendet, aber beim Mitarbeiter im Zweifel das Gegenteil erreicht. Sie signalisieren ihm, dass er schuld ist, dass Sie kein Interesse an einer Rechtfertigung für sein Verhalten haben und dass er (gefälligst) wieder funktionieren soll. Sie ahnen seinen Reflex: Sein Bauch schreit „Ungerechtigkeit, Unverschämtheit"

Abb. 7.2 Fred ist sauer. Sein Ärger ist groß, die Unglücksfaktoren mächtig und der Bauch unter Druck, sodass für die Gehirntätigkeit keine Kapazität bleibt und das Gehirn auf Erbsengröße schrumpft. (© Achim Pothmann 2021. All Rights Reserved)

und produziert reihenweise Unglücksfaktoren. Der Mitarbeiter wird ziemlich wahrscheinlich in eine Trotzhaltung verfallen, und sein Verhalten wird im Zweifel so bleiben oder schlimmer werden. Die Beziehung erhält einen Knacks. Und das alles nur, weil sie mal eben zwischen Tür und Angel ein Problem loswerden wollten.

Fred unter Druck
Im Rahmen glücklich-erfolgreicher Führung stelle ich Ihnen nun ein Vorgehen vor, das zwar vielleicht der Struktur des Feedback-Burgers ähnelt, aber im Detail der Logik glücklich-erfolgreicher Führung folgt. Hierbei haben wir Freds Bauch natürlich im Blick. Ganz nach dem Motto: Haben Sie schon mal mit einem Mitarbeiter gesprochen, der sich über einen anderen oder über Sie total ärgert? Dessen Ärger-Faktoren so groß sind, dass ihm keine Kapazität mehr zum Denken übrigbleibt und dessen Gehirn darüber wohl seine Leistung verloren hat und auf Erbsengröße zusammengeschrumpft ist? Als Bild ausgedrückt sieht der wütende oder sich ungerecht behandelt fühlende Mitarbeiter aus wie in Abb. 7.2.

Prägen Sie sich bitte dieses Bild ein. Wenn Fred sich so fühlt, hilft es nicht, Kritik einfach nur in Pappbrötchen-Nettigkeiten einzupacken, sondern dann heißt es erst: Überdruck ablassen und Druckausgleich her-

7 Hochphase – glücklich-erfolgreiche Führung im Tagesgeschäft

stellen. Wie Sie das mit dem Druck regeln, erfahren Sie weiter unten, wenn es darum geht, bei ihm zunächst erst einmal eine Offenheit für das Gespräch herzustellen. Erst dann können Sie bei ihm wirklich etwas erreichen. Weil der Start des Gespräches so wichtig ist, müssen sie herausfinden, wo er am Anfang des Gespräches steht und wohin sie konkret mit ihm wollen. Im ersten Schritt geht es also um eine intensive Vorbereitung des Gesprächs. Diese wird meines Erachtens häufig unterschätzt. Im Rahmen glücklich-erfolgreicher Führung ist sie zentral, da es fast nie nur um bestimmte Ereignisse geht, sondern immer sowohl um die Sachebene als auch um das, was auf der Beziehungsebene nicht gut läuft. Beides zu verbessern ist das Ziel. Dieser Anspruch ist hoch. Die Vorbereitung ist aufwendig. Danach kommt erst das eigentliche Gespräch. Dieses besteht dann aus drei Phasen.[2]

Phasen eines glücklich-erfolgreichen Krisen-Gesprächs
1. Gesprächseinstieg: Offenheit für das Gespräch herstellen
2. Klärung und Lösung: Klarheit schaffen und eine Lösung finden
3. Gesprächsausstieg: Im Guten wieder auseinander gehen

Starten wir zunächst mit der Vorbereitung. Was es auch immer ist, über das Sie mit Ihrem Mitarbeiter sprechen müssen, mit der folgenden Liste erhalten sie eine Auswahl an Fragen, mithilfe derer Sie sich vorbereiten können. Je nach Thematik sollten Sie diese Liste ergänzen:

1. **Ursachen und Entstehung der Problematik**

   - Wie kam es zu dieser unbefriedigenden Situation?
   - Wer hat welchen Anteil an der Entstehung?
   - Von wem benötige ich noch Information, um dieses Gespräch führen zu können?

2. **Was ist mit mir?**

   - Wie empfinde ich selbst diese Situation?
   - Bin ich selbst enttäuscht oder wütend auf ihn?

---

[2]Aus gesprächsanalytischer Sicht wäre es korrekter, diese Schritte nicht als Phasen, sondern als zu bearbeitende kommunikative Aufgaben zu bezeichnen. Denn Phasenmodelle suggerieren ein lineares Durchlaufen der einzelnen Phasen, was in der Realität nicht immer so stattfindet. Selbst der Übergang in eine neue Phase muss und wird zum Beispiel von den Gesprächsteilnehmern ausgehandelt. Phasengrenzen sind deshalb nicht immer eindeutig zu identifizieren. Mehr dazu in Pothmann (1997, S. 38–102).

- Steuern mich diese Gefühle und verzerren meine Wahrnehmung und Neutralität?
- Muss ich erst selbst Druck ablassen, um dieses Gespräch führen zu können?
- Kann ich sein Verhalten nachvollziehen und für ihn Mitgefühl entwickeln?
- Habe ich auch einen Anteil an der Entwicklung?
- Wie war mein Verhalten in der Vergangenheit zu ihm?

3. Was ist mit meinem Mitarbeiter?

- Was bewegt ihn gerade?
- Was könnte den Mitarbeiter zu seinem Fehlverhalten gebracht haben?
- Liegt es an seinem Können oder Wollen?
- Passt die Tätigkeit nicht mehr zu ihm?
- Welche Glücksfaktoren sind ihm verloren gegangen?
- Welche Unglücksfaktoren sind dazugekommen?
- Sieht er sich selbst als von jemandem ungerecht behandelt?
- Sieht er sich vielleicht als Opfer einer Situation, eines anderen oder von mir?
- Ergibt die Summe der Kleinigkeiten ein klares Bild des Grundproblems?
- Wie wird er auf die Kritik reagieren?

4. Gesprächsplanung/Setting

- Wie muss ich vorgehen, damit das Sachproblem gelöst und die Beziehung dabei keinen Schaden nimmt?
- Wie kann ich bei ihm Offenheit für das Gespräch generieren?
- Welchen mentalen Zustand benötige ich selbst dafür?
- Wann ist ein günstiger Zeitpunkt für das Gespräch?
- In welchem Rahmen soll es stattfinden?
- Wie viel Zeit bedarf es, um die drei Phasen erfolgreich zu durchlaufen?

Vor dem Hintergrund all dieser Fragen stellen Sie sich bitte einmal vor, wie es wäre, wenn sie ad hoc und ohne all dies zu durchdenken, ein kritisches Gespräch führen würden. Wie groß wäre die Erfolgswahrscheinlichkeit? Wie groß wäre die Wahrscheinlichkeit, dass Sie bei Fred mit seinem Bauch wie in Abb. 7.2 durch ein unvorbereitetes Gespräch eher Schaden als eine Verbesserung erreichen?

Phase 1: Gesprächseinstieg – Offenheit für das Gespräch herstellen

Grundsätzlich gehen Sie mit dem mentalen Zustand in das Mitarbeitergespräch, dass keiner Ihrer Mitarbeiter etwas böswillig macht, so auch dieser nicht. Alle haben Ihren Schutz verdient, und die meisten Probleme entstehen sowieso nicht aus Gemeinheit, sondern aus Unwissenheit. Diese Unwissenheit heißt es nun abzubauen und Klarheit wiederherzustellen. Indem Sie dies tun, helfen Sie dem Mitarbeiter! Das hat mit Meckern nichts zu tun. Sie wollen lösen und zusammenbringen. Schließlich gehen Sie in das Gespräch mit der Überzeugung, dass danach sachlich alles geklärt ist und, weil Sie es gemeinsam sehr wertschätzend gelöst haben, die Beziehung sich für beide wieder besser anfühlt. Selbst wenn das nicht in jedem Gespräch zu erreichen ist, empfehle ich Ihnen, diese Haltung einzunehmen. Sie hat heilsame Wirkung. So starten Sie das Gespräch nicht mit einer Vorwurfshaltung, sondern mit Offenheit und dem Ziel, erst einmal auch bei Ihrem Mitarbeiter eine Offenheit zu generieren, die das Besprechen kritischer Themen überhaupt ermöglicht. Deshalb ist es auch so wichtig, als erstes den im Bauch gegebenenfalls herrschenden Überdruck abzubauen. Geben Sie ihm in diesem Fall die Chance im Gespräch Druck abzulassen. Lassen Sie ihn reden. Es hilft ihm und Ihnen. Denn Sie erhalten dadurch wichtige Informationen darüber, was mit ihm und seinem Bauch los ist und welche Unglücksfaktoren ihn belasten.

Wo Sie auch immer mit ihm sprechen, lassen Sie ihn erst einmal ankommen. Geben Sie sich beiden die Chance, ihr Tagesgeschäft zu verlassen. Sie kennen das von den Bewerbungsgesprächen, in die Sie auch nicht gehetzt hineinspringen sollten. Ob Sie sich thematisch über das aktuelle Tagesgeschäft, persönliche Situationen oder über andere Themen gemeinsam einschwingen, dahin gehend sind sie frei. Sie müssen nur in jedem Fall vermeiden, dass es als oberflächliches Geplänkel vergleichbar als erste Lage Burgerbrötchen interpretiert wird. Erst wenn Sie den Eindruck haben, dass der Druck raus ist, Sie beim Gegenüber eine lockere Körperhaltung und entspannteren Gesichtsausdruck wahrnehmen, starten Sie mit der nächsten Phase.

Phase 2: Klärung und Lösung – Klarheit schaffen und eine Lösung finden

Für diese Gesprächsphase gibt es diverse Einstiegsmöglichkeiten. Eine ist, direkt mit seinem Jobglück zu starten. Sie beschreiben Ihre Wahrnehmung, dass er nicht mehr mit so viel Freude bei der Sache ist wie sonst und woran Sie Ihren Eindruck festmachen (Summe der Kleinigkeiten). Ihre Führungs-Haltung hilft Ihnen, die Überzeugung auszustrahlen, und sie werden es auch explizit erwähnen, dass Sie das schade finden und wie wichtig es Ihnen ist, nun mit ihm ein Gespräch zu führen, um seine Zufriedenheit wiederzufinden.

Sie können auch umgekehrt einsteigen. Sie berichten von ein paar kleinen Phänomenen von Ihrer Liste der Kleinigkeiten. Dann benennen Sie das Grundproblem und erläutern, dass dies nur entstehen kann, wenn er irgendwie nicht mehr bei der Sache ist. Ihres Erachtens hat seine Zufriedenheit einen Schaden genommen. Wichtig dabei ist, die Symptome nicht als Vorwürfe zu formulieren, sondern nur als Wahrnehmung und Erkennungsmerkmale für die Veränderung seiner Zufriedenheit. Sie müssen nicht jedes einzelne Beispiel mit ihm diskutieren, und er muss erst recht nicht versuchen, sich zu rechtfertigen. Nein, Sie möchten mit ihm die Dinge so klären, dass er sich wieder besser fühlen kann – und diese Kleinigkeiten geben eben nur Hinweise auf etwas Grundsätzlicheres. Dies macht Ihnen Sorge, und deshalb liegt es Ihnen am Herzen, es mit ihm zu besprechen.

Selbstverständlich können Sie ihn auch zum Gesprächseinstieg die Gelegenheit geben, erst zu erzählen, was ihn zurzeit bewegt, beschäftigt, freut oder stört und ihm dabei Offenheit und Interesse entgegenbringen. Ganz entscheidend in dieser Phase sind unabhängig vom Einstieg zwei Signale von Ihnen. Erstens, dass es hier nicht um seine Anklage geht, sondern um die Suche nach gemeinsamen Wegen, die wieder zu seiner Zufriedenheit und guten Beziehungen führen. Und zweitens, dass Sie die Überzeugung ausstrahlen, dass das zu erreichen auch möglich und Ihr Anliegen ist.

Wenn Sie die erste Phase und den Einstieg in die zweite Phase gut gemeistert haben, ist das Gespräch nun geprägt von offenem, konstruktivem Diskurs. Sie werden feststellen, wie einfach es ist, heikle Punkte zu besprechen, wenn gegenseitiger Respekt, eine gute Verbindung und ein vertrauensvolles Klima herrschen. Hilfsweise können Sie auch auf die Aspekte der Einführungskurse in glücklich-erfolgreiche Zusammenarbeit aus der Start- und Wachstumsphase Bezug nehmen. Sie erinnern sich vielleicht an die Beispiele zu Vertrauen, Ehrlichkeit, Mut und Offenheit. In dieser Phase wird natürlich nicht mehr um den heißen Brei herumgeredet. Hier zeigt sich, wie hilfreich es ist, wenn sie schon die Modalitäten für solche Gespräche lange zuvor installiert haben.

Oberflächlichkeit als Beispiel eines Grundproblems
Ein typisches Vorgehen in dieser Phase zeige ich Ihnen nun exemplarisch anhand eines konkreten Beispiels aus unserer Filialwelt: Sie ärgern sich über das Verhalten Ihres Mitarbeiters. Abends sieht der Laden zum Beispiel nicht

so perfekt aufgeräumt aus, wie sonst bei diesem Mitarbeiter und wie es bei allen andern üblich ist. Trotz geringen Arbeitsaufkommens hat er in der letzten Zeit immer wieder Aufgaben für seine Kollegen liegen lassen oder nur halbherzig bearbeitet. Er hat zum x-ten Mal im Personalraum seinen geöffneten, aber noch halb vollen Joghurtbecher stehen und verschimmeln lassen. Und die Dinge, an die er normalerweise denkt, gehen ihm seit Neustem auch durch. Dies ist nur eine Auswahl an Ärgernissen. Kurz gesagt, er hinterlässt nach einem Arbeitstag immer eine Schleifspur, die die Kollegen nachbearbeiten müssen.

Die Summe der Kleinigkeiten gibt Ihnen ein deutliches Bild: Ihr Mitarbeiter ist nicht bei der Sache, er arbeitet oberflächlich. Das hat er früher nicht getan. Natürlich sind Sie beide sich einig, er beherrscht noch die Tätigkeit, aber anscheinend ist ihm sein Wollen abhandengekommen. Nun wechseln Sie von dem Grundproblem der Oberflächlichkeit zu der wiederum noch tieferliegenden Problemebene. Wo ist seine Motivation verloren gegangen? Wo, wann und wie hat sich seine Zufriedenheit verändert, sodass seine Leistungsbereitschaft gesunken ist und es sich nun an solchen Symptomen zeigt? Wenn Sie dieser Aneinanderreihung von Fragen folgen, ändert sich schnell die Perspektive von Ihnen beiden.

Stellen Sie ihm die Frage, was mit ihm passiert ist, dass seine Zufriedenheit einen Schaden genommen hat. Ihr Anliegen ist es nun, mit ihm seine (Un-)Zufriedenheitsthematik zu lösen. Denn dann entstehen keine weiteren Ärgernisse. Deshalb müssen Sie sich auch nicht die Mühe machen, jedes Einzelne zu diskutieren. Darum geht es jetzt gar nicht mehr. Mit dem Ziel, seine Zufriedenheit wieder zu ermöglichen, stehen sie auf einmal auf derselben Seite. Sie beide haben dasselbe Interesse und dasselbe Anliegen: Ihrem Mitarbeiter soll es wieder besser gehen. Wohlwissend, wenn das so ist, verschwinden in Zukunft die Ärgernisse. Mit so einer gemeinsamen Betrachtungsweise finden Sie schneller Lösungen, und vor allen Dingen erfährt Ihr Mitarbeiter durch Sie Unterstützung. Das ist für viele, die Kritik erwarten, ein eindrucksvolles positives Erlebnis.

Phase 3: Gesprächsausstieg – Im Guten wieder auseinander gehen
Eine gute Vorbereitung und ein gefühlvoller Einstieg machen die Lösungsfindung leicht und einen guten Ausstieg einfach. Im Idealfall konnten Sie nicht nur die Thematik lösen, sondern Ihr Mitarbeiter erhält zudem den Beweis, um was es Ihnen wirklich geht: Um seine Zufriedenheit und die seiner Kollegen. Im Beispiel mit Ihrem Ärger über seine Oberflächlichkeit wird es deutlich: Sie hangeln sich mit ihm von den Symptomen zum Grundproblem der Oberflächlichkeit. Dann verändern sie gemeinsam

ihre Perspektive zu dem noch tiefer liegenden Problem, der gesunkenen Zufriedenheit. Und schon wird aus einem vermeintlichen Kritikgespräch ein Hilfegespräch, bei dem beide dasselbe Interesse verfolgen – wie großartig. Deshalb sehen Sie bitte jedes Krisengespräch unbedingt auch als Chance an: als Chance, trotz vermeintlicher Kritik sogar die Beziehung zu verbessern. Vor diesem Hintergrund ist der Gesprächsausstieg leicht. Mental sind alle erleichtert und freuen sich. So auseinanderzugehen ist ein tolles Gesprächsende. In der Abstiegs- und Ausstiegsphase würde die zweite und dritte Phase sicherlich anders ausfallen. Das werden Sie im achten Kapitel sehen.

7.4 Dauerthema: glücklich-erfolgreiche Zusammenarbeit

Machen wir uns nichts vor: ein gutes Klima in Ihrer Abteilung fällt nicht vom Himmel. Es zu erhalten ist Ihre Dauerbeschäftigung. Es ist ein Dauerthema. Sie halten engagiert die Flamme glücklich-erfolgreicher Zusammenarbeit hoch, gehen mit gutem Beispiel voran und dennoch ist es keine leichte Aufgabe. Denn Ihrem Bestreben wirken drei Mechanismen entgegen. Ich habe sie Gewöhnung, Anspruchsinflation und Erosion genannt. Nehmen wir uns im Folgenden jeden einzelnen dieser Mechanismen vor:

Gewöhnung – glücklich-erfolgreiche Zusammenarbeit muss Dauerthema sein
Die Menschen gewöhnen sich an die Dinge, wie sie sind. Das gilt natürlich auch für glücklich-erfolgreiche Zusammenarbeit. Auch wenn Sie diese zu Beginn als besonders wertvoll angesehen und gefeiert haben, gewöhnen sie sich an dieses Level der Zusammenarbeit und Führung und einige halten es dann irgendwann für selbstverständlich. Dann besteht die Gefahr, dass die Mitarbeiter dieser Art des Umgangs keinen besonderen Wert mehr beimessen. Dann setzen sich einige auch nicht mehr dafür so ein wie früher. Gerade neue, unerfahrene Führungskräfte können sich nicht vorstellen, wie vergänglich Standards und ein gemeinsames Selbstverständnis bei Mitarbeitern sein können.

Deshalb leuchten Sie bitte nicht nur mit Ihrem Verhalten als Vorbild, sondern erklären, erinnern und erzählen Geschichten, die den besonderen Wert Ihrer Abteilungs-Welt zum Ausdruck bringen. Sie sorgen in den unterschiedlichsten Situationen dafür, dass ihr gemeinsamer Deal und das Besondere Ihrer Art der Zusammenarbeit auch in den Köpfen Ihrer Mitarbeiter bleibt. Das kann im Rahmen der Einweisung eines neuen Mitarbeiters geschehen, in dem Sie jeden Einzelnen Ihres Teams wieder daran erinnern, Hüter ihrer gemeinsamen Kultur zu sein und ihn auffordern, den Neuen fit zu machen. Auch eine Wattebäuschchen-Zeit, wie ich sie Ihnen weiter oben vorgestellt habe, ist für alle ein besonders beeindruckendes Erlebnis und ein großer Beweis für die Qualität ihrer Gemeinschaft. Diese Erfahrung präsent zu halten ist hilfreich. Einige Führungskräfte kommunizieren ihre Welt, in dem sie aus den Bewerbungsgesprächen berichten, welch schreckliche Erfahrungen die Bewerber in ihren bisherigen Unternehmen gemacht haben. Sich gemeinsam über die unmenschliche Führung eines anderen Unternehmens zu empören schweißt zusammen und hält die eigenen Werte hoch. Auch wie Sie Probleme mit Mitarbeitern lösen und für die Kollegen den Prozess transparent halten, hilft, das Bewusstsein für und den Wert Ihrer Welt aufrechtzuerhalten. Alle verstehen, dass es hier nicht um klebrige Harmonieerwartungen geht, sondern um ein gemeinsames Verständnis, für das alle zuständig sind. Alle übernehmen für den Erhalt dieses Selbstverständnisses (Mit-)Verantwortung.

Storytelling war im Bewerbungsgespräch schon ein wirkungsvolles Element, Ihre Welt zu erklären. Mitarbeitern von früheren Erfahrungen in Form von Geschichten zu erzählen und indirekt die Kultur und deren Wert zu vermitteln ist ebenfalls wirkungsvoll.

Letztendlich ist auch jeder Beweis, den ganz besonders ihre Neuen benötigen, um Skepsis abzubauen, einer den auch Ihre Bestandsmitarbeiter immer wieder mal benötigen. Am wirkungsvollsten ist es allerdings, wenn Ihre Mitarbeiter ebenfalls zum Teil diese Aufgabe übernehmen und ihre Geschichten und ihre eigenen Erfahrungen den Neuen und auch den anderen Kollegen erzählen. Alles führt dazu, dass das, was sie gemeinsam leben, nicht zur wertlosen Selbstverständlichkeit wird. Dann tritt nicht so schnell der Gewöhnungseffekt ein, und alle bleiben sensibel für das Besondere und bemühen sich um seinen Erhalt.

Anspruchsinflation – Ein Mitarbeiter versucht, Ihnen den Arm auszureißen
Einige Menschen tendieren dazu, nachdem sie sich an etwas gewöhnt haben und es als selbstverständlich ansehen, ihren Anspruch und ihre Erwartungshaltung noch weiter zu erhöhen. Wenn ein Mitarbeiter in so einer Welt, wie ich sie Ihnen in diesem Buch beschreibe, sich an diese Qualität des Umgangs und der Zusammenarbeit gewöhnt hat und nun mehr haben möchte, noch mehr, als er schon hat und bisher genießen konnte, dann ist das ein Problem. Dies sollten Sie im Blick und eine Lösung dafür parat haben.

Die Jobglücks-Formel ist ein wunderbares Instrument und Erklärungsmodell, mit dem Sie im Fall der Anspruchsinflation argumentieren können. Sie funktioniert wie folgt: Die Zufriedenheit ist die Differenz aus der Realität, die ein Mitarbeiter erfährt und der Erwartungshaltung, die er an Sie hat. Als Formel ausgedrückt sieht sie so aus:[3]

Die Jobglücks-Formel:

Z (Zufriedenheit) = R (Realität) − E (Erwartungshaltung)

Am besten kann man sie an einem Beispiel verdeutlichen: Stellen Sie sich bitte einen Mitarbeiter vor, der aus einem anderen Unternehmen kommt und dort nie Wertschätzung, Anerkennung oder andere Glücksfaktoren erhalten hat. Nehmen wir weiterhin an, dass Sie ihn ohne Einweisung und all die anderen Dinge eingestellt haben, die ihm eine Ahnung über die Zusammenarbeit in Ihrer Abteilung ermöglichen. Dann machen Sie es wie immer: Sie sprechen ihm Wertschätzung aus, kommunizieren mit ihm auf Augenhöhe und unterstützen ihn bei seinem Jobglück. Das ist deutlich mehr, als er in seinen kühnsten Träumen wahrscheinlich erwartet hat. Die Erwartungshaltung war aufgrund seiner Vorerfahrungen wahrscheinlich niedrig, aber die Realität, die Sie ihm bezüglich der Glücksfaktoren liefern, ist üppig. Nach der Jobglücks-Formel ist das Ergebnis nicht überraschend: Zufriedenheit. Im umgekehrten Fall nehmen wir mal an, dass ein Mitarbeiter täglich eine Überdosis an Wertschätzung erwartet, sie aber nicht im gewünschten, üppigen Maße erhält. Hohe Erwartungshaltung schlägt auf weniger ausgeprägte Realität. Das Ergebnis ist Unzufriedenheit. Kurz gesagt, Sie buchen ein Hotel mit drei Sternen und erhalten überraschend einen Vier-Sterne-Standard. Dann stellt sich Zufriedenheit für Ihren Urlaub ein. Umgekehrt, Sie buchen und bezahlen vier Sterne und erhalten nur drei, dann ist der Urlaub gelaufen. So einfach ist das auch mit der Zufriedenheit im Job. Die Formel gilt übrigens in vielen Fällen: bei Ihren Mitarbeitern, im Privatleben und auch bei Ihnen selbst.

Wenn nun einer Ihrer Mitarbeiter beispielsweise mit Ihrer Betreuung und Behandlung nicht mehr zufrieden ist und diesen Zustand bemängelt, prüfen Sie, ob sich tatsächlich seine Realität zu seinen Ungunsten verändert hat oder ob es die gleiche ist und nur seine Erwartungshaltung an Sie über das von Ihnen zu leistende Maß gestiegen ist. Liegt tatsächlich eine

---

[3]Mehr über die Jobglücks-Formel in Pothmann (2019, S. 53–55).

klassische Inflation seiner Ansprüche vor, stellen Sie ihm dieses Modell vor und erinnern ihn an all die Dinge, die in Ihrer Welt üblich sind, die er aber, so wie es aussieht, mittlerweile als Selbstverständlichkeit ansieht und nicht mehr wertschätzt. Dann werden Sie nach einem behutsamen Gespräch, wie es oben skizziert wurde, feststellen, wie sich der Anspruch wieder etwas normalisiert und Zufriedenheit wieder einkehrt. Andernfalls, wenn er von den immensen Erwartungen an Sie nicht loslassen möchte, also anstelle Ihrer Hand Ihren ganzen Arm verlangt, wird das mit der Zufriedenheit bei ihm langfristig nicht glücklich ausgehen. Viel besser ist es natürlich, wenn solche Situationen erst gar nicht entstehen und entsprechende Gespräche nicht notwendig sind. Hierzu möchte ich betonen:

> Je mehr Sie sich darum kümmern, dass Ihre Mitarbeiter Ihre (Abteilungs-)Welt dauerhaft wertschätzen, desto geringer ist die Gefahr der Anspruchsinflation.

Erosion – Da reizt jemand die Grenzen aus
Es gibt Mitarbeiter, die irgendwann die Regeln zu ihren Gunsten auslegen und vielleicht zulasten anderer Vorteile anstreben. Das kann sich an der fehlenden Bereitschaft zeigen, für ausfallende Kollegen einspringen zu wollen. Nicht selten erwarten solche Mitarbeiter von anderen hingegen schon, dass diese immer für sie einspringen. Es kann sich daran zeigen, wie jemand, sich vor dem Ein- und Ausräumen der gemeinsamen Spülmaschine drückt oder seine Brückentags- und Jahresurlaubs-Planung mit großer Macht versucht durchzusetzen, egal was es für die Kollegen an Härten bedeutet.

Einige reizen die Kooperationsbereitschaft der Kollegen eben ein bisschen mehr aus und schauen, wie weit sie damit kommen. Sie sorgen für Erosion, für den Verfall Ihrer Abteilungs-Welt. Dafür sollten Sie einen besonderen Sensor entwickeln und beim Alarm auch entsprechend handeln. Sie sind Führungskraft, das heißt Sie müssen auch die Kraft aufbringen, mal etwas Unangenehmes zu vermitteln oder jemandem eindeutige Grenzen aufzuzeigen. Sie haben gesehen, dass das nicht den Stillstand Ihrer Beziehung zu ihm bedeuten muss. Deshalb können Sie auch mutig solche Gespräche angehen und den Mitarbeitern, die zur Erosion Ihrer Welt beitragen, Einhalt gebieten.

Bedenken Sie: Tun Sie es nicht, werden die Kollegen nicht dauerhaft die Geschädigten sein wollen und sich gegebenenfalls ein ähnliches Verhalten angewöhnen. Dann erodieren die Standards an mehreren Fronten. Je mehr

Sie in diese Rolle hineinwachsen, desto mehr werden Sie zu einem kraftvollen und wirkungsvollen Vorgesetzten, der sich nicht durch Machtgehabe behaupten muss. Sie werden kraftvoll die Kümmerer beschützen, sodass sie nicht von einem Dreisten ausgenutzt werden können. Wenn jemand aus egoistischem Interesse Ihre Welt gefährdet, ist es wichtig, Rückgrat zu zeigen.

Und wenn wir es in der Hochphase doch so machen wie Typ I?
Stellen Sie sich bitte einmal eine Führungskraft vom Typ I vor. Würde jemand, der glaubt, dass alle um sie herum bedingungslos zu funktionieren hätten, sich die Mühe machen, seine Mitarbeiter wirklich zu er-kennen? Wäre so eine Führungskraft bereit, in die Beziehungen Zeit, Aufmerksamkeit und Gedanken zu investieren? Wäre es ihr ein ehrliches Anliegen, dass es den Mitarbeitern gut geht? Wäre sie bereit, dafür auch so manches zu leisten?

Würde sie über die Ärgernisse und Enttäuschungen, die sie durch ihre Mitarbeiter im Laufe der Zeit erfährt, stolpern und im schlimmsten Fall über jedes einzelne ihren Unmut äußern, oder würde sie sich die Mühe machen, anhand der Summe der Kleinigkeiten das Grundproblem zu identifizieren? Wäre sie bereit, noch tiefer zu schauen, um herauszufinden, wie es kommen konnte, dass die Zufriedenheit des Mitarbeiters und damit seine Leistungsbereitschaft einen Schaden genommen hat? Würde sie eine Wattebäuschchen-Zeit ausrufen, um ihren Mitarbeiter zu schützen, obwohl er schlechte Leistung abliefert, oder würde sie versuchen, ihn mit Kritik und Druck wieder in die Spur zu bringen? Würde sie mitbekommen, was der Grund für die schlechte Leistung des Mitarbeiters ist? Würde sie diesen überhaupt wissen wollen?

Mit welchem Beispiel würde so eine Führungskraft vorangehen? Für was würde sie stehen? Wie würde sie gesehen, und für was wäre sie Vorbild? Für ein respektvolles, achtsames und wertschätzendes Miteinander oder für Pflichterfüllung und aufopferndes Arbeiten? Würden ihre Mitarbeiter hinter ihr stehen und ihr auch in schwierigen Zeiten den Rücken stärken? Würden ihr ihre Mitarbeiter mit großer Überzeugung folgen und engagiert ihren Beitrag leisten?

Wäre sie bereit, all das zu leisten, was Sie in den Praxiskapiteln bisher gelesen haben? Wäre sie bereit, all die Optionen zu wählen, die sie schon allein in der Hochphase hat, um die Mitarbeiter in ihrem Jobglück zu unterstützen? Zufriedenheitskrisen früh zu erkennen und konstruktiv zu lösen? Den Ärger dem Mitarbeiter vom Hals zu halten? Würde sie sich für diese Art der Zusammenarbeit so engagiert einsetzten, dass sie ihre Mitarbeiter dafür begeistert und gewinnt? Dass diese sich für ihren Erhalt der Zusammenarbeit kraftvoll und mit Rückgrat einsetzt?

Wie würden die Erfolgskurven der Mitarbeiter einer Funktionieren-Führungskraft aussehen? Wären sie auf dem Niveau eines Mitarbeiters, der glücklich-erfolgreich von Ihnen geführt wurde? Sicherlich nicht! Meines Erachtens kann deren Kurve nur vielleicht das hohe Niveau erreichen, aber sicherlich nicht dauerhaft. Dafür erleben diese Mitarbeiter zu viele unnötige Ärgernisse und Enttäuschungen. Ihnen fehlt die Verbindung zum Ganzen: zu den Kollegen, zur Führungskraft, zur eigenen Zufriedenheit und in der Folge auch zum Erfolg.

Literatur

Lorenz, M., & Rohrschneider, U. (2014). *Praktische Psychologie für den Umgang mit Mitarbeitern – Wirkungsvoll und leistungsorientiert führen.* Heidelberg: Springer.

Pothmann, A. (1997). *Diskursanalyse von Verkaufsgesprächen.* Opladen: Westdeutscher Verlag.

Pothmann, A. (2019). *Jobglück – Wie du den Montag lieben lernst.* Hannover: Humboldt.

8

Abstiegs- und Ausstiegsphase – Wenn das Jobglück endgültig ausbleibt

Stellen Sie sich bitte einmal vor, Sie sprechen mit Ihrem Mitarbeiter, wie in Abschn. 7.3 beschrieben, auf ein unbefriedigendes Verhalten einfühlsam an, aber er bleibt bei seinem für Sie enttäuschenden Verhalten. Selbst nach mehreren Gesprächen mit immer deutlicheren Worten und Appellen, wird sein Berg an ärgerlichen Verhaltensweisen immer größer. Wie entwickelt sich dann üblicherweise die Situation fort, unabhängig von der Art der Führung?

8.1 Der Schaden, wenn Sie den Ausstieg verschleppen

Die Symptome in Form von täglichen Verfehlungen und Versäumnissen häufen sich. Dies frustriert Sie. Sie können Ihren Frust Ihrem Mitarbeiter gegenüber nicht mehr verbergen. Schon wenn Sie ihn erblicken, verschlägt es Ihnen die gute Laune. Ihrem Mitarbeiter ergeht es genauso. Er ist von Ihnen maximal genervt und es leid, permanent durch Sie Kritik zu erfahren. Seine Laune wird noch schlechter. Gleiches geschieht mit seiner Leistungsbereitschaft. Die Situation verhärtet sich. Er fühlt sich von Ihnen ungerecht behandelt und als Opfer ihres gemeinen Führungs-Verhaltens. Über diese ungerechte Behandlung beschwert er sich bei seinen Lieblingskollegen. Einige sind durch seinen einseitigen Bericht gleichfalls über Ihr Verhalten empört und solidarisieren sich mit ihm reflexartig. Andere des Teams beklagen sich wiederum darüber, dass er mit seinem unakzeptablen Verhalten durchkommt, dass er immer noch in der Abteilung ist und sie für ihn all das ausbaden müssen, was er nicht leistet oder an Schaden verursacht. Und so spaltet sich ihre Abteilung in zwei Gruppen auf.

Wenn zu Beginn dieses Prozesses nur ein Mitarbeiter unbefriedigend gearbeitet hat, herrscht jetzt virale Ansteckungsgefahr. Nun beginnt auch seine Solidargemeinschaft ihre gute Laune und die gute Verbindung zu Ihnen zu verlieren und ihr Engagement zu reduzieren. Auch deren Erfolgskurven weisen nun einen Knick nach unten auf. Jetzt weitet sich das Problem mit diesem Mitarbeiter zu einem Flächenbrand aus und verursacht entsprechende abteilungsweite Schäden. Gegenseitige Enttäuschungen werden in den jeweiligen Gruppen breitgetreten. Der Graben wird tiefer und die Bereitschaft Ihrer Befürworter, das fehlende Engagement der anderen auszugleichen, schwindet. Auch diese Beziehungen werden strapaziert.

Sie sind mittlerweile so empört über das unverschämte Verhalten und die negative Propaganda, die er hinter ihrem Rücken und gegen Sie betreibt, dass Sie nicht mehr anders können: Sie tun alles, um ihn endlich zu korrekter Arbeit zu nötigen. Sie bestrafen ihn für sein unakzeptables Verhalten. Umgekehrt empfindet Ihr Mitarbeiter dieses Verhalten im hohen Maße als gemein. Er findet nun genügend Gelegenheiten, Kunden schlecht zu behandeln, den Geschäftsbetrieb zu stören oder Schaden herbeizuführen, um es Ihnen heimzuzahlen. Keiner kann zu diesem Zeitpunkt mehr sagen, wer angefangen hat. Beide Seiten beschuldigen sich aufs Härteste. Sie ahnen: Ich könnte diese Entwicklung noch weiter beschreiben. Irgendwann würden Sie es als Krieg bezeichnen, und die Sache könnte in einem teuren Arbeitsrechtsprozess enden.

Sie kennen solche Entwicklungen vielleicht im Zusammenhang mit Trennungen von Ehepartnern, die nicht selten in einem Rosenkrieg enden. Im Ergebnis verlieren alle Beteiligten. Manchmal geht es so weit, dass die Beteiligten dem jeweils anderen unbedingt Schaden zufügen müssen, egal welchen Schaden sie dadurch selbst zu verschmerzen haben: Hauptsache schädigen. Beide gehen dabei unter – und alle Beteiligten mit ihnen.

Eskalationsstufen nach Glasl
Der Ökonom und Konfliktforscher Friedrich Glasl beschreibt solche Entwicklungen in Form von Eskalationsstufen im Rahmen eines Phasenmodells. Während demnach die ersten drei Phasen noch dazu führen können, dass beide Beteiligten mit einem blauen Auge aus dem Prozess aussteigen können, führen die Eskalationsstufen vier bis sechs zu mindestens einem Verlierer. Auf den drei untersten Ebenen startet dann der Ver-

nichtungskrieg und endet im gemeinsamen Untergang. Jetzt verlieren nach seinem Modell alle.

Kaum auszumalen, wie groß Ihr beruflicher Schaden bei so einer Entwicklung werden kann. Wenn es zu Beginn nur Kleinigkeiten waren, die den Geschäftsbetrieb Ihrer Abteilung nur wenig gestört haben, entstehen später schon merkliche Reibungsverluste. Ihr Boot wird langsamer, und ein Teil Ihrer Mannschaft verweigert ihr Engagement. Die Stimmung kippt, sämtliche Begeisterung, die Sei bei Ihren Leuten aufwendig generiert haben, schwindet und schon dümpelt Ihr Boot nur noch voran. Später, wenn der mittlerweile tief frustrierte, wütende Mitarbeiter sich dann sogar geschäftsschädigend verhält und einige seiner Lieblingskollegen es ihm gleichtun und ihre Paddel zum Bremsen nutzen oder sogar in die entgegengesetzte Richtung paddeln, dann bewegt es sich vielleicht sogar rückwärts. Ein immenser Schaden, der sich in Euro ausrechnen ließe. Insofern muss klar sein:

> Bleibt das Jobglück Ihres Mitarbeiters nachhaltig aus, so wird Ihr Schaden größer, je länger Sie mit seinem Ausstieg warten.

Nun müssen wir uns aber im Zusammenhang mit glücklich-erfolgreicher Führung noch folgenden Gedanken besonders bewusst machen: In einer Abteilung, in der die Führungskraft sich nicht nennenswert um die Zufriedenheit ihrer Mitarbeiter kümmert, alle irgendwie funktionieren und der Laden irgendwie läuft, erleben die Beteiligten immer wieder mal mit einzelnen Kollegen entsprechend mehr oder weniger eskalierende Entwicklungen. Anscheinend gehört es dazu, und irgendwie haben sich alle an so etwas gewöhnt. In Ihrer Welt ist das anders. Sie haben ein hohes Level in jeder Kategorie: Ihre Leute sind zufrieden, es herrscht ein harmonisches und positives Klima, und jeder Einzelne trägt einen großen Beitrag zum glücklichen Erfolg Ihrer Geschäftseinheit bei. Es läuft gut, weil auch die Beziehungen gut laufen.

In dem oben beschriebenen Eskalationsprozess würden im Rahmen glücklich-erfolgreicher Zusammenarbeit nicht erst in den letzten drei Eskalationsstufen alle verlieren, sondern viel früher. Denn Sie und alle anderen haben viel mehr zu verlieren, nämlich etwas, das andere Abteilungen sich als Ausmaß nicht vorstellen können. Das, was in diesem Buch beschrieben wird: die Zufriedenheit aller Beteiligten und glücklichen Erfolg. Eine Art der Zusammenarbeit und Führung, bei der alle gewinnen.

All das kann Schaden nehmen. Selbst ein einziger Mitarbeiter hat die Möglichkeit, großen Schaden anzurichten. Nicht erst in späten Phasen eines Eskalationsprozesses, sondern schon zu Beginn. Dann, wenn er eben nicht mehr ehrlich und vertrauenswürdig ist. Wenn die Summe der Kleinigkeiten die anderen nervt und alle Beteiligten das Signal erhalten, dass er nicht bereit ist, sein Verhalten zu ändern. In dieser ersten Phase des Eskalationsmodells von Glasl muss im Rahmen glücklich-erfolgreicher Führung schon Großalarm sein. Schon ab dieser ersten Phase entsteht Schaden für die Gemeinschaft! Zunächst verlieren alle ihre Zufriedenheit, dann die guten Beziehungen, danach auch noch die Nerven und so weiter. Ein immenser Schaden für alle. Keiner gewinnt. Insofern gilt:

> Die Führungskraft, die eine Beendigung verschleppt, gefährdet die Vorteile glücklich-erfolgreicher Zusammenarbeit.

Wer glücklich-erfolgreich führt, muss so eine Entwicklung beim Mitarbeiter nicht nur früher erkennen, er muss auch deutlich früher eingreifen. Das Problem zu ignorieren, das Ende hinauszuschieben oder zu versuchen, das Problem auszusitzen, ist ein fataler Führungs-Fehler. Frühzeitig erkennen und Handeln muss die Devise sein.

Für die Wachstumsphase bedeutet dies, frühzeitig zu erkennen, ob es überhaupt der richtige Mitarbeiter ist. Ob er tatsächlich sein Jobglück finden und glücklichen Erfolg generieren können wird. Diesen Sachverhalt beleuchten wir im nächsten Abschnnitt. In Abschn. 8.3 schauen wir uns diese Thematik dann für die Hochphase an. Hier arbeiten Sie schon länger zusammen und kennen sich. Auch und besonders in dieser Phase müssen Sie frühzeitig erkennen, wenn seine Zufriedenheit schwindet, um herauszufinden, ob es sich um eine Motivationsdelle oder um einen nachhaltigen Verlust seines Jobglücks handelt, ob Sie also den Ausstieg initiieren müssen.

Meines Erachtens verlieren viele Führungskräfte einen großen Teil ihres Erfolges, in dem sie Reibungsverluste und Katastrophen, insbesondere im Zusammenhang mit zu später Beendigung, als nicht vermeidbar und von daher als normal hinnehmen. Indem sie Mitarbeiter halten, vielleicht sogar decken, die sich innerlich schon von ihnen und ihrer Arbeit entfernt haben, die aber leider versäumen, sich eine andere Tätigkeit zu suchen. Den Schaden verursacht zunächst der Mitarbeiter. Aber ermöglicht haben ihn die Führungskräfte selbst. Das zu späte Eingreifen ist deren Anteil an der Eskalation und am Schaden.

8.2 Das frühzeitige Ende in der Wachstumsphase

Marina war eine neue Mitarbeiterin, die sich bei uns schon nach kurzer Zeit pudelwohl fühlte. Sie fand es großartig, wie offenherzig sie im Team aufgenommen wurde und genoss sichtlich das vertrauensvolle und gute Klima. Schon nach kurzer Zeit fühlte es sich für alle so an, als sei sie schon immer dagewesen. Die Frage, ob es ihr bei uns gefällt, musste nicht gestellt werden. Sie war durch und durch zufrieden bei uns und mit uns. Leider mussten wir im Laufe des Einweisungsprozesses feststellen, dass sie sich aber mit der Arbeit schwertat. Irgendwie fiel es ihr nicht leicht, die Dinge zu lernen und die Tätigkeit auszuführen, für die wir sie eingestellt hatten. So sehr ihre neuen Kollegen sie schon ins Herz geschlossen hatten und ihr Wohlwollen entgegenbrachten, so kamen sie nicht umhin zu bemerken, dass es ihr nicht leicht von der Hand ging und sie permanent Unterstützung benötigte. Es fiel auf, und allen Beteiligten wurde deutlich, dass das mit der Leichtigkeit in der Tätigkeit bei ihr nichts werden wird. Als Hüter glücklich-erfolgreicher Zusammenarbeit kamen die Kollegen in einen Loyalitätskonflikt, von dem ich Ihnen in Abschn. 6.4 berichtet habe: das Spannungsfeld zwischen Sympathie und der Tatsache, dass die Tätigkeit nicht zu einer Person passt. Dies würde in aller Konsequenz bedeuten, dass die Teamkollegen dauerhaft das zu kompensieren und tragen hätte, was der neue Kollege nicht beherrschen wird.

Natürlich ist es eine Frage der Fairness, den neuen Mitarbeiter an dieser Einschätzung teilhaben zu lassen und zu überlegen, wie man es doch noch in eine gute Richtung lenken kann. Sollten es sich aber nach den Gesprächen zeigen, dass die Summe der Kleinigkeiten weiterhin in dieselbe Richtung zeigt, dann kann man nur in aller Konsequenz den Ausstieg planen. So schade es alle finden. In Unternehmen, in denen während der Probezeit mehrere Mitarbeiter im Einweisungsprocedere involviert sind, wird die Entscheidung sinnvollerweise gemeinsam getroffen. Die Führungskraft hat sie dann zu vermitteln.

Wie Sie einen Ausstieg in der Wachstumsphase verargumentieren
Dieses Gespräch kann nach demselben Schema durchgeführt werden, wie es in Abschn. 7.3 erläutert wurde. Es könnte dann konkret nach folgender argumentativen Kette verlaufen: Es beginnt mit dem Wunsch und dem Anspruch, dass es dem neuen Mitarbeiter in Ihrer Abteilung gut geht. Dass er sein Jobglück bei Ihnen findet. Das ist nichts Neues, ist es doch in vielen

Gesprächen in der Start- und Wachstumsphase durch Sie und Ihre Mitarbeiter schon thematisiert worden. Es geht um zwei Aspekte: zum einen um die Tätigkeit, die zu ihm passen sollte, und zum anderen darum, dass es ihm bei Ihnen auch gut geht. Dass der Mitarbeiter zufrieden werden kann. Sie können es auch mithilfe der Können-Wollen-Matrix verdeutlichen. Sie betonen, dass Sie alle bei der Einstellung davon überzeugt waren, dass er nicht nur der Richtige ist, sondern dass bei ihm beide Aspekte zutreffen würden. Sie freuen sich darüber, wie pudelwohl er sich bei Ihnen im Team fühlt, bedauern aber, dass ihm die Tätigkeit erfolgreich zu bewältigen, schwerfallen würde. Das haben sie nicht erwartet. Darüber hatten sie sich in der letzten Zeit schon häufiger unterhalten. Leider wurde es nicht wesentlich besser. Nun erläuterten Sie, es sei im Rahmen der Einweisung Ihre Aufgabe, die folgende Frage zu klären: Werden wir diesen neuen Mitarbeiter zu einem gleichwertigen Teammitglied entwickeln können, oder wird es an einem der beiden Aspekte hapern?

Nun erklären Sie, was passieren würde, wenn man sich diese Frage nicht stellen würde und einfach jemanden dauerhaft ins Team lassen würde, der sich hier zwar wohl fühlt, zu dem die Arbeit aber nicht passt und er sie deshalb langfristig auch nicht gut machen wird. Das würde für seine Kollegen bedeuten, sie müssten auch in Zukunft für ihn mitarbeiten. Diese Ungerechtigkeit würde irgendwann bei allen Mitarbeitern Unmut verursachen. Die Kritik an diesem Mitarbeiter würde wachsen und die Beziehungen zu seinen Kollegen schlechter werden. Das würde spätestens auch seine eigene Zufriedenheit vernichten. Noch etwas weitergedacht, wäre irgendwann nichts mehr von dem vorhanden, was er jetzt gerade an gutem Gefühl in seinem Herzen trägt.

Außerdem, so verdeutlichen Sie, hat die Führungskraft die Verantwortung für alle im Team. Ihre Aufgabe ist es, sie bei ihrem Jobglück zu schützen. Vor diesem Hintergrund können Sie so eine Entwicklung nicht verantworten. Deshalb müssen Sie, so schwer es Ihnen fällt, diese Arbeitsbeziehung beenden.

Natürlich ist dies nur die Kurzversion, reduziert auf die Argumentationskette. In der Realität nimmt man sich natürlich mehr Zeit und bettet das Ganze wertschätzend ein.

Interessanterweise haben wir in unserem Unternehmen bei diesem argumentativen Vorgehen häufig erlebt, wie Mitarbeiter dieses Gespräch nicht als Katastrophe, sondern als Entlastung empfunden haben. Einige berichteten uns, wie sich im Laufe der Einweisung schon morgens auf dem Weg zu Arbeit, Ihr Gefühl verändert hatte. Die fehlende Leichtigkeit bei der Tätigkeit drückte auf ihre Zufriedenheit. Ein Zusammenhang, den sie in vorherigen Jobs noch nicht so deutlich erkannt und erfühlt hatten. Sie wollten es eine ganze Zeit nicht wahrhaben, aber verstehen würden sie es jetzt schon.

Dieses und all die Vorgespräche sollten innerhalb der Probezeit geschehen. Wie gesagt: Früherkennung ist wichtig. Um also so viel und so schnell wie möglich den Neuen er-kennen zu können, ist eine intensive Einarbeitung, bei der die Mitarbeiter beteiligt sind, sinnvoll. Sie sollten nicht warten, bis Sie in die ersten Eskalationsstufen nach Glasls Modell hineintapern und entsprechenden Schaden verkraften müssen. Das ist, wie wir gesehen haben, teuer und in der Wachstumsphase erst recht unnötig. Denn in dieser Zeit ist nur die perspektivische Frage zu klären, ob er ein gleichwertiges Teammitglied werden kann oder nicht. In der Hochphase ist es schwieriger. Dort müssen Sie herausfinden, ob es sich um eine Delle in der Erfolgskurve des Mitarbeiters handelt oder um den Einstieg zum Abstieg, der irgendwann mit dem Ausstieg endet.

Natürlich können Sie hier zu Recht einwenden, dass dieses Vorgehen nicht in jedem Unternehmen möglich ist. Wie im Rahmen des Einstellungsverfahrens sind auch in der Phase der Beendigung unternehmensspezifische formale Schritte zu berücksichtigen und gegebenenfalls andere Institutionen im Unternehmen in den Prozess zu involvieren. Das macht die Aufgabe sicherlich nicht leichter, sollte Sie aber nicht davon abhalten, das Ende konsequent herbeizuführen. Selbst wenn die Suche nach einem neuen Mitarbeiter wieder beschwerlich sein wird, ist die Erfahrung, einen Mitarbeiter im System dauerhaft zu installieren, bei dem von vornherein klar ist, dass er nicht das notwendige Level erreichen wird, für Sie und alle anderen eine größere Belastung.

8.3 Den Abstieg in der Hochphase erkennen und handeln

Anhand der Summe der Kleinigkeiten, die die Erfolgskurve Ihres Mitarbeiters in der Hochphase sinken lassen, können Sie nicht sofort erkennen, ob es sich beim Mitarbeiter nur um eine Motivationsdelle handelt oder ob es sich um Signale für den Einstieg zu seinem Ausstieg handelt. Sie nehmen die vielen kleinen Ärgernisse frühzeitig wahr und führen ein Gespräch, wie es beispielsweise in Abschn. 7.3 beschrieben ist. Danach heißt es für Sie erhöhte Achtsamkeit. Beobachten Sie nach dem Gespräch nur ein kurzes Aufflammen seiner Einsatzfreude, oder bleibt es unverändert wie vor dem

Gespräch? Keine oder nur eine kurzfristige Veränderung wäre schon ein Statement Ihres Mitarbeiters. Nach dem Gespräch die Anzahl der Kleinigkeiten zu erhöhen und gegebenenfalls sogar zudem größere Ärgernisse zu verursachen, wäre ein noch klareres Signal für den Einstieg in den Ausstieg.

Sie bleiben mit Ihren besonders vertrauten Mitarbeitern diesbezüglich im Gespräch und beobachten gemeinsam als Hüter Ihrer Kultur, in welche Richtung das Verhalten des Mitarbeiters geht und welche neue Haltung bei ihm erkennbar wird.

Im Fall der Abstiegs- und Ausstiegsphase wird die Summe der Kleinigkeiten, die Sie beobachten, sein fehlendes Wollen zum Ausdruck bringen. Er wird häufiger mit schlechter Laune zur Arbeit kommen, mehr über Sie meckern, Entscheidungen von Ihnen nicht tragen wollen, genervter sein, die Arbeit, die offensichtlich ansteht, nicht mehr sehen und seinen Dienst nur noch nach Ihrer Aufforderung leisten. Die Beschwerden seiner Kollegen, mit Ausnahme seiner Lieblingskollegen, werden deutlicher, seine Unachtsamkeiten auffälliger, seine Fehler häufiger und die Unzuverlässigkeit offensichtlicher. Ihr Vertrauen ihm gegenüber bröckelt. In den Gesprächen mit ihm erleben Sie, wie er sich mit einer Vielzahl an Ausreden zu rechtfertigen versucht (sowie seine Ehrlichkeit gemäß der Skala, die Ich Ihnen in Abschn. 6.3 vorgestellt habe, eine Relativierung nach unten erfährt). Er zeigt keine Einsicht, kein Unrechtsempfinden und eine Lösung über Alternativen in der Tätigkeit oder Veränderung seiner Situation lehnt er auch ab. All das alarmiert Sie und Ihre Mitarbeiter.

Seine notorische Unzufriedenheit und die Vielzahl seiner Verhaltensweisen geben Aufschluss über seine veränderte Haltung gegenüber seiner Arbeit, Ihrer Abteilung, Ihres gemeinsamen Umgangs und/oder Ihnen gegenüber.

> Ein Ende kommt nie überraschend. Die Frage ist, ob Sie die Signale sehen (wollen)?

In dieser Phase der Krise werden sie täglich klüger. Die Signale werden eindeutiger, und im Rahmen der Gespräche mit ihm und Ihren Mitarbeitern wächst die Erkenntnis, dass das so nicht weitergehen kann. Es muss eine Entscheidung her. Diese zu treffen fällt leicht, wenn Sie sich wie in der Wachstumsphase die Frage der Prognose stellen. In der Hochphase geht es allerdings nicht mehr darum, ob ihr Mitarbeiter gleichwertig werden wird. Davon haben Sie sich ja alle in der Wachstumsphase überzeugt. Jetzt geht es darum, ob er sein Jobglück in dieser Abteilung, in diesem Unternehmen oder bei Ihnen endgültig verloren hat und ob er deshalb seinen Beitrag zum Deal in Zukunft nicht mehr leisten wird.

Wenn Sie und Ihre Mitarbeiter zu der Erkenntnis kommen, dass keine Verbesserung mehr zu erwarten ist, dass es keine Alternative mehr gibt, Sie sich alle genug bemüht haben und er seinen Teil des Deals nicht mehr beitragen wird, dann leiten Sie den Ausstieg ein.

> Starten Sie den Ausstieg, wenn absehbar ist, dass das Jobglück Ihres Mitarbeiters endgültig ausbleiben wird.

Sobald Sie diese Klarheit haben, brauchen Sie auf keine weiteren Beweise mehr zu warten.

Die Jobglücks-Kompetenz Ihres Mitarbeiters hilft Ihnen
Ihnen bleibt die Vielzahl an ärgerlichen Phänomenen erspart, wenn Ihr Mitarbeiter Ihnen in einem der Krisengespräche offenbart, dass ihm seine Tätigkeit keine Freude mehr macht oder er bei Ihnen in der Abteilung oder im Unternehmen für sich keine Perspektive mehr sieht. Dies selbst wahrzunehmen, dazu haben Sie ihn ja auch ausgebildet. Sie haben ihm schon vor der Einstellung beschrieben, wie wichtig ihm selbst sein Jobglück sein sollte und dass Sie ihn nicht glücklich machen, sondern ihn nur darin unterstützen können. Sie haben ihm seinerzeit vielleicht das Buch Jobglück gegeben, in dem er sich selbst davon überzeugen konnte, wie wichtig es ist, seine eigene Zufriedenheit im Blick zu haben und wie viele Möglichkeiten er selbst hat, sie positiv zu verändern. Diese Jobglücks-Kompetenz, die er im Rahmen der Arbeit mit Ihnen entwickeln konnte, und all das, was Sie im Rahmen der Krisengespräche über Können-Wollen, Vertrauen, ehrlichen Umgang und Offenheit erzählt haben, macht auch ihm die Entscheidung leichter loszulassen. Sich gedanklich eine neue Perspektive aufzubauen. Den Anspruch wieder zu entwickeln, im (neuen) Job glücklich werden zu wollen.

So traurig der Sachverhalt auch immer ist, solche Krisengespräche sind großartig. Denn sobald Ihr Mitarbeiter für sich selbst die Erkenntnis gewonnen hat, sein Jobglück woanders suchen zu müssen, um es wiederzufinden, können Sie wieder gemeinsam auf derselben Seite stehen. Sie können zusammen mit ihm neue Perspektiven aufbauen und ihn gegebenenfalls sogar auf diesem Weg unterstützen. Vor allem können Sie gemeinsam mit ihm einen friedvollen und sauberen Ausstieg planen.

Change-Opfer

Es gibt sie auch in Unternehmen, die glücklich-erfolgreich geführt werden: die Change-Opfer. Doch ihre Anzahl ist entschieden kleiner als die in Unternehmen, die auf Basis der Druckwelt funktionieren. Dort wird weniger darauf Rücksicht genommen, ob ein Mitarbeiter auf seine neue Stelle passt, wenn seine alte wegfällt. Ich konnte in vielen Unternehmen erleben, wie die Menschen diese Zwangsveränderung als Personal-Monopoly empfunden haben und sich logischerweise deshalb als Opfer solcher Veränderungen fühlten. Natürlich haben sie sich innerlich gegen diese Entwicklungen massiv gesträubt und erheblichen Widerstand aufgebaut. Mit dieser Haltung wurde ihnen dann eine neue Tätigkeit zugeordnet, ohne sie zu fragen und ohne mit ihnen abzugleichen, ob es nicht noch passendere Lösungen für sie gegeben hätte.

Es ist für diese Mitarbeiter sowie für alle anderen drumherum eine extrem unbefriedigende Situation. Selbst wenn die Tätigkeit zu ihm passen würde, ist die Tatsache, zum Wechsel gezwungen worden zu sein, immer mit Widerstand und großen Ängsten verbunden. Das sind, wie wir wissen, erhebliche Unglücksfaktoren. In solchen Fällen kommt der Bauch fast immer zum Ergebnis, jetzt und noch sehr lange maximal unzufrieden zu sein. Da hat die neue Führungskraft auch mit glücklich-erfolgreicher Führung erst einmal schlechte Karten. Dennoch kann man die Problematik zumindest lindern. Auch hier ist es das Beste, die Jobglücks-Kompetenz des Mitarbeiters auszubauen. Viel früher befreit er sich dann aus der Opferrolle und erkennt seine Optionen, die er bereitwilliger alleine oder mit ihrer Unterstützung angeht.

Wenn Sie ihn, wie es in den (Praxis-)Kapiteln 5 und 6 vorgestellt wurde, in seiner neuen Abteilung aufnehmen, wird es ihm leichter fallen, sich trotz anfänglicher Befindlichkeiten und Sorgen auf Sie und die gemeinsame Art der Zusammenarbeit einzulassen. Ob es bei dieser Tätigkeit bleibt oder ob Sie gemeinsam mit dem Mitarbeiter für eine Veränderung sorgen und die Lösung vielleicht nicht einmal in Ihrer Abteilung liegt, wird sich dann zeigen. Entscheidend sind drei Aspekte: Zum einen, wie gut Sie den Mitarbeiter darin unterstützen, seine Jobglücks-Kompetenz auszubauen. Zweitens, wie schnell Ihr neuer Mitarbeiter die neue glücklich-erfolgreiche Haltung entwickeln wird und drittens, wie sie gemeinsam die Einstellung generieren, aus der Situation das Beste zu machen.

Eine Führungskraft sollte kraftvoll sein

Natürlich wäre es realitätsfern zu glauben, Ausstiege würden bei glücklich-erfolgreicher Zusammenarbeit immer im Guten enden. Manchmal fehlt die Einsicht des Mitarbeiters, wie er sich durch das Festhalten an seiner unbefriedigenden Situation selbst sein Jobglück raubt. Dann müssen Sie als Führungskraft kraftvoll sein. Wir hatten das Thema schon in Abschn. 7.3. Sie müssen kraftvoll, nicht machtvoll das Rückgrat und der Hüter Ihrer Welt sein. Das ist Ihre Aufgabe. Und die können Sie umso besser erfüllen, wenn Sie eine entsprechende Überzeugung ausstrahlen. Ihre Haltung ist mal wieder entscheidend. Wenn Ihnen das Jobglück Ihrer Mitarbeiter wirklich am Herzen liegt, dann werden Sie die Kraft besitzen, einen Mitarbeiter, der allen die Kraft raubt, überzeugt zum Ausstieg zu bewegen. Manchmal kommen Sie dann um einen Schubs Ihres Mitarbeiters in den Ausstieg nicht herum. Dennoch sollte es in jedem Fall Ihr Bestreben sein, jeden Ausstieg möglichst friedvoll zu gestalten.

Um dies zu erreichen, müssen Sie in solchen Phasen viel intensiver mit allen Beteiligten kommunizieren. Dann muss ein Ausstieg nicht automatisch auch ein Ausstieg aus der Beziehung bedeuten. Je mehr Sie Ihren Mitarbeiter zu der Erkenntnis bringen, dass es schon aus seinem eignen Interesse keine gute Lösung ist, an seiner unbefriedigenden Situation unbedingt festzuhalten, desto mehr werden Sie aus dem Ende einen gemeinsamen Ausstieg machen. Es wird ein friedlicher und respektvoller Weg, obwohl seine Leistungen nachlassen. Seine Erfolgskurve sinkt etwas, aber sie stürzt nicht ab. Und die der Kollegen auch nicht. So ein Szenario heißt es ja dringend zu vermeiden. Deshalb handeln Sie frühzeitig, und genau das ist die Botschaft, die ich Ihnen nahebringen möchte:

> Beenden Sie früh und friedvoll, wenn das Jobglück Ihres Mitarbeiters endgültig ausbleibt.

8.4 Den Ausstieg gemeinsam planen und feiern

„Sag mal", sprach mich Marie, eine meiner Verkaufsmitarbeiterinnen an, als sie mich in einer unserer Filialen traf. „Was für eine Kündigungsfrist habe ich eigentlich?", fragte sie. Ich muss wohl ziemlich blöd geguckt haben, sodass sie sich für diesen Überfall entschuldigte und mir erklärte, dass sich ihre Lebensumstände verändert hätten und deshalb leider bald nicht mehr bei uns arbeiten könnte.

Nach einer kurzen Runde des gegenseitigen Bedauerns hatte ich die Überraschung verkraftet und konnte ihr eine Antwort geben. „Keine Ahnung", sagte ich.

Jetzt war sie es, die verdutzt aus der Wäsche schaute. Wenn jemand in einer glücklich-erfolgreichen Welt seine Tätigkeit beendet oder wenn man gemeinsam, wie oben beschrieben, diesen Beschluss zum Ausstieg fasst, dann sollte sich der Weg bis zur Verabschiedung immer an einem einfachen Gedanken orientieren – und genau dieser Gedanke war meine Botschaft an sie:

> Verlass uns doch so, dass du mit einem guten Gefühl zu uns zurückkommen kannst und auch deine Exkollegen dabei ein gutes Gefühl hätten.

Der Anspruch für sie war, einen guten Abgang hinzulegen. Sie konnte eine sinnvolle Frist dazu auszuwählen, bis sie endgültig ausscheidet – ganz unabhängig von arbeitsvertraglichen Regeln. Sie sollte sich daran orientieren, dass alle Zurückbleibenden nicht kurzfristig hängen gelassen werden. Im Umkehrschluss sollten dann natürlich auch alle anderen sich entsprechend verhalten und ihren Beitrag zu einem guten Ausstieg und Abschied leisten.

Wenn sich die Lebensumstände der kündigenden Mitarbeiter dann wieder zurückveränderten oder sie aus der Stadt, in die sie gezogen waren, wieder zu uns zurückzogen, fingen viele von ihnen tatsächlich wieder bei uns an. Wie? Mit einem guten Gefühl für alle! Es hatten ja auch alle bei ihrem Abgang zuvor die Grundlage dafür geschaffen. Es kam sogar noch besser: Sie wurden zu den größten Verfechtern unserer Kultur. Denn viele von ihnen hatten zwischenzeitlich erlebt, wie es sich anfühlt, nicht mehr glücklich-erfolgreich zusammenzuarbeiten, sondern so, wie es in vielen Unternehmen leider noch üblich ist: eher macht- und druckorientiert. Und das war für sie keine Option mehr. Selbst einige wenige Mitarbeiter, die sich durch vollmundige Versprechungen haben abwerben lassen, kamen wieder zurück und feierten dann erst recht unsere Art, gemeinsam zu arbeiten.

Glücklich-erfolgreiche Zusammenarbeit ermöglicht den besten Ausstieg, den man sich denken kann

Annika, eine meiner engsten Mitarbeiterinnen, die als Führungskraft mit jeder Faser ihres Körpers all das in Ihrem Team und im Unternehmen lebte und vorlebte, was in diesem Buch beschrieben ist, offenbarte mir leider irgendwann, dass sie ihren Lebensmittelpunkt zu ihrem Partner in eine andere Stadt verlegen will und deshalb bald bei uns aufhören müsste. Das war ein Schock für mich.

Aus meiner Beratungspraxis weiß ich, wie Unternehmer sich fühlen, wenn einer ihrer liebgewonnen, über Jahre aufgebauten, hoch qualifizierten, leitenden Führungskräfte aufhören möchte. Sie sind geschockt, wütend, fühlen sich verletzt, verlassen und ihres Vertrauens missbraucht. Das ist, wie ich lernen musste, wohl ein sehr verbreiteter Reflex.

Großes Bedauern stellte sich bei mir ein. Aber dass Annika mir viele Monate vor Beginn ihrer offiziellen Kündigungsfrist diese Information offenbarte, war für mich Ausdruck und Beweis für die außerordentlich vertrauensvolle Beziehung, die wir pflegten. Da wollte ich nicht, dass Wut und Ohnmacht das dominierende Gefühl sind. Annika musste ich die Botschaft des guten Abgangs selbstverständlich nicht vermitteln. Sie hatte schon den Plan für den Ausstieg, die Übergabe an ihre Nachfolgerin ausgearbeitet und konnte ihn mir im selben Atemzug präsentieren.

Sie hatte in der Tat über die letzten Monate exzellente Arbeit geleistet. Selbst in den letzten Wochen hat sie so viel Vollgas gegeben, dass sie einen perfekten Abgang hinlegte. Was haben wir sie in den letzten Wochen gefeiert für das, was sie da leistete! Ihre Erfolgskurve machte in den letzten Monaten, Wochen, selbst in den letzten Tagen noch einen Knick nach oben. Das war eine großartige Erfahrung für alle. Kein Wunder, dass auf der Verabschiedungsfeier, die wir für sie natürlich ausgerichtet haben, viel geheult wurde. Perfekter kann ein Abgang nicht sein.

Voraussetzungen für einen glücklich-erfolgreichen Ausstieg
Was ist die Voraussetzung für so ein Ende? Wie wäre es in anderen Unternehmen abgelaufen? Im schlimmsten Fall würde der Mitarbeiter am Tag der Verkündigung seiner Kündigung seinen aufgesparten Resturlaub bis zum letzten Arbeitstag nehmen oder die nicht durch Urlaub abzudeckenden Tage mit Krankenscheinen auffüllen. Vielleicht würde er sich in keiner Weise mit seiner Abteilung oder seinem Unternehmen verbunden fühlen und deshalb auch kein schlechtes Gewissen haben, niemanden in seine Tätigkeit einzuweisen. Oder aber er findet seinen Nachfolger so ätzend, dass er lieber all das vernichtet, was ihm eine Chance gäbe, diese Tätigkeit fortzuführen. „Nach mir die Sintflut", mag die Haltung sein. Der Nachfolger fällt nach Übernahme des Tätigkeitsgebietes in ein großes schwarzes Loch und braucht im Zweifel Monate, um sich darin zurechtzufinden.

An Erfolg ist in dieser Zeit nicht zu denken. Schon gar nicht, wenn er durch die fehlende Einweisung zum Flaschenhals der Abteilung oder des gesamten Unternehmens wird. Dann lahmt alles. Ein riesiger Schaden, nur weil einer einen schlechten Abgang hinlegt. Nur weil jemand aufhört, der sich mit den Beteiligten nicht verbunden und sich ihnen gegenüber nicht verantwortlich fühlt. Annika hat das Gegenteil bewiesen. Ihre Erfolgskurve fiel nicht ins Bodenlose, sondern verzeichnete ganz im Gegenteil noch einen Anstieg. Es war ihr ein Anliegen, in ihrer geliebten Tätigkeit bis zum letzten Tag zu brillieren und das vertrauensvolle Umfeld zu genießen.

Genau hierfür soll diese Geschichte stehen. Annika konnte sich so verhalten, weil sie mit uns eine herzliche und vertrauensvolle Beziehung pflegte. Weil für sie Ehrlichkeit und mutige Offenheit zum Selbstverständnis gehörten.

> Wenn Ihr Mitarbeiter darauf vertraut, dass ihm seine Ehrlichkeit nicht zum Nachteil wird, wird er sich Ihnen frühzeitig offenbaren.

Wenn es darum geht, Menschen für glücklich-erfolgreiche Zusammenarbeit zu gewinnen, dann ist dieser Ausstieg ein gutes Beispiel, von dem man den neuen Mitarbeitern erzählen kann. Auch Bestandsmitarbeitern sollte man solche Geschichten in Erinnerung rufen. Sie erinnern sich vielleicht daran: Mittels Storytelling begeistern Sie Menschen. In dieser Geschichte wird alles erlebbar und ablesbar, was Sie in Ihrem Einführungskurs im Rahmen des Einstellungsverfahrens und während der Wachstumsphase zu vermitteln versuchen. Mit so einer Art der Zusammenarbeit gewinnen alle, selbst in der Ausstiegsphase, auch wenn der Abschied schmerzt.

9

Durchstarten zum glücklichen Erfolg

Wenn Ihnen jemand vor dem Lesen dieses Buches erzählt hätte, er würde seinen neuen Mitarbeitern schon vor der Einstellung einen Einführungskurs in die Art der Zusammenarbeit geben, wie er sie in seiner Abteilung pflegt, dann hätten Sie dies vielleicht als übertrieben angesehen, oder? Ich hoffe, dies ist nach der Lektüre der Praxiskapitel nun anders.

Menschen glücklich-erfolgreich zu führen ist in vielerlei Hinsicht anders. Es fängt schon bei der Mitarbeitersuche an, es kommt darauf an, auf welche Aspekte Sie bei der Auswahl achten. Wie Sie die Begeisterung des Bewerbers für Ihre Art der Zusammenarbeit identifizieren und diese durch Ihr Verhalten verstärken. Sie suchen nicht nur Mitarbeiter, sondern gewinnen Menschen für eine Art des Miteinander-Arbeitens, die für alle einen besonderen Gewinn bedeutet. Sie begeistern Menschen für eine Vision und bauen in der Einstiegsphase durch eine Vielzahl an Maßnahmen die Skepsis beim Bewerber ab, die viele Menschen im Zusammenhang mit Zufriedenheit bei der Arbeit noch in sich tragen.

Die gesamte Einstiegsphase ist von dem Motto geprägt: Werde glücklich bei uns, wir sind es auch. Alles, was in dieser Phase geschieht, bestärkt den neuen Mitarbeiter darin, Vertrauen zu entwickeln, dass das Arbeiten bei Ihnen tatsächlich so ist, wie Sie es schildern. Mit dem Einführungskurs gießen Sie das Fundament und definieren das Level für die zukünftige Zusammenarbeit. Hier wird jedem endgültig deutlich, dass das mit seinem Jobglück ernst gemeint ist, dass es sich um einen besonderen Deal handelt und dass viel mehr dahintersteckt, als bisher vermutet. Mit dieser Energie springt der Neue in die Aufstiegsphase, in der er fachlich so intensiv unterstützt wird, dass aus seinem Gerne-machen ein Gerne-und-noch-viel-besser-machen-Wollen wird. Er möchte jetzt brillieren und beweisen, dass ihn einzustellen richtig war.

Die Hintergründe und Besonderheiten glücklich-erfolgreicher Zusammenarbeit im Rahmen weiterer Ausbildungsschritte zu erfahren und in der Praxis tatsächlich zu erleben, sowie immer wieder Beweise für den großen Wert dieser Art des Umgangs zu erleben, lassen die Begeisterung des Neuen für die Leute, die Tätigkeit und einfach für alles weiterwachsen. Die Begeisterung wird durch seine große Einsatzfreude sichtbar. Seine Erfolgskurve springt unweigerlich auf ein hohes Niveau. Mit allen in guter Beziehung zu stehen und auch mit der Führungskraft verbunden zu sein, von ihr erkannt zu werden und Sie er-kennen zu können, lassen eine Vertrautheit entstehen, die sich viele zuvor nicht vorstellen konnten. So etwas hat der Neue wahrscheinlich noch nicht erlebt und vielleicht noch nicht davon gehört. All das verstärkt seine Zufriedenheit und gibt zusätzliche Energie beim Gerne-machen.

Zu erfahren, wie Krisen bewältigt werden können, ohne dass es zu Reibungsverlusten kommt, ist für alle Mitarbeiter, besonders für die neuen, ein Beweis für besonders vertrauensvollen Umgang. Was in früheren Arbeitsverhältnissen Gewohnheit war, nämlich dass solche Vorfälle den Betrieb teilweise oder ganz lähmen, ist in glücklich-erfolgreichen Unternehmen eine Seltenheit.

Die Zufriedenheit eines Mitarbeiters bleibt auch während der Hochphase Dauerthema. Das, was sein Jobglück beflügelt, wird verstärkt, und was es mindert, ist auf dem Radar der Führungskraft und wird bearbeitet. Gemeinsam! So bleiben Mitarbeiter viele Jahre in der Hochphase zufrieden und können ihrer Arbeit motiviert und mit Leichtigkeit erfolgreich nachgehen.

Selbst wenn bei Kollegen das Jobglück endgültig ausbleibt, ist es für viele faszinierend zu sehen, wie man diese schwierige Situation dennoch gemeinsam und in Frieden meistern kann. Das Ausscheiden eines Kollegen muss offensichtlich nicht zwingend das Beziehungsende zum Vorgesetzten und den Kollegen bedeuten und auch nicht das Ende guten Arbeitens. Zu erleben, wie Mitarbeiter in der Ausstiegsphase bis zum letzten Tag ihrer Tätigkeit hoch motiviert Vollgas geben und einen guten Abgang hinlegen (wollen), sind weitere Beweise dafür, dass es ein besonderes Beziehungsverhältnis sein muss. Dass einige von denen zurückkommen und von ihren teilweise enttäuschenden Erfahrungen berichten und nun mit noch größerer Begeisterung glückliche-erfolgreiche Zusammenarbeit leben, beweist allen den großen Wert dieser Art der Zusammenarbeit und Führung.

Mit Zufriedenheit und nachhaltig hoher Leistungsbereitschaft ist die Erfolgskurve dieser Mitarbeiter auch während der Hoch- und Ausstiegsphase unweigerlich höher als die in einem normalen Arbeitsverhältnis, bei dem die Zufriedenheit der Mitarbeiter bei der Führungskraft nicht einen so hohen Stellenwert hat. Erfolg ist ein logisches Endprodukt. Er zeigt sich an dem hohen Niveau der Erfolgskurve und besonders an der Differenz zwischen seiner Kurve und der eines Mitarbeiters in einem normalen Arbeitsverhältnis.

Der Generalschlüssel
Wie groß der Unterschied auch immer ist, er ist ein Mehrertrag. Nicht nur an einem Tag, nicht zufällig in einer Woche, sondern dieser größere Erfolg zeigt sich über Monate und Jahre. Er ist nachhaltig, und Sie haben ihn nicht erreicht, in dem Sie versucht haben, den Gewinn irgendwie (und mit aller Gewalt) zu maximieren. Nein, das Jobglück des Mitarbeiters steht im Fokus. Es ist der Generalschlüssel. Dabei muss die Zufriedenheit des Mitarbeiters nicht einmal maximiert werden. Dennoch ist der Erfolg das automatische Ergebnis. So ist der Wirkungszusammenhang, wie er im dritten Kapitel beschrieben wurde. So muss die Priorität sein. Dann sind die Bedürfnisse der Menschen bei der Arbeit im Fokus, und deshalb sind Leistungsbereitschaft und Motivation ein logisches Ergebnis. Der Erfolg kommt dann von selbst. Selbstverständlich!

> Wenn Sie von Ihrem Mitarbeiter Spitzenleistung wünschen, dann behandeln Sie ihn auch spitze:
> Geben Sie ihm eine passende Tätigkeit und die Möglichkeit zu seinem Jobglück.

Hindert Sie noch etwas, jetzt mit glücklich-erfolgreicher Führung durchzustarten? Wenn, dann handelt es sich meistens um zwei Hemmnisse:

1. Sie sind der Einzige in Ihrem Unternehmen, der seine Mitarbeiter glücklich-erfolgreich führen möchte. Sie glauben aber, weil die anderen Führungskräfte, insbesondere die Geschäftsführung, nicht mitmacht und weil Sie deshalb keinen Rückenwind erhalten, werden Sie nicht den angekündigten Erfolg und Glücksertrag erzielen.

2. Sie sind noch unsicher, wie Sie starten sollen, um eine glücklich-erfolgreiche Zusammenarbeit in Ihrer Abteilung zum Leben zu erwecken.

Nicht top-down, sondern von innen nach überall
Dass es für eine Führungskraft schwieriger ist, als einzige im Unternehmen eine neue Art der Führung einzuführen, diese Skepsis teile ich zunächst. Außer Frage ist es besser, wenn ein ganzes Unternehmen von der Philosophie glücklich-erfolgreicher Führung und Zusammenarbeit vollständig durchdrungen wäre. Wenn es zum Mindset des Unternehmens würde. Natürlich wäre es ideal, wenn eine Geschäftsführung diese Art der Führung für sich als sinnvoll erachtet und das ganze Unternehmen zu einem glücklichen Unternehmen transformiert, so wie es in Pothmann (2021) beschreiben ist.

Aber, und in diesem Punkt kann ich Sie beruhigen, wenn Sie der oder die Einzige sind, der oder die diesen Weg geht, und wenn Sie keinen Rückenwind von Ihrem Führungsumfeld erhalten, werden Sie dennoch Folgendes erleben: Dann wird wahrscheinlich eben nicht Ihr Unternehmen zu einem Schnellboot, sondern im Zweifel nur Ihre Vertriebs- oder Geschäftseinheit, Ihre Filiale oder Ihre Abteilung. Sie wird zum Deutschland-Ruder-Achter. Und dann stellt sich ein interessanter Effekt ein: Die anderen fragen sich, was Sie in Ihrer Abteilung denn da machen? Was Sie anders machen, dass es zu so einem Erfolg kommt und darüber hinaus in Ihrem Verantwortungsbereich ein so außergewöhnlich gutes Klima herrscht?

Stellen Sie sich das Ganze dann metaphorisch so vor: Ihr Unternehmen ist ein großer See mit einer spiegelglatten Wasseroberfläche. Nun werfen Sie einen Stein, nämlich Ihre neue Führungs-Haltung mit dem neuen Führungs-Verhalten in den See und beobachten, wie der Stein beim Abtauchen konzentrische Wellenbewegungen verursacht. Jetzt wird in den anderen Teilen des Unternehmens erkennbar, dass bei Ihnen etwas geschehen ist. Jetzt verändert sich das Unternehmen nicht top-down, sondern vielleicht von innen, von Ihrer Abteilung, nach überall, zumindest zu denen, die es auch erleben wollen. Nur weil Sie in Ihrer Welt etwas Grundlegendes verändert haben. Sie dürfen also beruhigt sein. Das gute Klima in Ihrem Verantwortungsbereich und der Erfolg sind es, durch die Sie in diesem Prozess Rückenwind erfahren.

Starten Sie mit einem Paukenschlag
Apropos Prozess: Der Erfolg kommt nicht über Nacht. Nur weil Sie eine andere Führungs-Haltung gewonnen haben, ändert sich, wie wir im zweiten

Kapitel sehen konnten, zwar automatisch Ihr Führungs-Verhalten, aber sonst erst einmal nichts. Wahrscheinlich waren sie vorher schon zu Ihren Mitarbeitern freundlich und achtsam. So gesehen erkennen die im Zweifel keinen großen Unterschied und kommen nicht darauf, dass sich etwas geändert hat. Deshalb ist es wichtig, mit einem Paukenschlag zu starten. Allen zu berichten, dass ab jetzt und für alle etwas anders sein wird.

Zuvor konzipieren Sie allerdings glücklich-erfolgreiche Führung, wie Sie sie in Ihrer Abteilung leben wollen. Am Anfang der Praxiskapitel hatte ich Ihnen angekündigt, Ihnen kein Trainingsprogramm vorzustellen, sondern eine Vielzahl an Beispielen, Ideen und Tipps, wie Sie Ihre neue Haltung in ein neues Verhalten überführen können. Sie wissen, dass vieles mit Ihrer Haltung intuitiv in eine glücklich-erfolgreiche Richtung wirkt und Sie deshalb mehr Inspiration und Anregungen als Handlungsvorgaben bräuchten.

Und so haben Sie viele Aspekte kennengelernt, durch die Sie Ihre Welt entstehen lassen können, und haben verstanden, dass das Jobglück Ihrer Mitarbeiter ab jetzt zum Dauerthema in Ihrer Abteilung wird. Einige Argumentationsketten, die wir uns im Rahmen glücklich-erfolgreicher Führung erarbeiten mussten und die sich als hilfreich erwiesen haben, habe ich Ihnen in konkrete Situation eingebettet beschrieben. All das geschah zur Verdeutlichung und Inspiration. Die Führungs-Situation in Ihrer Abteilung ist so spezifisch, dass ich Sie für diese Art der Führung vielleicht gewinnen kann, aber die Adaption auf Ihre Abteilung findet durch Sie statt. Das ist Ihre Vorarbeit. Wie wollen Sie glücklich-erfolgreiche Führung im Rahmen der Einstiegs- und Wachstumsphase installieren? Wie halten Sie das Feuer glücklich-erfolgreicher Zusammenarbeit in der Hoch- und selbst in der Ausstiegsphase am Brennen? Was passt zu Ihnen? Welches konkrete Führungs-Verhalten fällt Ihnen in diesem Zusammenhang leicht, und mit welchen Storys können Sie Ihre Leute gewinnen?

Sollten Sie Führungskräfte als Mitarbeiter haben, stellen Sie sich die Frage, wie Sie auch diese für Ihre neue Art der Führung begeistern können. Wie Sie sie dafür gewinnen können, es auch in ihren Verantwortungsbereichen einzuführen.

Wenn dann alles vorbereitet ist und Sie also eine klare Vorstellung haben, wie es ab dem Tag X, also nach der Zäsur, losgeht, dann kommt Ihr Paukenschlag. Sie werden sich eine Organisationsform überlegen, in der Sie all das, was Sie an neuer Haltung entwickelt haben und Ihren Mitarbeiter über glücklich-erfolgreiche Zusammenarbeit erzählen wollen, in einer adäquaten Form nahebringen. Die Mitarbeiter müssen dafür gewonnen werden, obwohl sie offensichtlich selbst die größten Nutznießer dieser Veränderung sein werden. Markieren Sie diesen Tag durch eine besondere Veranstaltung oder etwa durch ein Event. Lassen Sie Ihre Mitarbeiter an Ihrer Vision vom neuen Miteinander teilhaben. Malen Sie das Bild so detailreich wie möglich. Beschreiben Sie, was ab heute konkret anders sein wird und welche Elemente neu sein werden. Wie Sie in Zukunft zum Beispiel neue Bewerber einstellen werden und wie wichtig es sein wird, das Strahlen in den Augen dieser Menschen zu sehen. Hauptsache ist, es wird allen deutlich, dass das, was jetzt kommt, attraktiv für alle ist, für alle Vorteile bietet. Dass alle gewinnen können. Und dann legen Sie los.

Es wird ein Prozess. Einige Mitarbeiter werden begeistert auf Ihren Zug aufspringen, andere werden noch eine Zeit lang hinterherlaufen. Sie werden skeptisch sein. Skepsis ist ein Thema, mit dem Sie immer wieder zu tun haben werden. Wie Sie damit umgehen und Menschen für Ihre Art begeistern, werden Sie im Laufe der Zeit immer mehr beherrschen. Dennoch wird es Rück- und Tiefschläge geben. Sie gehören dazu. Und Sie werden Enttäuschungen durch Mitarbeiter erleben. Auch die gehören dazu, aber sie werden im Laufe der Zeit seltener. Die glücklichen Momente werden sich vermehren, und diese werden Sie darin bestärken, diesen Weg weiterzugehen. Sie werden immer mehr erleben, wie sich Ihre Mitarbeiter immer mehr zu Hütern ihrer gemeinsamen Welt entwickeln. Natürlich werden Sie immer wieder die positiven Aspekte glücklich-erfolgreicher Zusammenarbeit Ihren Mitarbeitern gegenüber markieren und dafür Sorge tragen, dass deren Jobglück Dauerthema bleibt. Durch Ihre Haltung, Ihre Gedanken, Ihre Worte und Taten werden Sie Ihre neue (Abteilungs-)Welt erschaffen. So gesehen säen Sie täglich den Samen Ihres eigenen glücklichen Erfolgs.

Glücklich ist das schlagende Argument
Neben dem Glücksertrag und wirtschaftlichen Erfolg als Ergebnis glücklich-erfolgreicher Führung schwingt übrigens noch eine ganze Reihe an weiteren Vorteilen mit, die Ihnen als Führungskraft Nutzen bringen. Einen Vorteil möchte ich Ihnen hier noch abschließend mit auf Ihren Weg geben:

Ich hatte eine Führungskraft, die von ihrem Partner und ihren Freunden permanent und über längere Zeit dazu gedrängt wurde, bei uns aufzuhören. Sie sollte in einem größeren Unternehmen, einem Konzern, die Karriereleiter weiter hochsteigen, als es bei uns möglich war. „Du kannst doch nicht dauerhaft dortbleiben. Du bist doch schon so lange dort. Bei deinem Knowhow und deiner Erfahrung kannst du doch mehr erreichen. Du musst dich doch weiterentwickeln und Karriere machen." Das hörte die Mitarbeiterin über viele Monate. Sämtliche Argumente, die sie aufzählte, ließ ihr Umfeld nicht gelten. Niemand bewertete die Tatsache, dass sie ihre Arbeit gerne machte und sich im Unternehmen wohlfühlte, als wichtiges Argument. Aber dann, eines Tages, hatte sie endlich für sich die Lösung gefunden. Sie wusste es nun auszudrücken. Letztendlich war es ganz einfach. Es war nur ein kleiner geistiger Schritt, den sie bis dato nicht kommuniziert hatte.

Irgendwann, bei einem unserer Führungskräfte-Treffen, erzählte sie uns diese Geschichte. Wir waren alle sehr gespannt, was denn nun die überragende Lösung war, die alle Meckerer verstummen ließ. Was hatte sie gesagt, wie argumentiert, dass dieses nervige Bedrängen von ihren Freunden endete?

Die Lösung bestand darin, alle ihre kleinen und großen Argumente in einem einzigen Satz – besser gesagt in einem Wort – zusammenzufassen. Den Oberbegriff zu finden, der alles beschreibt, um was es geht: so wie Sie es im Zusammenhang mit der Summe der Kleinigkeiten gelernt hatte. Als ihr dies klar wurde, konnte sie bei einer der endlosen Diskussionen um ihre Karriere diesen einen Satz mit großer Überzeugung präsentieren:

> „Ich bin doch schon glücklich, mehr geht doch nicht!"

Für Sie hört es sich vielleicht trivial an, aber keiner ihrer Meckerer hatte jemals diesen Zustand im Berufsleben erreicht. Wie konnten sie sich erlauben, über etwas zu richten, von dem sie keinerlei Ahnung hatten, über etwas, was sie sich nicht einmal vorstellen konnten. Gerade diese Menschen wussten nicht, wie wirkliches Jobglück sich anfühlt. Ab dann hatte sie Ruhe.

> Geben Sie Ihren Mitarbeitern die Chance auf Jobglück, dann brauchen Sie kein Mitarbeiter-Bindungsprogramm.

Selbst wenn ihre Mitarbeiter doch einmal gehen, kommen Sie vielleicht zurück und werden noch größere Verfechter und Multiplikatoren Ihrer Welt sein. Es spricht sich herum. Andere hören von dem, wie es bei Ihnen abgeht und wollen das auch für sich erleben. Es entsteht ein positiver (eben ein glücklich-erfolgreicher) Sog. So wie Unternehmen versuchen, zu einer Marke zu werden, die Leucht- und Anziehungskraft besitzt. Nur eben, dass die Leuchtkraft von Ihnen, Ihrem Team und der Art Ihrer Zusammenarbeit kommt. Die Leute wollen zu Ihnen, beziehungsweise in Ihrer Welt mitarbeiten.

Ihre Mitarbeiter freuen sich über ihre Zufriedenheit und ihren Erfolg. Als Vorgesetzter können Sie sich mit ihnen und über ihre Erfolgskurven freuen, die letztendlich als Summe Ihre eigene Erfolgskurve ergeben. Dies ist dann Ihr Erfolg, über den Sie sich freuen können. Aber darüber hinaus bekommen Sie noch etwas: echte und ehrliche Wertschätzung, Vertrauen und Rückhalt von Ihren Mitarbeitern in einer Dosis, wie es selten ist. Das zu erfahren ist großartig! Großartig für ihr eigenes Jobglück. Jetzt gewinnen alle! Nur weil Sie eine besondere Zielgröße im Fokus haben: das Jobglück Ihrer Mitarbeiter. Deshalb lassen Sie es mich bitte noch ein letztes Mal sagen:

> Geben Sie Ihrem Mitarbeiter eine Tätigkeit, die zu ihm passt, und unterstützen Sie ihn bei seinem Jobglück. Dann gewinnen alle!

Ich wünsche Ihnen dabei glücklichen Erfolg.
Ihr
Achim Pothmann

P.S. Meine Mission ist es, Führungskräfte für glücklich-erfolgreiche Führung zu gewinnen und Menschen für ihr eigenes Jobglück zu begeistern. Lassen Sie mich gerne an Ihren Erfahrungen beim Lesen dieses Buches und bei der Umsetzung dieser Art der Führung teilhaben. Meine Mail-Adresse ist: Info@DrPothmann.de.

Literatur

Pothmann, A. (2021). *Glückliche Unternehmen – Wie Erfolg selbstverständlich wird.* Norderstedt: BoD.

Danksagung

Zuallererst, und das liegt mir besonders am Herzen, geht mein Dank an all meine früheren Mitarbeiterinnen und Mitarbeiter des SchuhHouse. Durch Sie habe ich viel darüber gelernt, was wirkliche Zufriedenheit im Job bedeutet. Zudem, und das war für dieses Buchprojekt entscheidend, haben sie mich auf dem Weg begleitet, eine glücklich-erfolgreiche Unternehmenswelt zu schaffen. Sie waren Teil dieser Vision vom glücklichen Unternehmen und haben zu ihrer Realisation beigetragen. Die Offenheit und Verbundenheit zu seinen Leuten, zu der ich Sie, liebe Leserinnen und Leser, mit diesem Buch ermutigen möchte, habe ich über viele Jahre mit meinen Mitarbeitern gelebt und erlebt, was es mit allen Beteiligten Positives macht. Natürlich haben wir auch gemeinsam Enttäuschung erfahren, aber es auch gelernt, mit glücklich-erfolgreicher Zusammenarbeit noch besser zu machen.

Ich möchte mich darüber hinaus bei den vielen Führungskräften aus Unternehmen unterschiedlichster Größe, Branche und Hierarchieebene bedanken. Sie haben mich im Rahmen meiner Recherchen zu diesem Buch an ihrer Führungswelt teilhaben lassen, um zu sehen, wo deren Führungs-Probleme liegen und wie sie durch glücklich-erfolgreiche Führung gelöst werden können.

Dabei geht auch mein Dank an die skeptischen Führungskräfte vom Typ I. Sie haben mich intensiv gefordert. Ihre Skepsis, dass das mit glücklich-erfolgreicher Führung sowieso nicht funktionieren kann, motivierte mich noch mehr zu lernen, diese Art der Führung anderen zu vermitteln und sie dafür zu begeistern.

Mit meinem Lektor, Dr. Peter Schäfer, zusammenzuarbeiten hat mir wieder größte Freude bereitet. Er hat sich mit großem Engagement auf dieses Buchprojekt eingelassen und mir unzählige Hinweise zur Verbesserung des Manuskriptes gegeben. Für seine intensive und außerordentlich professionelle Unterstützung möchte ich mich herzlich bedanken.

Jana Kirchner, Anja Wordel, Lutz Dieckhöfer und mein geschätzter Beraterkollege Oliver Nixdorf haben mich besonders intensiv bei der Überarbeitung des Manuskriptes unterstützt. Mit Hingabe, Akribie und großer Professionalität haben sie es Seite für Seite inhaltlich hinterfragt und auf Konsistenz geprüft. Sie gaben mir eine Vielzahl an Anregungen zur Verbesserung und trugen zum Gelingen dieses Buchprojektes erheblich bei. Hierfür danke ich ihnen aus tiefstem Herzen.

Ich danke auch all denjenigen, die hier zwar nicht namentlich erwähnt werden, aber zu diesem Projekt einen Beitrag geleistet haben.

Am allermeisten gilt der Dank meiner Frau Andrea Pothmann. Sie gibt mir den Freiraum, meine Buchprojekte zu realisieren, um die Menschen für ihr eigenes Jobglück zu begeistern und Führungskräfte dafür zu gewinnen, sie dabei zu unterstützen. Denn dann gewinnen alle. Diese Botschaft in die Welt zu tragen ist meine Mission, und den Rückhalt dazu erhalte ich durch sie.

Stichwortverzeichnis

C

Change-Opfer 51, 139, 174

D

Dreistigkeit 120, 123
Druckwelt 97, 98, 174

E

Ehrlichkeit 52, 57, 58, 66, 79, 97, 98, 121–125, 129, 133, 156, 172, 178
Erfolg, glücklicher 24, 26, 30, 36, 40, 43, 46, 47, 65, 134, 167, 168, 179, 186
Erfolgskurve 61–64, 90, 113, 115, 116, 134–136, 142, 147, 150, 171, 175, 177, 178, 180, 181, 186

F

Fred XXII, 73–77, 80, 82, 83, 85–87, 89, 110, 141, 152, 154
Führung, glücklich-erfolgreiche XX, XXI, XXII, 31, 39, 42, 45–48, 50, 52, 54, 56, 60, 61, 63–68, 70, 71, 84, 89, 90, 95, 96, 110, 115, 116, 129, 132, 135–137, 139, 150, 152, 153, 167, 168, 174, 181–184, 186, 187
Führungs-Haltung XX, XXII, 29, 33, 34, 36, 37, 39, 40, 45, 53, 68, 71, 85–87, 89, 116, 118, 143, 145, 155, 182
Führungs-Intuition 42
Führungs-Verhalten XX, XXII, 16, 24, 25, 30, 33, 34, 36, 37, 41, 45, 46, 56, 63, 70, 73, 78, 80, 86, 89–91, 96, 102, 136, 140, 142, 145, 147, 165, 182, 183

G

Gerne-machen 23, 47, 53, 63, 116, 131, 180
Glücklich-erfolgreich führen XIII, XXII, 45, 51, 63, 65, 66, 108, 146, 174, 179, 181
Glücksertrag 130, 181, 184
Glücksfaktor 74, 78–83, 87, 95, 101, 107, 109, 118, 132, 133, 141, 154, 160
GlücksPyramide der Unternehmen 78

Stichwortverzeichnis

J

Jobglück XIX, XX, XXI, XXII, 7, 8, 16, 19–22, 24–27, 30–33, 36–38, 40–43, 45–47, 51–53, 56, 61, 63–65, 67, 68, 70, 73, 76, 78, 79, 84, 85, 87, 89–91, 93, 94, 96, 101–108, 112, 113, 115, 117, 129, 133, 135–137, 139, 142, 146, 155, 160, 162, 165, 167–170, 173, 175, 179–181, 183–186, 188
Jobglücks-Formel 21, 160
Jobglücks-Kompetenz 104, 113, 173, 174

K

Klorollenprinzip 125, 126
Kurve der Lebensphasen eines Mitarbeiters 61

M

Mitarbeitertyp 136, 137

R

Raffiniertheit, verantwortungslose 122

S

Skala der Ehrlichkeit 121, 123, 124
Summe der Kleinigkeiten 139, 140, 144, 147, 154, 155, 157, 162, 168, 169, 171, 172, 185

U

Unehrlichkeit 122–124, 127
Unglücksfaktor 42, 74–78, 80, 82, 83, 85–87, 89, 95, 102, 109, 110, 141, 152, 154, 174
Unternehmen, glückliches XIX, 182

V

Vertrauenswelt 97, 98, 102, 108

W

Wattebäuschchen-Zeit 148, 149, 159, 162
Wirkungsmechanismus XX, 17, 18, 20, 22, 23, 25, 26, 45, 52
Work-Life-Balance 7, 8, 13, 50

Z

Zufriedenheits-Faktor 87

GPSR Compliance

The European Union's (EU) General Product Safety Regulation (GPSR) is a set of rules that requires consumer products to be safe and our obligations to ensure this.

If you have any concerns about our products, you can contact us on

ProductSafety@springernature.com

In case Publisher is established outside the EU, the EU authorized representative is:

Springer Nature Customer Service Center GmbH
Europaplatz 3
69115 Heidelberg, Germany

www.ingramcontent.com/pod-product-compliance
Lightning Source LLC
LaVergne TN
LVHW020330260326
834688LV00037B/951